16	3	2	13
5	10	11	8
9	6	7	12
4	15	14	1

Nikolai Tchirkóv

O ESTILO
DE DOSTOIÉVSKI
Problemas, ideias, imagens

Tradução, posfácio e notas
Paulo Bezerra

editora■34

EDITORA 34

Editora 34 Ltda.
Rua Hungria, 592 Jardim Europa CEP 01455-000
São Paulo - SP Brasil Tel/Fax (11) 3811-6777 www.editora34.com.br

Copyright © Editora 34 Ltda., 2022
Tradução © Paulo Bezerra, 2022

A FOTOCÓPIA DE QUALQUER FOLHA DESTE LIVRO É ILEGAL E CONFIGURA UMA
APROPRIAÇÃO INDEVIDA DOS DIREITOS INTELECTUAIS E PATRIMONIAIS DO AUTOR.

Imagem da capa:
Manuscrito de Dostoiévski para Os demônios, *1870-71 (detalhe)*

Capa, projeto gráfico e editoração eletrônica:
Franciosi & Malta Produção Gráfica

Revisão:
Danilo Hora, Beatriz de Freitas Moreira

1ª Edição - 2022

CIP - Brasil. Catalogação-na-Fonte
(Sindicato Nacional dos Editores de Livros, RJ, Brasil)

Tchirkóv, Nikolai, 1891-1950
T551e   O estilo de Dostoiévski: problemas,
ideias, imagens / Nikolai Tchirkóv; tradução,
posfácio e notas de Paulo Bezerra. —
São Paulo: Editora 34, 2022 (1ª Edição).
312 p.

ISBN 978-65-5525-094-7

Tradução de: O stile Dostoevskogo

1. Fiódor Dostoiévski (1821-1881).
2. Teoria literária. 3. Literatura russa - século XIX.
I. Bezerra, Paulo. II. Título.

CDD - 891.74

O ESTILO DE DOSTOIÉVSKI
Problemas, ideias, imagens

1. Em busca do estilo próprio:
   Gente pobre e *A senhoria* 7
2. Concepção de homem. O intelectual e o povo:
   Escritos da casa morta 19
3. Um romance-comédia:
   A aldeia de Stepántchikovo e seus habitantes 35
4. Síntese do social e do psicológico:
   Humilhados e ofendidos 39
5. A caminho da criação do romance filosófico:
   Memórias do subsolo 49
6. Comédia e tragédia no romance *Um jogador* 69
7. O grande romance filosófico: *Crime e castigo* 83
8. A questão do homem-universo: *O idiota* 119
9. Romance-sátira e romance-tragédia: *Os demônios* 151
10. O tema da desagregação moral da "vida viva":
    O adolescente 191
11. Prós e contras: *Os irmãos Karamázov* 235

Posfácio, *Paulo Bezerra* 301

Sobre o autor 307
Sobre o tradutor 309

1.

Em busca do estilo próprio:
Gente pobre e *A senhoria*

Nas primeiras obras de todo grande escritor, inclusive nas obras de juventude, pode-se encontrar o germe de toda a sua criação posterior, as fontes dos motivos basilares de suas obras posteriores. É assim que acontece em Dostoiévski.

Em *Gente pobre* [1846], ele já se apresenta como "escritor petersburguense" — o cantor dos pobres do serviço público, dos pequenos homens,[1] dos interiores urbanos, dos quarteirões amontoados e miseráveis... É do conhecimento geral que, em *Gente pobre*, Dostoiévski é um seguidor e discípulo de Gógol, um continuador do seu conto "O capote". Contudo, já no primeiro romance de Dostoiévski sentimos a singularidade e a originalidade do jovem escritor. O principal nesse romance não é a representação da vida e dos costumes de um determinado meio social, do mundo dos "pobres", mas a penetração em sua consciência destes, a transmissão de suas reações específicas às relações então dominantes entre os homens. O traço mais característico desses homens é o sentimento de extrema ofensa ao indivíduo. Eles têm nítida consciência de sua humilhação numa situação de miséria irremediável, e justamente devido ao elevado sentimento de sua própria individualidade, de sua dignidade humana. A própria linguagem dessas personagens — empolada e saturada de partículas expletivas — reflete uma mistura extravagante de humilhação e orgulho.

Em *Gente pobre*, cabe ressaltar um elemento que se repetirá, sem variação, nas obras subsequentes. O cenário geral da ação desse romance e das narrativas posteriores é a azáfama urbana, o

---

[1] Assim eram chamados pela crítica russa os pequenos funcionários retratados nas obras de Púchkin e Gógol.

barulho, mas sobretudo o aperto e o amontoamento, o aspecto sombrio da cidade e dos seus habitantes, o colorido cinzento, sujo e escuro dos objetos ao redor. Esse é o mundo para o qual o destino empurrou as personagens das primeiras obras de Dostoiévski e ao qual elas estão presas pela cadeia da necessidade. Contudo, ao mundo da prosa cruel do presente opõe-se o mundo das lembranças: "Ah, que infância dourada foi a minha!... — exclama Várienka Dobrosiólova. — Agora estou eu aqui chorando, feito criança, levada por minhas recordações. As lembranças são tão vivas, mas tão vivas, todo o passado surgiu diante de mim com tanta nitidez que o presente me parece tão turvo e obscuro...".[2]

O passado é o mundo do campo, onde, de acordo com as lembranças da personagem, tudo era cheio de cores vivas e "tudo era tranquilo, radiante". Portanto, em *Gente pobre* já começa a ecoar o motivo da separação entre as pessoas e um certo mundo maravilhoso do passado. Quanto ao presente, nas obras de Dostoiévski ele é marcado pelo sinal de algo estranho e terrível, pelo signo da maldição.

Nas primeiras obras de Dostoiévski, discípulo da Escola Natural,[3] verifica-se grande inconstância na procura de um estilo literário próprio. Em *O duplo* [1846], sua novela subsequente, observa-se uma estreita ligação com a tradição romântica. Entretanto, nessa segunda obra, mesmo ecoando E. T. A. Hoffmann no tema do desdobramento da personalidade, Dostoiévski tampouco é menos original. Sem mencionar o entrelaçamento da duplicidade de Golyádkin[4] com o tecido da vida cotidiana russa da época, com a atmosfera do universo burocrático de Petersburgo e dos seus interesses, Dostoiévski, à diferença do romântico alemão, de modo algum converte o segundo plano fantástico da narração numa escapada da realidade turva e banal para uma "esfera superior", mas

---

[2] Fiódor Dostoiévski, *Gente pobre*, tradução de Fátima Bianchi, São Paulo, Editora 34, 2009, p. 132.

[3] Equivalente russo do Naturalismo europeu, mas com peculiaridades russas que diferenciam os dois movimentos.

[4] Personagem central da novela *O duplo*.

transforma esse plano, nas alucinações da personagem, numa continuação dessa mesma realidade.

Em termos rigorosos, nessa narrativa o plano duplo de Hoffmann é essencialmente eliminado. Também nessa obra a especificidade de Dostoiévski consiste em representar o modo como o universo do carreirismo desnudo e a corrida por títulos e conforto se refletem na consciência do pequeno homem, e em revelar as reações e reflexões morais deste. Em comparação com *Gente pobre*, em *O duplo* o novo reside na análise continuamente aprofundada da consciência doentia de uma personalidade ofendida, que, na procura dos caminhos de sua afirmação, pode chegar a uma bufonaria peculiar, singular. O evidente interesse de Dostoiévski pela bufonaria como forma peculiar de autoafirmação da personalidade irá, com o passar dos anos, manifestar-se com intensidade cada vez maior, até chegar à imagem de Fiódor Pávlovitch Karamázov.

Para compreender as peculiaridades das obras posteriores de Dostoiévski, é importante atentar para uma novela de sua primeira safra: *A senhoria* [1847]. As contradições e vacilações nas buscas literárias do escritor no primeiro período da sua criação manifestam-se nessa obra de forma acentuada. Não foi à toa que V. G. Bielínski,[5] que saudara entusiasticamente a publicação de *Gente pobre* e referira-se em tom agridoce a *O duplo*, condenou abertamente *A senhoria*. As debilidades literárias dessa novela são evidentes. Mas, a nosso ver, Ordínov é um protótipo de várias personagens dos futuros romances de Dostoiévski, e Katierina é um protótipo das imagens femininas desses romances. Toda a situação do enredo de *A senhoria* é altamente característica da obra subsequente do escritor.

Ordínov é um jovem cientista que vive de um tenso trabalho intelectual. Ao mesmo tempo, é um homem de uma paixão desvairada. "Devorava-o uma paixão, a mais profunda, a mais insaciável, que absorve toda a vida de um homem e, a criaturas como

---

[5] Vissarión Grigórievitch Bielínski (1811-1848), filósofo, pensador político e crítico literário, teve para a literatura e a crítica literária russa um papel bem próximo ao do nosso Antonio Candido para a crítica e a história da literatura brasileira.

Ordínov, não concede um canto que seja na outra esfera, a da atividade prática, cotidiana. Essa paixão era... a ciência."[6]

A personagem é habitante de uma grande cidade, um petersburguense, inquilino no "canto" de um apartamento. Ordínov é um homem "solitário", precursor de personagens semelhantes da obra posterior de Dostoiévski. O escritor ressalta o caráter lúgubre e insociável de Ordínov. No início da narrativa, vemos representada a personagem saindo de casa, depois de uma longa vida de eremita. "Andava agora pelas ruas como um alienado, como um eremita que de repente saiu de seu deserto mudo para uma cidade ruidosa e tumultuosa. Tudo lhe parecia novo e estranho."[7] Os primeiros traços que descrevem a imagem de Ordínov nos fazem lembrar involuntariamente de Raskólnikov em sua primeira saída de sua "cabine de navio" para a rua.[8] Mas a semelhança é bem mais profunda. Na paixão desvairada de Ordínov pela ciência encontramos um protótipo da obsessão por uma ideia, encontrada nas personagens posteriores do romance filosófico de Dostoiévski.

O tema de *A senhoria* é o conflito de um homem solitário, recolhido à sua carapaça, com a vida, antigo tema de Dostoiévski. O escritor diz de sua personagem: "Ele se asselvajara sem se dar conta disso; até então nem lhe passava pela cabeça que existia uma outra vida — ruidosa, tumultuosa, em eterno alvoroço, em eterna transformação, eternamente convidativa e sempre, mais cedo ou mais tarde, inevitável".[9]

O desenvolvimento da ação na novela se estriba no contraste entre a personagem petersburguense Ordínov e, de outro lado, as personagens Katierina e Múrin, oriundas do Volga, ligadas à Rússia tradicional e "antiquada", ao "solo". Esse contraste se manifesta de modo muito acentuado também na linguagem da narrati-

---

[6] Fiódor Dostoiévski, *A senhoria*, tradução de Fátima Bianchi, São Paulo, Editora 34, 2006, p. 11.

[7] *Idem*, p. 12.

[8] Raskólnikov é o protagonista de *Crime e castigo*.

[9] *A senhoria*, *op. cit.*, p. 11.

va, na qual se expressam dois elementos linguísticos inteiramente distintos.

A linguagem do autor e da personagem é a habitual linguagem literária da época, a linguagem do citadino instruído. Quanto à linguagem de Katierina e Múrin, esta é a linguagem popular viva. Além disso, o escritor estiliza a linguagem de Katierina no estilo das *bilinas*[10] e dos cantos populares.

O conflito do solitário sonhador Ordínov com a vida é representado como um conflito com a "terra". Nessa novela ocorre pela primeira vez o tema, capital para Dostoiévski, da separação entre o intelectual solitário e o "solo", o povo. É sintomático que Múrin se manifeste com ironia sobre a sabedoria de Ordínov: "[...] o senhor, meu senhor, é um homem de livros, se enfurnou demais em suas leituras; diria que se tornou espantosamente inteligente; mas ela, isto é, como se costuma dizer em russo entre nós, os mujiques, sua inteligência, passou para trás sua sabedoria".[11] Ao falar das relações amorosas de Ordínov com Katierina, o mesmo Múrin observa: "E além do mais, o que o senhor, vossa senhoria, haveria de querer com ela, embora seja encantadora, não passa de uma moça simplória, de uma roceira mal-lavada, uma caipira estúpida, parceira para mim, um mujique! Não fica bem para o senhor, por exemplo, um fidalgo, meu caro senhor, se dar com camponesas!".[12]

Assim, o motivo da fronteira social, do abismo entre a casta superior ilustrada e o povo — os "mujiques" —, ganha relevo nas falas de Múrin a Ordínov. Na novela, a imagem de Katierina tem um importante significado temático. É relevante o primeiro encontro de Ordínov com ela, numa tarde de outono avançado, numa igreja afastada de Petersburgo. Ela chega à igreja em companhia de um velho severo e sombrio. "A mulher tinha uns vinte anos e era de uma beleza celestial. Usava um rico casaco azul-claro, forrado de pele, e tinha a cabeça coberta com um lenço de cetim branco amarrado sob o queixo. Vinha de olhos baixados, e um certo

---

[10] Poemas épicos da tradição oral russa.

[11] *A senhoria, op. cit.*, p. 110.

[12] *Idem*, p. 108.

Em busca do estilo próprio: *Gente pobre* e *A senhoria*

ar de altivez absorta, que emanava de toda a sua figura, se refletia com nitidez e tristeza no doce contorno das linhas infantilmente delicadas e dóceis de seu rosto. Havia algo de estranho nesse inusitado casal."[13] "O velho parou no centro da igreja e se inclinou para os quatro lados, embora a igreja estivesse completamente vazia; sua companheira fez o mesmo. Depois ele pegou em sua mão e a conduziu até uma imagem grande da Virgem [...]. A mulher caiu prostrada diante do ícone. O velho pegou a ponta do manto que pendia do pedestal do ícone e cobriu-lhe a cabeça. Um soluço surdo ressoou na igreja."[14]

Como mostra Dostoiévski, Katierina é uma filha do povo da região do Volga. O sem-fim das vastidões do Volga faz-se ouvir nos trechos de canções e nas imagens que permeiam sua linguagem. Na descrição de Katierina, o vínculo com o elemento folclórico se combina de forma indissolúvel com seu tempestuoso sentimento religioso. "Os traços de seu rosto estavam, como antes, transtornados por um sentimento de infinita devoção."[15] Em sua imagem surgem com nitidez os traços da Madonna, de uma feminilidade encantadora e uma ternura de mãe. Não é por acaso que o seu primeiro "retrato" é mostrado sobre o pano de fundo da imagem de Nossa Senhora. No semblante de Katierina reflete-se algo luminoso, infantil. Ordínov sente o irresistível fascínio do seu semblante como o alento de um carinho materno.

Depois de se mudar para o apartamento de Múrin, Ordínov adoece de um distúrbio nervoso. "Nisso adormeceu de vez, e ao abrir os olhos muito, muito tempo depois, percebeu, para seu espanto, que continuava deitado no mesmo banco, do jeito que estava antes, vestido, e que sobre ele, com uma solicitude cheia de ternura, pendia um rosto feminino de uma beleza celestial, parecendo todo umedecido de *lágrimas maternais e silenciosas*"[16] (grifos do autor). A imagem de Katierina suscita na alma de Ordínov

---

[13] *Idem*, pp. 16-8.

[14] *Idem*, p. 18.

[15] *Idem*, p. 22.

[16] *Idem*, p. 30.

as melhores e mais puras lembranças da infância. É peculiar a toda a obra posterior de Dostoiévski o fato de que essas lembranças levam a personagem a um mundo que é em tudo diferente — o mundo do contato imediato com uma natureza bela e harmoniosa, o mundo do deleite primordial.

"Ou, então, era como se retornasse aos anos ternos e serenos de sua primeira infância, com sua alegria radiante, uma felicidade inexaurível, o primeiro e doce espanto diante da vida, com enxames de espíritos luminosos que voavam de cada florzinha que ele colhia, brincavam com ele no prado fértil e verdejante diante de uma casinha circundada de acácias, sorriam para ele do lago cristalino e infinito, à beira do qual ele passava horas a fio sentado, ouvindo as ondas se quebrarem uma sobre a outra, e farfalhavam as asas em seu redor, salpicando amorosamente sonhos irisados e luminosos em seu pequeno berço, quando sua mãe, inclinada sobre ele, o benzia com o sinal da cruz, o beijava e o embalava nas noites longas e imperturbáveis com uma suave canção de ninar."[17]

O mundo a que Ordínov retorna em suas lembranças, movido pelo fascínio com a imagem de Katierina, é o mundo rural. Tanto para Ordínov quanto para Várienka Dobrosiólova,[18] esse mundo está vinculado a um sentimento de felicidade. Também para ele a cidade é uma fonte de tormentos.

Aquele mesmo plano das lembranças, observado em *Gente pobre*, teve continuidade em *A senhoria* e se fará presente também em *Noites brancas* [1848] e *Humilhados e ofendidos* [1861], assim como em *O adolescente* [1875].

É importante verificar que o encontro com Katierina abre para Ordínov uma nova perspectiva de vida, um renascimento. "De repente lhe pareceu que ela estava de novo inclinada sobre ele, que o fitava nos olhos com seus olhos deslumbrantemente claros, úmidos de lágrimas, que resplandeciam uma alegria serena e radiante, calmos e límpidos como a infinita abóbada turquesa do céu em um tórrido meio-dia. Seu rosto irradiava uma serenidade tão solene,

---

[17] *Idem*, pp. 37-8.

[18] A personagem de *Gente pobre*.

seu sorriso esboçava uma tal promessa de beatitude infinita, e ela se reclinou sobre o ombro dele com tal compaixão, com uma devoção tão infantil, que de seu peito enfraquecido chegou a escapar um suspiro de alegria."[19]

Mas o destino de Katierina é a história da sua degradação, do pecado e do crime, é a sua ligação fatídica com Múrin — que no passado fora comerciante e armador na região do Volga. Múrin é ex-amante da mãe de Katierina e ao mesmo tempo seu assassino. Assassinara ainda outra pessoa querida de Katierina: seu pai, Aliócha. Apesar de tudo isso, algo na alma da própria Katierina — mulher revestida de dóceis traços de Madonna — corresponde à paixão de Múrin. O motivo da cisão, da duplicidade, já aparece nitidamente nessa novela de Dostoiévski.

O canto de Katierina chega aos ouvidos de Ordínov: "E ora parecia-lhe ouvir o último gemido de um coração irremediavelmente sucumbido à paixão, ora a alegria de uma vontade e de um espírito que rompera seus grilhões e se precipitava livre e radiante no mar infinito de um amor irrefreável; ora parecia-lhe ouvir a primeira jura de sua amada, com o pudor capitoso do primeiro rubor em suas faces, com súplicas, com lágrimas, com sussurros tímidos e misteriosos; ora o desejo de uma bacante orgulhosa e feliz por seu poder, sem véus, sem mistérios, revirando os olhos inebriantes com um sorriso fulgente...".[20]

Katierina é cúmplice involuntária do assassinato dos seus entes queridos. Uma terrível degradação moral, um pecado irredimível, o crime de uma pessoa que encerrava em si traços de pureza e transparência infantis — eis o que se revela na imagem de Katierina. Estamos diante da primeira encarnação de um dos motivos basilares da obra de Dostoiévski: a cisão de uma pessoa e seu ingresso no caminho do mal. Não só Múrin é um lascivo e assassino. Até Ordínov pode se tornar um assassino. Katierina suscita nele não apenas um arroubo luminoso, puro, mas também uma desvairada paixão selvagem, um ciúme e um ódio violento de Múrin.

---

[19] *Idem*, p. 57.

[20] *Idem*, p. 85.

Ordínov agarra uma faca. É verdade que não ocorre o assassinato, mas suas premissas interiores estão à vista de todos.

O enredo e as imagens de *A senhoria* contêm alguns elementos substanciais, característicos de várias situações de enredo que aparecerão em Dostoiévski. De fato, numa forma romanticamente esquemática, Katierina traz em si o tema psicológico de imagens como a de Nastácia Filíppovna, em *O idiota* [1869], a da "mamãe" Sófia Andrêievna, em *O adolescente*, e a de Grúchenka, em *Os irmãos Karamázov* [1880].

Uma infantil pureza de alma acompanhada de baixeza e degradação aproxima Katierina e Nastácia Filíppovna. Às duas são inerentes uma aguda consciência de sua própria culpa e desonra e uma "mortificação" trágica. Na história de Katierina pode-se distinguir o germe de dois motivos do enredo de *O idiota*. Múrin seduz a mocinha Katierina assim como Totski seduz Nastácia Filíppovna quando menina. A ligação com Múrin paira sobre Katierina como uma maldição indelével. Por outro lado, a obsessão de Múrin, comerciante e "mujique", e sua paixão desvairada por Katierina lembram o sentimento de Rogójin por Nastácia Filíppovna.

Na imagem de Sófia Andrêievna aparecem em primeiro plano alguns traços da Madonna. E ela, à semelhança de Katierina, é uma camponesa, uma filha do povo. Ao mesmo tempo, ela também tem o seu "pecado", a sua degradação.

A semelhança de Grúchenka com Katierina consiste em que ela também é oriunda da gente simples, também é uma beldade russa que foi "ligada pelo diabo" a um velho, o comerciante sem pernas Kuzmá Samsónov. Grúchenka não é apenas uma "desavergonhada", nela também há um irresistível impulso de renovação moral. Por último, na relação entre Múrin e Katierina encontra-se o protótipo de muitas situações de enredo da obra muito posterior de Dostoiévski, baseadas na atração que a volúpia sente pela inocência. É claro que *A senhoria* fornece apenas a tela grosseira sobre a qual o mestre maduro urdiu os refinadíssimos desenhos dos seus caracteres e situações ricamente individualizados. A referida novela fornece ainda um primeiro esquema do desencadeamento das vivências das personagens de Dostoiévski, o esquema para a sua psicologia das paixões amorosas. É característico, por exemplo, que a paixão de Ordínov por Katierina seja acompanhada do ataque da doença, do desmaio, de visões delirantes, do acesso de uma febre nervosa. A paixão de Ordínov é uma espécie de delírio, assim como é delírio a paixão de Rogójin por Nastácia Filíppovna e a de Dmitri Karamázov por Grúchenka. Na relação de Katierina com Múrin é delineado o motivo do amor-ódio, que ganhará pleno desenvolvimento nos romances tardios.

A novela *A senhoria* foi pensada como uma obra realista. Dela foi excluído tudo o que é deliberadamente fantástico. E mesmo assim ela está repleta de clichês românticos. A excepcionalidade do encontro de Ordínov com Katierina e Múrin, o esquema do "romance de mistérios e horrores", que serviu de base ao desdobramento do enredo, o *páthos* misterioso e enigmático na imagem de Múrin, que não se esvaece até o fim da narrativa, e em especial o relato de Katierina — tudo são marcas excessivamente nítidas do poder que a tradição romântica exercia sobre Dostoiévski.

Aqui se fazem presentes todos os apêndices românticos tradicionais: a situação do enredo extremamente emaranhada — Múrin é sócio do pai mas também seu rival e amante da sua mulher, e ao mesmo tempo que é tomado de uma paixão desvairada pela filha de sua amante — e a inserção de acontecimentos terríveis — o assassinato do pai, o incêndio da propriedade e da fábrica, a morte da mãe da heroína entre as chamas, o assassinato de Aliócha. Tudo isso transcorre numa atmosfera marcadamente romântica: a noite de tempestade no Volga e os clarões dos raios constituem uma espécie de acompanhamento à paixão desvairada de Múrin por Katierina.

Seguindo visivelmente Gógol, autor dos *Serões numa granja perto de Dikanka*, e aplicando ao mesmo tempo seus costumeiros efeitos ultrarromânticos, Dostoiévski lembra Marlínski.[21] Além de o enredo de *A senhoria* manter certas semelhanças com o enredo da novela de Gógol *A terrível vingança* (um velho feiticeiro que se apaixona pela própria filha e se empenha em torná-la sua esposa), o escritor se aproxima de Gógol também pela tentativa de

---

[21] Aleksandr Bestújev (1797-1839), prosador e poeta de tendência byroniana que assinava sob o pseudônimo Marlínski.

estilização da poesia popular nas falas de Katierina, tentativa de criar um *skaz* rítmico.[22] Mas nesse aspecto Dostoiévski não obteve sucesso.

Seguidor da Escola Natural e partidário do socialismo utópico, o Dostoiévski dos anos 1840 procurou recriar o quadro da vida de um determinado meio social da cidade grande de sua época e recorreu ao gênero da novela e do romance social. Fruto disso foi o notável romance *Gente pobre*.

Ao mesmo tempo, porém, sendo um artista de tipo acentuadamente subjetivo, procurou representar toda a plenitude de sua relação com o mundo, todo um escopo de vivências íntimas. Essa aspiração, ligada às convicções idealistas cristãs de Dostoiévski, impulsionou-o para a via da tradição romântica. Por isso lhe foram inevitáveis as vacilações de estilo que pareceram estranhas aos críticos e leitores contemporâneos de *Gente pobre*, por um lado, e *A senhoria*, por outro.

A luta entre elementos estilísticos opostos lança Dostoiévski ora em direção a Gógol, ora a Hoffmann, ora a narrativas melodramáticas românticas no espírito de Marlínski. A extrema dificuldade de sintetizar dois estilos opostos forçou-o a mudar a própria forma externa da narração, ora recorrendo à forma epistolar, ora desenvolvendo a narração em primeira pessoa, ora substituindo a confissão em cartas pela confissão em relato vivo, ora desenvolvendo a narração no espírito da prosa literária comum, ora introduzindo o *skaz* rítmico.

Nas primeiras obras de Dostoiévski são extraordinariamente curiosas as formas concretas de síntese do romance social e psicológico. O autor enfatiza o perfil individual e social das personagens na própria linguagem das cartas: Makar Diévuchkin e Várienka[23] possuem linguagens diversas e nitidamente individuais em suas cartas. É importante ressaltar que essas cartas e sua linguagem não só revelam as vivências das personagens, como refletem uma realidade social diversificada. Essa peculiaridade do estilo de Dos-

---

[22] Técnica narrativa que emula o discurso falado.

[23] Os protagonistas de *Gente pobre*.

toiévski já se manifesta nas obras dos anos 1840; em *Problemas da obra de Dostoiévski* [1929], M. M. Bakhtin a definiu como "polifonia", se por este conceito subentendemos a existência simultânea de vários narradores, que iluminam os acontecimentos de diferentes maneiras.

A originalidade estilística de Dostoiévski se revela ainda em sua representação da paixão amorosa. Ele lança mão de detalhes psicológicos intensamente acentuados. Um desses detalhes, em *A senhoria*, por exemplo, é o modo como Ordínov percebe o farfalho do vestido da mulher amada. "Às vezes ouvia o farfalho de seu vestido, o rumor de seus passos leves e silenciosos, e até esse rumor de seus pés ecoava em seu coração como uma dor surda, mas torturantemente doce."[24] Posteriormente, o escritor voltará a criar novas e novas variações desse detalhe. Na novela *Um jogador* [1867], o herói confessa à sua amada Polina: "Chegando lá em cima, no meu cubículo, basta-me lembrar e imaginar apenas o ruído do seu vestido, e já fico em condição de morder as mãos".[25] Em *Crime e castigo* [1866], Svidrigáilov, levado por um inebriamento amoroso, diz a Dúnia Raskólnikova: "Dê-me a franja do seu vestido para eu beijar, dê-me, dê-me. Não consigo ouvir o ruído dele".[26]

Assim, entre abstrações e chavões românticos, já no primeiro período de sua obra Dostoiévski abre caminho para aquela concretude psicológica "materialmente saturada" e sensorialmente palpável que distingue seus romances tardios. Mas, de todo modo, o Dostoiévski dos anos 1840 não conseguiu resolver a questão de unir realismo e romantismo. O desarranjo dos diversos estilos e a discrepância entre elementos de estilos opostos manifestaram-se no período inicial com bastante nitidez.

---

[24] *A senhoria, op. cit.*, p. 57.

[25] Fiódor Dostoiévski, *Um jogador*, tradução de Boris Schnaiderman, São Paulo, Editora 34, 2004, p. 49.

[26] Fiódor Dostoiévski, *Crime e castigo*, tradução de Paulo Bezerra, São Paulo, Editora 34, 2019, 8ª edição, p. 501.

2.

Concepção de homem. O intelectual e o povo: *Escritos da casa morta*

Escritos da casa morta [1862] — um livro de memórias que reflete uma mudança brusca na consciência de Dostoiévski — já representa o pleno ápice de sua obra. O chamado romance filosófico, desenvolvido posteriormente, encobriu fortemente a importância dessa obra. A crítica literária lhe conferiu uma importância muitíssimo inferior às consagradas obras posteriores. Entretanto, *Escritos da casa morta* é uma obra que se iguala em força ao *Inferno* de Dante. E trata-se de fato de uma espécie de *Inferno*, claro que de outra época histórica e outro meio.

Para Dostoiévski, *Escritos* representa uma verdadeira escola prática de realismo. Nos trabalhos forçados o escritor encontrou condições para tomar conhecimento da realidade objetiva, condições que a atmosfera habitual da vida de um escritor petersburguense de sua época não poderia lhe fornecer. Foi um experimento peculiar, que o pôs em contato com os homens e a vida, e que a realidade russa daquele tempo forneceu ao escritor. *Escritos da casa morta* é a pedra de toque da obra subsequente do escritor, uma vez que reúne o conhecimento artístico de todo um meio, da massa e da vida social em que se encontravam visíveis diferentes segmentos e espécies sociais, o conhecimento das forças motrizes da psique individual e dos motivos ocultos do comportamento de alguns indivíduos. Dostoiévski pôde conhecer esses homens em circunstâncias excepcionais, em situações extremas. Foi isso que lhe possibilitou dirigir o olhar para os recantos da vida e da alma humana, para onde lhe seria impossível dirigi-lo em condições habituais. Por isso, nessa obra desapareceram inteiramente as abstrações e os esquemas românticos. A realidade se apresenta numa nudez espantosa.

O que primeiro salta à vista na leitura de *Escritos* é a simplicidade rigorosa e ascética da narração, tão consistente com o conteúdo impressionante do livro. Essa obra fornece um fundamento autêntico para a síntese do romance social e psicológico, o que viria a se realizar nas obras posteriores de Dostoiévski. Nessa obra, projeta-se com toda a plenitude o angustiante problema que o escritor sentia ainda de modo vago nos anos 1840, e que ecoa em seu romance filosófico. Trata-se do divórcio entre o segmento superior culto e a massa popular. A animosidade inerradicável da massa dos galés pelos "nobres", pelos "senhores", por tudo o que não converge diretamente com a massa popular em termos de gostos e hábitos de vida, sem diferenciar graus e matizes, sem diferenciar o verdadeiro senhor de terras e dono de servos do "intelectual", constitui um dos *leitmotive* predominantes em *Escritos*.

É característico que *Escritos da casa morta* comece pelo episódio em que Gázin, galé parecido com "uma aranha enorme, gigantesca, do tamanho de um homem",[27] ameaça esmigalhar com uma grande gamela, na qual arrumavam o pão fatiado para o almoço ou jantar dos presidiários, as cabeças de Aleksandr Pietróvitch e dos outros "nobres" que bebiam chá em seu grupo. "Nenhuma voz em nossa defesa! Nenhum grito contra Gázin, tamanha era a força do ódio que nutriam por nós! Pelo visto agradava-lhes o perigo que corríamos..."[28] O sétimo capítulo de *Escritos*, "A queixa", descreve o completo isolamento dos "nobres" no meio da massa de galés. Estes rejeitam com desdém a própria ideia de que os "nobres" possam participar com eles da apresentação de uma queixa às autoridades. Ao longo de toda a narrativa, a cada passo, surgem exemplos do abismo que havia entre os intelectuais e a massa popular.

Em *Escritos*, o motivo do divórcio com o povo está inseparavelmente ligado ao motivo da solidão individual, profunda e insuperável. As vivências do narrador Aleksandr Pietróvitch Goriántchkov, que, em seu fundamento, remontam às vivências do

---

[27] Fiódor Dostoiévski, *Escritos da casa morta*, tradução de Paulo Bezerra, São Paulo, Editora 34, 2020, p. 80.

[28] *Idem*, p. 82.

próprio Dostoiévski nos trabalhos forçados, expressam esse fato em toda a sua relevância. O motivo da solidão é cravado na consciência do leitor de modo tanto mais indelével quanto maior é a clareza com que a obra descreve a maldição do convívio forçado. "Recordo que durante todo aquele tempo, apesar da presença de centenas de companheiros, eu vivia numa terrível solidão, e acabei gostando dessa solidão. Espiritualmente só, eu revia toda a minha vida pregressa, examinava tudo até os ínfimos detalhes, refletia sobre o meu passado, julgava a mim mesmo de forma implacável e severa e vez por outra até abençoava o destino por me haver concedido aquela solidão, sem a qual não teria feito esse autojulgamento nem essa revisão da minha vida pregressa."[29]

Em paralelo surge o motivo da aguda contradição entre o extremo nivelamento do regime dos trabalhos forçados e a infinita diversidade dos caracteres e destinos humanos. "Por outro lado, veja-se a diferença entre os crimes. [...] Outro matou para manter sua condição de andarilho, cercado por todo um regimento de vigilantes, defendendo sua liberdade, sua vida, não raro morrendo de fome; aquele outro esfaqueia criancinhas pelo prazer de esfaquear, de sentir em suas mãos o sangue quente, de deliciar-se com o pavor, com o último tremor de um pombinho debaixo da faca. E o que se vê? Um e outro são enviados aos mesmos trabalhos forçados. É verdade que variam os prazos de duração das penas aplicadas. Mas variam relativamente pouco; quanto às variações aplicadas ao mesmo tipo de crime, estas são inumeráveis. Tal caráter, tal variação."[30]

Escritos da casa morta descreve como o processo de isolamento e autoaprofundamento do herói-narrador, seu julgamento de si mesmo e do seu passado, é, ao mesmo tempo, o processo de sua tomada de conhecimento da realidade objetiva — não só no sentido do conhecimento da infinita variedade de caracteres e destinos particulares, como também de conhecimento do povo, de sua "alma". *Escritos* apresenta uma clara ilustração de como em Dos-

---

[29] *Idem*, p. 341.

[30] *Idem*, p. 84.

toiévski o extremo aguçamento do tema do indivíduo é acompanhado do extremo aguçamento do tema social. Temos diante de nós as observações do homem por Dostoiévski nos contextos da psicologia individual e da psicologia de massas, observações que serviram de base às suas análises psicológicas posteriores.

O escritor ressalta o caráter surpreendente e estonteante das impressões causadas pelo ambiente dos trabalhos forçados. A princípio, o narrador teve a impressão de que ali não havia nada de especial. "Mas logo a voragem dos imprevistos mais estranhos, dos fatos mais monstruosos, começou a me deter quase que a cada passo."[31] É essencial ressaltar que nessas observações sobre a vida e os galés estão ocultos motivos importantes das principais obras de Dostoiévski.

Interessam ao escritor as manifestações concretas do infinito egoísmo humano, os exemplos de manifestações extremadas de autoafirmação. As observações sobre os criminosos inveterados e a administração do presídio de galés levam o escritor às mais amplas generalizações do ser interior do homem.

Dostoiévski mostra como, em certas condições, o egoísmo se transforma fatalmente em despotismo. Ele se interessa angustiosamente pela natureza psicológica do poder de um homem sobre outro. Afirma que no homem vive um possível tirano. "Algumas pessoas são como tigres, sequiosas por lamber sangue. Quem uma vez experimentou esse poder, esse domínio ilimitado sobre o corpo, o sangue e o espírito de um semelhante, de uma pessoa criada da mesma maneira, um irmão pela lei de Cristo; aquele que experimentou o poder e a plena possibilidade de humilhar com a mais alta humilhação outro ser que traz em si a imagem de Deus, este, involuntariamente, já deixou de ser senhor de seus prazeres. A tirania é um hábito; tem seu próprio desenvolvimento e, enfim, se converte em doença. Acredito que o melhor dos homens pode abrutalhar-se e embotar-se por hábito, até chegar ao nível de um animal."[32]

---

[31] *Idem*, p. 53.

[32] *Idem*, pp. 245-6.

O escritor se empenha em decifrar a "alma" do carrasco, em revelar a psicologia da atividade do carrasco em geral. Nesse aspecto, Dostoiévski está disposto a fazer generalizações extremamente vastas. "Comecei falando do carrasco. As qualidades do carrasco encontram-se de forma embrionária em quase todo homem moderno."[33] Empenhando-se em penetrar o mundo interior do carrasco, também neste caso o escritor encontra em seus fundamentos um sentimento deformado de individualidade, uma forma patológica peculiar de autoafirmação. Destaca, em especial, o isolamento completo e extremo do carrasco na sociedade: "Além disso, sabe muito bem que todos o têm por réprobo, que um temor supersticioso o encontra e o acompanha por toda parte, e não pode evitar que isso exerça alguma influência sobre ele, reforce nele a sua fúria, as suas inclinações animalescas. Até as crianças sabem que ele 'renega pai e mãe'".[34]

Contudo, o "eu" ofendido do carrasco encontra satisfação em outra coisa. Como testemunha Dostoiévski, é inerente ao carrasco uma arrogância profissional, um autoinebriamento especial. O escritor assegura que "ele considerava estar imensuravelmente acima do superior com quem conversava".[35] O escritor se empenha em representar o estado de alma do carrasco momentos antes de aplicar o castigo físico ao condenado. "Em todo caso, antes de dar início ao castigo o carrasco se anima, sente a própria força, vê em si mesmo um soberano; naquele instante ele é um ator, e o público fica embevecido e aterrorizado com ele, e, claro, não é sem prazer que ele grita para a sua vítima antes do primeiro golpe: 'Aguenta, que vou te queimar!', palavras comuns e fatais nesse momento. É difícil imaginar até onde é possível deformar a natureza humana."[36]

Dostoiévski não se limita ao aspecto meramente psicológico do caso. Ele age como um analista da sociedade. Faz importantís-

---

[33] *Idem*, p. 246.

[34] *Idem*, p. 247.

[35] *Idem*, p. 248.

[36] *Idem*, p. 250.

simas generalizações de ordem sociológica: "[...] o direito a aplicar o castigo físico, direito que é concedido a um indivíduo em detrimento dos outros, é uma das chagas da sociedade [...] é a razão completa de sua desintegração fatal e inelutável".[37] Sem qualquer tendência intencionalmente denunciadora, Dostoiévski denuncia essencialmente e profundamente o regime político da Rússia servil.

Ao longo de toda a obra aparecem diversas imagens de galés que são assassinos inveterados. "Foi só no presídio que ouvi histórias sobre os atos mais espantosos, mais antinaturais, sobre os assassinatos mais monstruosos, narradas com a risada mais incontida, cheia da alegria mais infantil."[38] Entre os criminosos mais inveterados destaca-se em especial Gázin, que "gostava de esfaquear criancinhas unicamente por prazer".[39] Depois de Gázin aparece um tal de A-v: "Era o mais repugnante exemplo de até onde um homem pode descer e envilecer, e de até que ponto pode matar em seu íntimo, sem dificuldade nem arrependimento, qualquer sentimento moral".[40] Depois de A-v segue-se uma série de outros assassinos. Dostoiévski ressalta a possibilidade de aniquilação definitiva de tudo o que se chama de "espiritual" no homem: "Durante o meu período de galé, bem diante dos meus olhos, A-v tornou-se algo parecido a um pedaço de carne com dentes e estômago, e com uma sede insaciável pelos prazeres carnais mais grosseiros, mais selvagens, e para satisfazer o mais ínfimo e extravagante desses prazeres ele era capaz de matar, de degolar com o maior sangue-frio, numa palavra, era capaz de tudo, desde que não deixasse vestígios".[41]

No extremo da degradação e da deformação da natureza humana, os chefes do presídio não só não ficam atrás dos assassinos inveterados como às vezes até os superam. No capítulo "O hospital", aparece diante dos leitores um tal de tenente Jerebiátnikov.

---

[37] *Idem*, p. 246.

[38] *Idem*, p. 47.

[39] *Idem*, p. 81.

[40] *Idem*, p. 112.

[41] *Idem*, p. 113.

Durante o castigo dos prisioneiros com cacetadas, ele grita a plenos pulmões para que os soldados batam com toda a força. "[...] os soldados o esfolam com toda a força, os olhos do coitado faíscam, ele começa a gritar, Jerebiátnikov corre por fora do corredor a acompanhá-lo e gargalha, gargalha, gargalha aos berros, escangalha-se de rir, não consegue aprumar-se."[42] Muitos exemplos de *Escritos* mostram como é difícil estabelecer um limite ou uma medida para a crueldade humana.

Contudo, o mais impressionante é que todos esses fatos estão intimamente interligados por uma forma patológica de sentir a importância do próprio "eu" e a humilhação de outra pessoa. "Há exemplos que, por serem estranhos, beiram o extremo: tive conhecidos, até bondosos, até honestos, até respeitados na sociedade, que mesmo assim não conseguiam suportar com sangue-frio que, por exemplo, um castigado não gritasse debaixo da vergasta, que não implorasse ou pedisse clemência."[43]

O escopo das observações do escritor nos trabalhos forçados de forma alguma se limita aos fatos da deformação e da degradação moral do homem. Também nelas o autor revela a infinita diversidade da realidade e, acima de tudo, a diversidade de caracteres. Entre os assassinos cruéis desfilam homens cujos vícios terríveis se combinam com exemplos de uma impressionante força de espírito. Assim é, por exemplo, Orlóv. "Este era, a olhos vistos, a plena vitória sobre a carne. Via-se que esse homem era capaz de um autodomínio ilimitado, desprezava quaisquer tormentos e castigos e não temia nada neste mundo."[44] Ao lado de Orlóv estão os "homens resolutos" Lutchka e Pietróv.

Nas observações de Dostoiévski sobre os galés, o que mais o impressiona são os paradoxos da psique humana. Um tipo como Pietróv "degola um homem por uma moeda de vinte e cinco copeques para tomar uma meiota de vodca, embora noutra ocasião fa-

---

[42] *Idem*, p. 238.

[43] *Idem*, pp. 246-7.

[44] *Idem*, p. 91.

ça vista grossa para cem mil rublos".[45] Ao descrever a "casa morta", lugar onde estão reunidos criminosos de todos os tipos possíveis, o escritor tem dificuldade de estabelecer uma medida exata do mal. "Alguns deles que nem haviam matado ninguém podiam ser mais apavorantes do que outros, presos por seis homicídios. Sobre certos crimes era até difícil fazer a ideia mais primária: havia um bocado de estranhezas já antes de sua perpetração."[46] Em muitos habitantes da "casa morta", o autor também pasma com a combinação de uma crueldade extrema com algo profundamente ingênuo e infantil. Ao descrever os galés na apresentação de teatro, ao registrar como todos estavam totalmente dominados pelo espetáculo, o autor observa: "Em suma, eram crianças, completamente crianças, embora algumas dessas crianças já estivessem na casa dos quarenta anos".[47] Mais de uma vez observam-se em *Escritos* traços de uma infantilidade pura e autêntica nos criminosos mais inveterados.

Entre os habitantes da "casa morta", o escritor mostra também homens de extraordinária pureza moral e "elevada evolução espiritual". É o caso do tártaro daguestaniano Aliêi.

Dostoiévski também observa entre os galés buscas de proezas que o fazem pasmar. Assim, já nos primeiros capítulos de *Escritos* deparamos com o destino incomum de um galé que durante as noites lia a Bíblia, e que depois se negou de repente a sair para o trabalho, investindo contra o diretor da prisão com um tijolo na mão. "Antes de morrer, declarou que não queria machucar ninguém, e quisera apenas sofrer. De resto, não pertencia a nenhuma seita de cismáticos. No presídio guardavam dele uma lembrança respeitosa."[48]

Não há dúvida de que na história desse galé encontra-se o germe do motivo que mais tarde Dostoiévski desenvolveria na imagem de Mikolka (de *Crime e castigo*), que desejava "assumir o so-

---

[45] *Idem*, p. 147.

[46] *Idem*, p. 149.

[47] *Idem*, p. 193.

[48] *Idem*, p. 64.

frimento". Mas entre esses polos extremos — o da máxima perversão e o da elevação moral — há toda uma gama de variações psicológicas nas inúmeras imagens dos galés. Aqui encontramos um quieto e modesto velhote, membro da ortodoxia antiga que incendiara uma igreja dos cismáticos, um ex-oficial caucasiano, o excêntrico Akim Akímitch, defensor da justiça, homem de vários ofícios, o humilde e espezinhado Suchílov, que pelo valor de uma camisa vermelha e um rublo de prata trocara sua pena relativamente mais leve pelos pesados trabalhos forçados, o galé e histrião Skurátov, o ourives Issái Fomitch, e muitos e muitos outros.

O importante é que entre os galés mais incorrigíveis e terríveis o escritor destaca o que há de "humano, demasiado humano" — a simplicidade autêntica, a sinceridade, a capacidade de entregar-se a um divertimento despreocupado, e até mesmo a bondade. O autor ressalta a sensibilidade, a suscetibilidade da massa de galés a um tratamento autenticamente humano. "Algumas palavras afáveis e os presidiários por pouco não ressuscitavam moralmente. Alegravam-se como crianças, e como crianças começavam a amar."

Em *Escritos* já se revela a concepção de homem que mais tarde Dostoiévski elaboraria de forma ampla no romance filosófico. É em *Escritos* que Dostoiévski desenvolve pela primeira vez e integralmente sua antropologia. O homem contém tanto a possibilidade de uma inaudita degradação e deformação quanto a possibilidade de uma renovação moral e um aperfeiçoamento sem fim. Contém potencialidades para os atos mais diversos e contraditórios e capacidade para tudo, para o bem e o mal. O homem é um universo em forma reduzida e condensada.

Escritos da casa morta acentua aqueles traços humanos predominantes e fundamentais que, segundo o autor, se manifestam de modo especialmente acentuado nas condições de vida dos galés, traços que posteriormente ocuparão o centro da obra de Dostoiévski. Já nas primeiras páginas de *Escritos* Dostoiévski aborda a surpreendente capacidade humana de se adaptar a uma situação que pareceria a mais improvável, aborda a força do hábito. "Sempre me era penoso voltar do pátio para a nossa caserna. [...] No inverno nos trancavam cedo; tínhamos de esperar umas quatro horas até que todos adormecessem. Antes disso imperavam o barulho, as risadas, o vozerio, os insultos, o som das correntes, o cheiro de fumo e a fuligem, as cabeças raspadas, os rostos ferreteados, as roupas de retalhos, tudo o que havia de insultuoso, de aviltante... Sim, o homem é vivedouro! O homem é um ser que a tudo se habitua, e penso que esta seja a sua melhor definição."[49] Esse pensamento se repete com persistência em *Escritos*. No capítulo V, "O primeiro mês", o autor torna a enunciar: "A ideia de que, com o passar do tempo, eu viria a lamentar a perda daquele canto deixava a mim mesmo estupefato com seu horror: já então eu pressentia a que grau de monstruosidade chega a capacidade humana de se habituar".[50] Nessas palavras já se nota o motivo que soa alto em *Crime e castigo* e outros romances. Lembremos a reflexão de Raskólnikov sobre o destino de Sônia: "Que coisa, hein, Sônia! Entretanto, que tesouro eles conseguiram achar! E estão aproveitando! E olhem que aproveitam mesmo! E se habituaram. Choraram, mas se habituaram. O canalha do homem se habitua a tudo!".[51]

Como mostra Dostoiévski, a força da vida, a vontade de viver, é o elemento essencial que sustenta os galés em meio às condições de inumanidade e privações, que os impele a suportar torturas físicas que os deixam transformados numa massa ensanguentada e imóvel que é conduzida quase inanimada à solitária, e a renascer de novo para a vida.

Junto ao *leitmotiv* da extrema vitalidade e da força do hábito desdobra-se outro *leitmotiv* — o do amor indestrutível do galé pela liberdade. A vontade de viver no homem é inseparável do seu amor pela liberdade. O autor se detém, como exemplo, no seguinte fato. Segundo suas observações, "O galé tem pelo dinheiro uma avidez que chega ao espasmo, à perturbação do juízo",[52] mas às

---

[49] *Idem*, pp. 39-40.

[50] *Idem*, p. 103.

[51] Fiódor Dostoiévski, *Crime e castigo*, tradução de Paulo Bezerra, São Paulo, Editora 34, 2019, 8ª edição, p. 33.

[52] *Escritos da casa morta*, *op. cit.*, p. 116.

vezes ele começa a "farrear" e torra numa noitinha tudo o que juntara com tantas privações. Como explicar tais atos notoriamente irracionais? "O que, então, está acima do dinheiro para o detento? A liberdade, ou ao menos alguma ilusão de liberdade. [...] E o que não se dá pela liberdade? Qual o milionário que, com a forca lhe apertando a garganta, não daria todos os seus milhões por um pouco de ar?"[53]

Dostoiévski torna a constatar certo paradoxo da psique humana. "Até os condenados à prisão perpétua agitavam-se e consumiam-se de saudades, e sem dúvida cada um deles sonhava com algo quase impossível."[54]

O autor encontra uma justificação psicológica e uma fundamentação para esse paradoxo aparente. "Nenhum homem vivo subsiste sem um objetivo e a aspiração de atingi-lo. Depois de perder o objetivo e a esperança, o desgosto com frequência faz o homem transformar-se num monstro... O objetivo de todos nós era alcançar a liberdade, deixar os trabalhos forçados."[55] Em face disto, o escritor afirma que os prisioneiros são sonhadores apaixonados. "Quanto mais irrealizáveis as esperanças, quanto mais o próprio sonhador as percebia irrealizáveis, tanto maior era sua obstinação de as ocultar, porém nunca era capaz de renunciar a elas."[56]

Em plena correspondência com esse apego "entranhado" do galé à liberdade estão o seu sonho com a fuga e a paixão pela errância. "A vida de bosque em bosque é uma vida pobre e horrível, mas é livre e cheia de aventuras, tem algo de sedutor, algum encanto misterioso para qualquer um que a tenha experimentado, e o que se vê: um homem foge, às vezes um homem modesto, ordeiro, que já prometera tornar-se um bom assentado e eficiente dono de terra."[57]

---

[53] *Idem*, pp. 116-7.

[54] *Idem*, p. 306.

[55] *Idem*, p. 307.

[56] *Idem*, p. 306.

[57] *Idem*, p. 274.

Concepção de homem. O intelectual e o povo: *Escritos da casa morta*

O *páthos* que Dostoiévski confere aos referidos traços essenciais da psicologia do galé contém a chave da problemática de sua obra subsequente. A força da vida no homem e o caráter indestrutível e inerradicável dessa força atraem para si a atenção do escritor. Ele sentiu e conheceu essa força em sua forma mais penetrante justamente nos trabalhos forçados, nas condições da extrema humilhação da vida e da personalidade do homem, e a conheceu tanto em si mesmo como nos outros. Mais tarde, sentimentos e pensamentos similares se manifestariam nas reflexões de Porfiri Pietróvitch (*Crime e castigo*), "vai aguentar a vida", na exclamação de Arkadi (*O adolescente*), "para ele três vidas é pouco", e, claro, de forma mais plena em *Os irmãos Karamázov*.

O pensamento íntimo de Dostoiévski consiste, em essência, em que a vida humana só pode se manter sob a condição de haver um sentimento profundo de sua continuidade, de sua infinitude, e ainda de independência, de liberdade do homem. A isto estará posteriormente vinculada a ideia de liberdade e necessidade na "Lenda do Grande Inquisidor" (nela são particularmente importantes as passagens sobre as três tentações de Cristo no deserto). A antropologia de Dostoiévski em *Escritos* medra não só de suas observações sobre si mesmo, como também das observações sobre todos os habitantes da "casa morta", nas quais o escritor procura enxergar alguns traços fundamentais do povo russo.

Na representação do povo russo, Dostoiévski se distancia da idealização romântica dos eslavófilos.[58] Tanto na imagem do homem isolado quanto na imagem da massa dos galés, em *Escritos* ele mostra o poder destrutivo do elemento "banditesco", a possibilidade de algo desumano ao extremo, descomedidamente cruel. Ao longo da série de imagens e quadros delineados, surgem os traços do terrível cotidiano da Rússia servil. "Sabe, Aleksandr Pietróvitch, até hoje, quando sonho à noite, sonho necessariamente que estou sendo espancado; nunca tenho outro tipo de sonho."[59] A terrível novela "O marido de Akulka", que integra o capítulo "O

---

[58] Corrente sociopolítica crítica à modernização e à ocidentalização da Rússia.

[59] *Escritos da casa morta*, *op. cit.*, p. 232.

hospital", sedimenta-se no tema da mulher, vítima trêmula de uma crueldade implacável e despropositada e de preconceitos bárbaros.

Ao mesmo tempo, Dostoiévski retrata com entusiasmo as elevadas qualidades do povo russo. O escritor se encanta com o fato de no povo haver uma total ausência de psicologia servil, embora as condições de vida de então criassem todas as premissas para tal psicologia. Em vez de submissão servil, o escritor revela nos filhos do povo um elevado senso de autoestima e sede de justiça. "Naquela mesma ocasião pareceu-me — disto eu me lembro — que no justo julgamento que eles faziam de si próprios não havia humilhação alguma, mas um sentimento de dignidade. O traço característico supremo e mais acentuado do nosso povo é o sentimento de justiça e a sede dela."[60] O romancista descobre no povo russo imensas e incólumes forças espirituais. O que mais deprime o autor é o fato de que nos trabalhos forçados "forças poderosas pereceram em vão, pereceram de forma anormal, ilícita, irrecuperável. E de quem é a culpa? Sim, de quem é a culpa?".[61]

Tanto no fim quanto no início da obra, o autor se depara com a mesma questão angustiante: a questão de ligar-se ao povo, de possuir um objetivo coletivo supremo. "Nossos sábios têm pouco a ensinar ao povo. Eu até afirmo o contrário: ainda devem aprender com ele."[62] O autor fica muito aflito com o fato de que os nobres "estão separados do povo simples por um profundíssimo abismo, e isso só se observa plenamente quando de súbito o próprio nobre, forçado por circunstâncias externas, se vê de fato privado dos seus antigos direitos e é transmudado em plebe".[63]

Em *Escritos* o autor destaca a religiosidade dos galés. Mas em que aspecto essa religiosidade se manifesta na narrativa? Ele retrata os galés na igreja do presídio, e escreve: "Quando o sacerdote, de cálice na mão, dizia as palavras '... mas mesmo eu sendo um bandido, aceita-me...', quase todos desabavam no chão, fazen-

---

[60] *Idem*, p. 197.

[61] *Idem*, p. 357.

[62] *Idem*, p. 197.

[63] *Idem*, pp. 309-10.

do retinirem seus grilhões, como se tomassem essas palavras literalmente, para si".[64] A condenação incondicional de si mesmo, a aspiração à ressurreição — eis o que salta à vista do narrador na religiosidade dos galés, e que é tão consonante com seu próprio estado de espírito. "Lembro-me de que só o desejo ardente de ressurreição, de renovação, de uma nova vida, me fortalecia para esperar e nutrir esperança."[65]

Em *Escritos da casa morta*, o problema do estilo simplificou-se para Dostoiévski graças ao fato de que essa obra remonta, em seu fundamento, aos gêneros memorialístico e confessional. A simplicidade do tom, a veracidade da narrativa e a ausência de efeitos literários específicos foram as qualidades que se tornaram indispensáveis a um conteúdo e um material tão singular. Contudo, com toda a aparente "simplicidade" da narração, a obra fornece nítidos exemplos da formação daquele estilo que viria a se mostrar em toda a sua plenitude nos famosos romances posteriores do autor. Cabe assinalar um procedimento, em particular, que consiste em destacar um fato qualquer, um detalhe, ao qual será vinculado o máximo tensionamento de impressões homogêneas, sua concentração num ponto único, até mesmo numa imagem visual única. No capítulo "O hospital", Dostoiévski fala dos grilhões e de seu papel na vida dos galés. Tomamos conhecimento de que não se tiram os grilhões nem mesmo dos doentes desenganados. Dostoiévski conclui com uma cena que representa um galé que acaba de morrer. "Era um horror olhar para aquele corpo comprido, comprido, com pernas e braços ressequidos até os ossos, o ventre cavado, o peito enfunado, costelas nitidamente expostas como as de um esqueleto. Em todo o seu corpo restaram apenas uma cruz de madeira com um escapulário e os grilhões, pelos quais as pernas ressequidas agora podiam passar."[66] É difícil encontrar um exemplo mais evidente da extrema concentração de impressões sobre todo o conjunto dos galés.

---

[64] *Idem*, p. 278.

[65] *Idem*, p. 341.

[66] *Idem*, p. 224.

A especificidade do estilo emergente de Dostoiévski pode ser sentida no destaque e no aguçamento da atenção do leitor em alguns episódios. É nesse tom que o escritor narra a respeito do sargento e capataz Ostrovski. "Era um polonês, um velho de uns sessenta anos, alto, magro, extremamente bem-apessoado e até majestoso de aparência."[67] Dostoiévski menciona que esse velho estava sempre lendo a Bíblia católica. Mas de repente ele o mostra num aspecto totalmente inesperado. Depois de passar dois anos respondendo a um inquérito por alguma falta cometida, o velho capataz é internado no hospital como louco. "Entrou ganindo, gargalhando, e com os gestos mais indecentes, mais cômicos, desandou a dançar pela enfermaria. Os presidiários ficaram em êxtase, mas eu me senti muito triste..."[68]

Nessa cena encontramos todos os elementos característicos do estilo posterior de Dostoiévski: a representação da passagem mais abrupta e mais extrema da beleza para uma desvairada bufonaria obscena, a representação do trágico acompanhado do riso descomedido.

O estilo de *Escritos da casa morta* não marca apenas uma etapa importante na evolução do realismo de Dostoiévski, como também revela peculiaridades da forma desse realismo, sua tendência expressivo-psicológica.

---

[67] *Idem*, p. 252.

[68] *Ibidem*.

3.

Um romance-comédia:
A aldeia de Stepántchikovo e seus habitantes

Escritos da casa morta contém um material provindo das impressões vivas e arrebatadoras que serviram de fundamento à evolução e ao amadurecimento da visão de mundo de Dostoiévski. Essa obra é a chave para as questões mais importantes da obra do escritor. Ele representa um imenso avanço no caminho da síntese artística dos elementos social e psicológico. Contudo, transcorreria muito tempo até que o autor pudesse encontrar uma expressão literária adequada para a experiência inesquecível de conhecimento do homem e da realidade objetiva que os trabalhos forçados lhe haviam dado.

No período imediatamente posterior aos trabalhos forçados, Dostoiévski procurou antes de tudo apreender, assimilar e enformar ideologicamente as impressões da prisão e da vida que agora o cercava, da vida à qual ele agora retornava. De modo a encarnar tudo isso, ele procurou intensamente por uma nova expressão artística, por novas formas literárias. Isto se nota nas oscilações do estilo, características de Dostoiévski durante esses anos. Nossa atenção se detém, antes de mais nada, nas obras escritas em fins da década de 1850 — *A aldeia de Stepántchikovo e seus habitantes* [1859] e *O sonho do titio* [1859].[69] Essas obras constituem um grupo único, tanto pelo momento de seu surgimento e pelo seu material temático, quanto por seu estilo.

Em *A aldeia de Stepántchikovo* vemos a formulação, característica de Dostoiévski, do problema do indivíduo vinculada à representação de um meio social que era novo para o escritor — o

---

[69] Ambos lançados no Brasil pela Editora 34 em 2012, com traduções de Lucas Simone e Paulo Bezerra, respectivamente.

da nobreza e da burocracia provinciana e rural. Na imagem de Fomá Fomitch Opískin o autor retratou também uma nova forma de isolamento e de luta do indivíduo por sua afirmação na vida. Ele se deteve no tema do parasita, que a partir desse momento entrará com firmeza na cadeia de imagens de sua obra, até chegar a *Os irmãos Karamázov*, ao "senhor de terno surrado" — o diabo--parasita. Na imagem de Fomá Opískin, o escritor mostra como a ofensa ao "eu" do homem em condição de extrema dependência, antes de tudo da dependência econômica do parasita, converte-se numa forma agressiva de autoafirmação, evolui para o despotismo ilimitado, para a tirania refinada, para o deleite com o poder sobre os outros e com a humilhação dos outros. Segundo o pensamento de Dostoiévski, a beatice, a santarronice de Fomá Opískin, é um dos recursos mais fortes de afirmação do próprio "eu", uma forma do culto da própria pessoa, refinada a ponto de se tornar sadismo. O mais curioso no caráter de Fomá é que, sendo uma nulidade, um zé-ninguém, ele faz todos os esforços para se projetar à importância de um semideus. Quanto mais mísera a personalidade de Fomá, mas desmedidamente ele deseja inflar a própria importância.

Ao longo de toda a sua trajetória criadora, Dostoiévski nunca se cansou de representar um mesmo fato psicológico — a incomensurabilidade do amor-próprio no homem. Em *O idiota*, Liébediev diz: "vá você ofender a vaidade de algum desses inúmeros amigos da humanidade, e imediatamente ele estará disposto a incendiar os quatro extremos do mundo por uma pequena vingança — aliás exatamente como qualquer um de nós e, para ser justo, como eu, que sou o mais torpe de todos, porque eu talvez seja o primeiro a trazer a lenha e eu mesmo saia correndo de perto".[70] Em várias de suas obras, Dostoiévski criou novas e novas variações psicológicas desse fato, novas e novas diversidades e formas para ele.

No caráter de Fomá Opískin o escritor delineia uma das formas mais sutis de farisaísmo. Não se pode falar apenas de hipocri-

---

[70] Fiódor Dostoiévski, *O idiota*, tradução de Paulo Bezerra, São Paulo, Editora 34, 2020, 5ª edição, p. 420.

sia de Fomá. Não, pois em seus desmedidos arroubos ele considera a si mesmo um santo e um benfeitor do gênero humano. Aqui o realismo de Dostoiévski revela-se com especial precisão no fato de que o caráter de Fomá se manifesta em meio a todo um conjunto de outros caracteres bem delineados. Entre estes, deve-se situar o "titio" Rostániev, sua mãe — a generala, uma déspota grã-senhora —, a sibilante donzela Pierepelítsina, "filha de um tenente-coronel", o falido grão-senhor Mizíntchikov, sua mãe megera, entre outros.

A aldeia de Stepántchikovo e *O sonho do titio* ainda chamam a atenção porque é precisamente nessas duas obras que Dostoiévski aplica pela primeira vez uma nova forma de romance: a forma do romance dramatizado. Se ao referir-se aos romances filosóficos de Dostoiévski Viatcheslav Ivánov empregou o termo "romance-tragédia", as duas referidas narrativas podem, por sua natureza, ser chamadas de "romance-comédia". Sem mencionar a imensa importância dos diálogos nessas duas novelas, que cresce em tamanho por conta da própria narração, toda a situação dessas duas obras é profundamente comediográfica, sobretudo a de *A aldeia de Stepántchikovo*. Pode-se até falar francamente da influência de Molière na estrutura dessa narrativa. De fato, salta à vista a surpreendente semelhança de toda a situação de *A aldeia* com o *Tartufo* de Molière. Apesar de toda a originalidade e da plena autonomia do caráter de Fomá Opískin, por seu papel na casa de Rostániev essa figura central possui uma semelhança extraordinária com o papel de Tartufo na casa de Orgon. Tampouco se pode negar a semelhança interior das personalidades de Fomá e Tartufo. As semelhanças entre as duas obras são ainda mais intensificadas pelo fato de a mãe-generala se erguer como uma montanha atrás de Fomá, correspondendo assim, em seu despotismo, à Dona Pernelle. Há ainda outras coincidências, mas a questão principal não se resume a essas coincidências externas do enredo.

O romance é repleto de ação. Esta tem como especificidade uma intriga verdadeiramente comediográfica. Temos diante de nós uma luta, um agudo conflito entre duas partes — uma intriga e uma contraintriga. De um lado, Fomá, que caminha com firmeza para assumir um poder ilimitado na casa e a tutela sobre seu dono, Rostániev. De outro, o sobrinho de Rostániev (que é também o narrador) e outros inimigos de Fomá, como, por exemplo, Bakhtchêiev. A narrativa se desenvolve de cena em cena, é repleta de agudas situações do enredo, de quadros profundamente específicos compostos por grupos. Há nela um firme incremento da ação, sua culminância é puramente comediográfica. A ação se precipita com nitidez para a crise na cena do salão, quando o "tio", indignado com as insinuações de Fomá, escorraça-o da casa.

O ambiente externo e a paisagem da narrativa realçam a tensão da ação, acentuam seu ritmo e sua culminância. Ao longo de toda a ação, que transcorre no campo, o tempo está habitualmente ensolarado. No entanto, antes da importante cena do salão, nuvens começam a se formar. Quando Fomá é escorraçado da casa desaba uma tempestade. Esse procedimento de ênfase do ritmo dramático com o auxílio de rubricas paisagísticas será empregado com frequência por Dostoiévski em suas obras posteriores. Em *A aldeia de Stepántchikovo* o autor recorreu ao seu procedimento predileto de complicação da ação. Ele insere uma intriga paralela e a conecta fortemente às tramas da ação principal. Uma dessas intrigas paralelas, em *A aldeia de Stepántchikovo*, é a história da moça rica e medíocre que Mizíntchikov tenta raptar à força junto com sua mãezinha.

A maneira artística de Dostoiévski nas referidas narrativas se caracteriza pela combinação de um acentuado grotesco comediográfico, que beira a bufonaria, com um refinado desenho psicológico, que procura revelar os meandros secretos da alma. A essas narrativas é peculiar a revelação do mundo espiritual das personagens sem o auxílio da introspecção do autor. Assim, em nenhum momento o mundo espiritual de Fomá é mostrado "de dentro": ele se manifesta no próprio processo da ação. Mas é exatamente o mundo interior dessa personagem central que constitui o foco autêntico da obra. Posteriormente, esse procedimento de representação psicológica será amplamente elaborado por Dostoiévski.

4.

Síntese do social e do psicológico:
Humilhados e ofendidos

A aldeia de Stepántchikovo e *O sonho do titio*, ao inserirem no gênero narrativo a estrutura da comédia, revelam ainda outro elemento do estilo: o melodramático-sentimental. Este se manifesta com especial relevo em *O sonho do titio* e é um dos principais fatores esteticamente organizadores do romance *Humilhados e ofendidos* [1861]. A respeito desta obra, pode-se dizer que Dostoiévski passou pela órbita literária de Dickens e sobretudo de Victor Hugo, pois estes dois escritores, particularmente Dickens, rendem um grande tributo ao elemento melodramático-sentimental. Dostoiévski está mais próximo de Dickens, pois neste caso o *páthos* romântico do tempestuoso protesto social de Victor Hugo cede lugar à compaixão social pelos humilhados e ofendidos. Mas no romance também há ecos de Balzac.

Humilhados e ofendidos oferece uma solução para a tarefa de sintetizar o social e o psicológico no romance. Pela primeira vez depois da prisão, o escritor retoma o tema de Petersburgo — o tema da cidade grande, da pobreza urbana, das "favelas de Petersburgo", dos antros secretos. O destino das crianças de rua e o destino da mulher seduzida e abandonada aparecem respectivamente nas histórias de Nelli e Natacha.

Nesse romance, não só as impressões de Petersburgo como também nítidas impressões gerais de uma Rússia dos anos 1860, cada vez mais capitalista, encontram sua expressão proeminente. Desse ponto de vista, é característica a luta entre o príncipe Valkóvski e Ikhmiêniev, e em particular a própria figura de Valkóvski. O escritor enfatiza o fato de que este fez sua carreira de modo incomum. Referindo-se à folha de serviço do príncipe, Dostoiévski escreve: "De seus pais, que haviam se arruinado completamente em Moscou, não herdara quase nada. Vassílievskoie havia sido hipotecada e re-hipotecada; sobre ela pesava uma dívida imensa. Ao príncipe de vinte e dois anos, constrangido então a trabalhar numa repartição pública em Moscou, não restara um único copeque, e ele teve de começar a vida como um 'pobretão — descendente de uma linhagem antiga'".[71] A carreira do príncipe Valkóvski é a carreira de um negocista-abutre. Lucro, lucro a qualquer preço — eis a máxima de sua vida. Trata-se de um aventureiro com um passado criminoso, que sabe como se safar na vida. De uma forma ou de outra, na história dessa personagem ocorre pela primeira vez e de modo preciso o motivo da acumulação, que desempenha um papel de destaque na obra posterior de Dostoiévski. Um nobre falido, que adquiriu grandes recursos monetários por meio da especulação e de outras maquinações fraudulentas — eis a biografia social do príncipe. Nesse sentido, cabe destacar um importante traço da criação de Dostoiévski: ao representar o desenvolvimento do capitalismo na Rússia, ele revela a natureza rapinante e especulativa do capital. De *Humilhados e ofendidos* a *Os irmãos Karamázov*, o romancista descreveu as atrasadas "formas asiáticas" de acumulação e as formas de exploração capitalista.

O príncipe Valkóvski não é só o protótipo de outras personagens "voluntariosas" (Svidrigáilov, Fiódor Pávlovitch Karamázov). A cena mais forte da obra é sua conversa no restaurante com o jovem escritor Ivan Pietróvitch, que narra o romance. Pelo sentido, esse diálogo lembra o famoso diálogo de Vautrin com Rastignac em *Pai Goriot*, de Balzac. No diálogo com Ivan Pietróvitch, Valkóvski lhe revela seu credo, tal como Vautrin fizera a Rastignac. Valkóvski desempenha o papel de sedutor, de "demônio", de um "Mefistófeles" em relação a Ivan Pietróvitch, tal qual fizera Vautrin em relação a Rastignac.

Contudo, o fato ainda mais importante é que a "filosofia de vida" de Valkóvski coincide com o conteúdo da "filosofia de vida" de Vautrin. O príncipe Valkóvski afirma que tudo é absurdo. "Isso não é absurdo; isso é personalidade, sou eu mesmo. Tudo é para

---

[71] Fiódor Dostoiévski, *Humilhados e ofendidos*, tradução de Fátima Bianchi, São Paulo, Editora 34, 2018, p. 29.

mim, e o mundo inteiro foi feito para mim."[72] Essa tese de Valkóvski se assemelha ao famoso dilema do "homem do subsolo": "Direi que acabe o mundo mas que eu sempre possa tomar o meu chá".[73] Mas a frase do "homem do subsolo" é pronunciada por um funcionário público fracassado, ao passo que a frase de Valkóvski é proferida por um negocista-especulador, homem de "sucesso mundano", que acumulara enormes recursos financeiros. Em Valkóvski essa frase soa de modo totalmente distinto, tem um contexto social inteiramente diverso. A relação de Valkóvski com a lei capitalista da competição é enfatizada em suas reflexões, assim como nas reflexões de Vautrin.

"A vida — diz Valkóvski — é uma transação comercial; não desperdice dinheiro em vão, mas, faça o favor, pague por sua satisfação, e terá cumprido todos os seus deveres para com o próximo, eis a minha moral, se ela lhe for realmente necessária, embora, confesso-lhe que, na minha opinião, o melhor é não pagar ao próximo, e sim saber obrigá-lo a fazer de graça."[74] Assim como Vautrin, Valkóvski divide os homens em "inteligentes", entre os quais o príncipe também se inclui, e a "massa dos imbecis". Mais tarde, dessa divisão medrará a divisão que Raskólnikov faz de todos os homens entre "ordinários" e "extraordinários". "Na base de todas as virtudes humanas — diz Valkóvski a Ivan Pietróvitch — está o egoísmo mais profundo. E quanto mais virtuosa é a virtude, mais egoísmo há nela."[75]

Vautrin diz a Rastignac: "Um é menos hipócrita, outro, mais, e os imbecis chamam um de homem de moral e o outro de imoral". Porém o mais curioso de tudo é que o *páthos* da confissão de Valkóvski, assim como o *páthos* da confissão de Vautrin, no fundo é um desmascaramento involuntário da sociedade capitalista. "Vejo que vivo numa sociedade fútil; mas por enquanto ela é aconche-

---

[72] *Idem*, p. 286.

[73] Fiódor Dostoievski, *Memórias do subsolo*, tradução de Boris Schnaiderman, São Paulo, Editora 34, 2000, 3ª edição, p. 138.

[74] *Humilhados e ofendidos, op. cit.*, p. 286.

[75] *Ibidem*.

gante, e faço coro com ela, mostro que a defendo, mas, se for o caso, serei o primeiro a abandoná-la."[76]

Portanto, a nosso ver, a semelhança entre a concepção de Balzac e a de Dostoiévski está fora de dúvida. Por outro lado, a semelhança criada por Dostoiévski na imagem de Valkóvski acaba, ao fim e ao cabo, produzindo uma figura profundamente original. Isso se dá sobretudo pelo motivo da voluptuosidade, na qual Valkóvski é o precursor de Svidrigáilov e Fiódor Pávlovitch Karamázov. Na figura de Valkóvski há ainda uma especificidade social, que distingue com precisão Dostoiévski de Balzac. No destino do príncipe Valkóvski reflete-se o processo de adaptação de uma parte da nobreza russa arruinada às condições capitalistas. Valkóvski é um "ex-homem", no qual se reflete a psicologia da nobreza em desagregação. "Mas o melhor de tudo, o melhor de tudo são as mulheres... e mulheres de todos os tipos; gosto até da depravação dissimulada e obscura, das mais estranhas e originais, até com um pouquinho de sujeira para variar..."[77] Na voluptuosidade de Valkóvski há algo de refinadamente senhoril, um indício de decadência social. O habitual cinismo de sua confissão lembra as reflexões do sobrinho de Rameau, no famoso diálogo de Diderot.

Contudo, no cinismo de Valkóvski manifesta-se algo profundamente peculiar à problemática da criação de Dostoiévski. O príncipe confessa a Ivan Pietróvitch: "[...] um dos prazeres mais picantes para mim sempre foi fingir a princípio que também sou assim, assumir esse tom, cumular de atenções e encorajar algum desses Schillers eternamente jovens e, depois, de súbito, deixá-lo imediatamente desconcertado; tirar de súbito a máscara diante dele e, em vez de uma cara de êxtase, fazer-lhe uma careta, mostrar-lhe a língua justamente nesse momento em que ele menos espera essa surpresa".[78] O nome de Schiller perpassa como um refrão toda a confissão de Valkóvski. A poesia de Schiller teve enorme importância para o jovem Dostoiévski. "Aprendi Schiller de cor",

---

[76] *Idem*, p. 287.

[77] *Ibidem*.

[78] *Idem*, p. 279.

confessa ele em carta a seu irmão Mikhail Mikháilovitch. Nessa constante zombaria de Schiller e do schillerianismo por Valkóvski há uma certa ferida, um certo embevecimento com a zombaria.

O nome de Schiller figura em vários romances de Dostoiévski como símbolo determinado de um modo entusiástico e idealista de se relacionar com a vida.

Nas palavras de Valkóvski ecoa um penetrante deboche do ideal, uma ruptura com todo o sublime, um espezinhamento de algo sagrado. "Há uma voluptuosidade especial em tirar subitamente a máscara, no cinismo com que um homem se revela de repente diante de outro, de tal modo que nem sequer se digna a se envergonhar diante dele."[79] Nesse prazer em espezinhar tudo que é ideal sente-se em Valkóvski um reconhecimento oculto da força desse ideal, do seu poder sobre os corações dos homens. Ele sente esse poder antes de tudo sobre a alma do seu interlocutor Ivan Pietróvitch. Sua polêmica com ele é extremamente séria. Talvez seja uma polêmica de Valkóvski consigo mesmo, um diálogo não só com Ivan Pietróvitch, mas também com o seu próprio "eu". É o mesmo diálogo que Svidrigáilov tem com Raskólnikov, que Fiódor Pávlovitch tem com Ivan e Alióche Karamázov. Frise-se que Svidrigáilov também agasta Raskólnikov ao galhofar de Schiller.

A confissão de Valkóvski é uma das mais importantes manifestações da relação íntima do próprio Dostoiévski com o mundo. A parodização do ideal como resultado da constatação de sua inconsistência e, em função disso, como reconhecimento de sua força irresistível e de sua importância incondicional — parodização que já atravessa a confissão de Valkóvski — é uma forma específica do dualismo da visão de mundo de Dostoiévski, que embasa a ação trágica de seus romances. A combinação de uma aspiração frenética por um ideal, pela "formosura", e o espezinhamento cínico desse ideal são uma dissonância que atravessa a obra de Dostoiévski e que ressoa de forma aguda nas confissões de Valkóvski a Ivan Pietróvitch. A obsessão de Ivan Pietróvitch por servir a um ideal, sua abnegação, e o riso cínico de Valkóvski são duas facetas

---

[79] *Idem*, p. 282.

Síntese do social e do psicológico: *Humilhados e ofendidos*

de um mesmo processo. Na figura de Valkóvski revela-se um importantíssimo aspecto do mundo interior de Dostoiévski.

Mesmo sem fazer um julgamento implacável de si mesmo, como em *Escritos da casa morta*, Dostoiévski ainda assim lança um olhar profundo para dentro de si. Por trás da imagem de Valkóvski oculta-se a pesada experiência do autoconhecimento, faz-se ouvir a inquietação oculta das próprias vivências.

"Mas aí está o que tenho a lhe dizer: se ao menos fosse possível (o que, aliás, dada a natureza humana, nunca poderia ser), se fosse possível cada um de nós descrever todos os seus podres, mas de modo que não tivesse medo de relatar não só aquilo que tem medo de dizer às pessoas e não diria por nada no mundo, não só aquilo que não se atreve a dizer aos seus melhores amigos, mas até mesmo aquilo que às vezes não se atreve a confessar a si próprio — pois então se levantaria um fedor tão grande no mundo que haveria de sufocar a todos nós."[80]

Entretanto, Valkóvski, caráter vivo e autônomo, de forma alguma é um porta-voz ou uma das máscaras do artista. Em sua figura Dostoiévski conseguiu tipificar de maneira evidente os processos de desagregação moral da sociedade burguesa de meados e da segunda metade do século XIX. Da imagem de Valkóvski segue uma linha reta para o conto *Bobók* e o lema "Desnudemo-nos!". Valkóvski é um exemplo convincente da assimilação artística da realidade objetiva em Dostoiévski. À diferença de outros escritores, em sua obra quanto mais subjetiva é a imagem, tanto mais frequente e intensa é a sua significação objetiva. Essa chave do conhecimento e da encarnação ficcional do sócio-objetivo, Dostoiévski a encontrou nos meandros recônditos da sua própria alma.

No romance *Humilhados e ofendidos*, podemos constatar uma novidade na evolução do escritor também em relação ao tema do amor. Dostoiévski revela as controvérsias do sentimento amoroso, os paradoxos da paixão. Nesse romance, o amor entre um homem e uma mulher já é concebido como um processo peculiar de luta. Desse ponto de vista, merece atenção a representação das relações entre Natacha e Aliócha Valkóvski. O escritor

---

[80] *Idem*, p. 281.

enfatiza intensamente a desigualdade do seu amor mútuo. "Está vendo, Vânia: pois concluí que não era de igual para igual que o amava, como geralmente uma mulher ama um homem. Eu o amava como... quase como uma mãe. Chega até a me parecer que não existe absolutamente um amor assim no mundo, em que os dois se amem de igual para igual, hein? O que acha?"[81]

Natacha diz em seguida que ama Aliócha porque "ele não tem caráter e... e que sua inteligência é curta como a de uma criança".[82] E, por último, confessa que experimentara algum sentimento contraditório ao saber que Aliócha estava com Minna. "Eu soube, eu o segui e, acredite ou não, senti uma dor atroz, mas ao mesmo tempo era como se me desse prazer... Mas eu sei por quê... Só de pensar que ele também, como qualquer pessoa *adulta*, junto com outras pessoas *adultas*, andava com mulheres bonitas, que também fora procurar Minna! Eu... Que prazer me proporcionou então essa briga; e depois perdoá-lo... oh, meu querido!"[83]

O escritor diferencia aspectos e nuanças particulares do sentimento amoroso, revela suas raízes irracionais. Chama atenção para o instinto materno no sentimento da mulher por seu amante. Mas junto com esse instinto materno se desenvolve o involuntário despotismo feminino, o prazer de exercer poder sobre o amante.

No enredo basilar de *Humilhados e ofendidos* repete-se em nova forma uma antítese que já se fazia presente em *Gente pobre* — a antítese da existência plena e feliz no passado e da existência destroçada, angustiante e depressiva no presente. O passado é o mundo do campo ou o mundo da "infância dourada" próxima ao campo. O presente é a cidade de Petersburgo com suas impressões delirantes, que é, ao fim e ao cabo, uma miragem. No segundo capítulo da primeira parte, as lembranças de Ivan Pietróvitch são percebidas como um agudo contraste em relação à ação corrente. "Bons tempos, dourados! A vida começava a se revelar para nós de modo misterioso e sedutor, e quão doce era conhecê-la. Na-

---

[81] *Idem*, p. 335.

[82] *Ibidem*.

[83] *Idem*, p. 336.

Síntese do social e do psicológico: *Humilhados e ofendidos*

quele tempo, para nós, era como se por trás de cada arbusto, de cada árvore, morasse mais alguém, um ser misterioso e desconhecido."[84] Mas eis que se passa um ano de vida em Petersburgo. Os Ikhmêniev voltam para a província. Segue-se o diálogo final de Natacha e Ivan Pietróvitch. "Poderíamos ter sido felizes para sempre juntos."[85]

Assim, *Humilhados e ofendidos* também inclui um motivo já cristalizado em *A senhoria*, e que soará com plena voz nos romances posteriores (*Crime e castigo*, *O idiota*, *O adolescente*) — o motivo da existência funesta e fantasmagórica de Petersburgo.

Considerando-se a proximidade de Dostoiévski com Dickens (pode-se falar até de uma obra específica: do romance *A loja de antiguidades*), nos procedimentos estilísticos de *Humilhados e ofendidos* observa-se a introdução do princípio composicional do "romance de mistérios" em sua forma tradicional, acentuada e, por assim dizer, padronizada. Isto se refere em particular à história de Nelli. O nítido paralelismo das duas linhas do enredo — do romance de Vânia-Natacha-Aliócha com o destino de Nelli, paralelismo esse para o qual Dostoiévski, como vimos, já se inclinara antes — também encontra seu correspondente nos princípios de composição dos romances de Dickens.

São dignos de atenção os traços da representação. Também aqui o escritor adota o grotesco, mas numa forma diferente daquela empregada em seus romances-comédia. Aqui se pode ver como evolui o grotesco em Dostoiévski, que transforma os procedimentos de Gógol através da assimilação das maneiras de Dickens, Hoffmann e Victor Hugo. Saltam à vista os retratos do velho Müller e seu cão. O autor lança na imagem externa desses seres algo sem vida, inexpressível, automático. Em relação ao velho, ele observa que "seus movimentos [...] pareciam realizados a esmo, como que impulsionados por molas".[86] A construção do retrato com base na correlação entre vivo e o sem vida, naquilo que é externamente

---

[84] *Idem*, p. 24.

[85] *Idem*, p. 395.

[86] *Idem*, p. 12.

material e físico no homem, é característica também de Hoffmann e Dickens. Lembremos, neste último, o gancho de ferro no lugar da mão do capitão Cuttle, no romance *Dombey e filho*, e a gama de matizes de expressão, o papel desempenhado por esse gancho na caracterização psicológica da personagem.

Em *Humilhados e ofendidos*, é notável não a repetição sistemática e persistente de um detalhe importante como recurso de expressão ao longo de todo o romance, mas o máximo tensionamento da impressão já no primeiro esboço do retrato externo. Aqui vemos a acentuação da extrema feiura externa, da deformidade física, do antiestético na imagem externa. Assim, por exemplo, a feiura do velho é completada e reforçada pela feiura do seu cão. "Caíra-lhe quase todo o pelo, até mesmo o do rabo, sempre pendurado entre as pernas e rígido como um pau. A cabeça com orelhas compridas pendia com um ar sombrio. Nunca em minha vida vira um cão tão repulsivo."[87] Essa extrema deformidade e feiura num retrato cria a impressão de uma implacabilidade trágica, de um destino e uma fatalidade extraordinárias não apenas para o velho Müller e seu cão. Esses dois retratos servem de introdução ao destino trágico das personagens principais do romance. Nesse tensionamento da feiura e da deformação na imagem externa de modo a criar uma impressão trágica, Dostoiévski ecoa, em particular, Victor Hugo.

Na paisagem e nos interiores de *Humilhados e ofendidos* também se faz ouvir o prelúdio ao cenário material externo de *Crime e castigo* e de outros romances posteriores. Já nas primeiras linhas de *Humilhados e ofendidos* o narrador faz a seguinte observação: "Havia percebido que numa casa apertada até os pensamentos se estreitam".[88] É assim que se constrói o interior em *Crime e castigo*.

---

[87] *Idem*, p. 14.

[88] *Idem*, p. 11.

5.

A caminho da criação do romance filosófico: *Memórias do subsolo*

Duas fontes de impressões da realidade corrente forneceram material para os romances das décadas de 1860 e 1870. A primeira foram as reformas de 1861,[89] com todas as suas premissas e consequências, os complexos processos que ocorreram na vida russa e as relações recíprocas entre a Rússia e a Europa Ocidental. O que há de novo na consciência do escritor a partir desse momento é uma imensa expansão do seu horizonte, um específico plano sócio-histórico de exame dos fenômenos. Em *Diário de um escritor* e nos romances, começa a ecoar o tema dos destinos sócio-históricos e universais da Rússia e da Europa. Nesse período Dostoiévski deu vazão às suas concepções histórico-filosóficas.

Outra fonte das impressões de Dostoiévski foi o movimento sociopolítico dos anos 1860 e 1870 na Rússia, que ele enxergava a partir de suas posições políticas reacionárias. Ao considerar esses dois planos — o histórico-universal e o concreto e social russo —, o romancista tentava encontrar lugar na luta entre eslavófilos e ocidentalistas, seus contemporâneos, na luta contra o movimento revolucionário de sua época e na luta contra Tchernichévski e a revista *Sovremiênnik (O Contemporâneo)*. Em meio a essa torrente de impressões vivas e contraditórias de uma história que se precipitava de forma tempestuosa, nas angustiantes contradições de sua consciência, Dostoiévski, não obstante, continuou a assimilar e aprofundar sua experiência de conhecimento do homem, obtida nos trabalhos forçados. Foi a síntese dessa experiência e da

---

[89] Trata-se da reforma implementada pelo tsar Alexandre II que aboliu o regime de servidão e criou as condições jurídicas e políticas para a ampliação do capitalismo na Rússia.

visão da Rússia sob a ótica dos destinos históricos e universais que formou a sua filosofia do romance.

O pensamento sócio-histórico de Dostoiévski, tal como se nos apresenta em *Diário de um escritor*, tem como traço característico a convergência das reformas de 1861 com a obra de Pedro, o Grande, a percepção de que os acontecimentos de 1861 são consequências históricas das transformações de Pedro. Nas percepção de Dostoiévski desses acontecimentos, o essencial é a tomada de consciência sobre a distância que separava a intelectualidade do povo. Ele escreve sobre a "profundidade do abismo que separa a nossa sociedade civilizada à moda europeia e o povo". Isso está ligado ao tema do isolamento e da solidão do indivíduo. A aproximação da intelectualidade e o povo é o nó da problemática da obra de Dostoiévski.

À diferença dos eslavófilos, o escritor reconhecia a necessidade histórica das reformas de Pedro. Além disso, em sua apreciação dessas reformas Dostoiévski fazia coro a Bielínski. Para ambos a importância das reformas de Pedro consistia na familiarização da Rússia com os destinos da Europa e do mundo, em sua inserção no curso do desenvolvimento de toda a humanidade. "A ideia de Pedro — escreve Dostoiévski — realizou-se e atingiu em nosso tempo seu estágio definitivo de desenvolvimento. E terminou com o fato de que aceitamos em nós o princípio de toda a humanidade e até nos conscientizamos de que nós mesmos talvez tenhamos sido designados pelo destino para consumar a união universal de toda a humanidade."[90] Mas, por outro lado, segundo o escritor, a reforma gerou também um divórcio da intelectualidade com o povo, criou Petersburgo, "a cidade mais abstrata e meditativa de todo o globo terrestre",[91] criou nessa cidade o povo mais solitário.

Como se revela essa problemática na criação literária de Dostoiévski? A primeira resposta já é dada por *Memórias do subsolo*

---

[90] Tchirkóv não menciona a fonte dessa afirmação, mas encontrei-a em: F. M. Dostoiévski, *Artigos sobre a literatura russa: edições e notas*, Moscou/Berlim, Direct Media, 2015, p. 492.

[91] Fiódor Dostoiévski, *Memórias do subsolo*, tradução de Boris Schnaiderman, São Paulo, Editora 34, 2000, p. 18.

[1864], que constitui uma nova etapa do desenvolvimento do seu romance. É justo nessa obra que aparecem pela primeira vez várias generalizações histórico-filosóficas e histórico-sociais, uma série de aforismos e fórmulas que servirão de base à subsequente evolução de Dostoiévski como escritor.

Antes de mais nada, a questão do gênero. A confissão, a narração em primeira pessoa, forma que já aparecia esporadicamente antes desse romance, constitui o núcleo sólido e necessário de *Memórias do subsolo* e das obras posteriores. O escritor se inclui conscientemente numa determinada tradição histórico-literária. No fim da primeira parte, "O subsolo", o narrador declara: "Heine afirma que uma autobiografia exata é quase impossível, e que uma pessoa falando de si mesma certamente há de mentir".[92] Segundo ele, Rousseau, por exemplo, "com toda certeza, mentiu a respeito de si mesmo, na sua confissão, e fê-lo até intencionalmente, por vaidade".[93] É claro que tanto Rousseau quanto Heine são aqui mencionados com um propósito. Existe uma conexão genética entre *Memórias do subsolo* e as *Confissões* de Jean-Jacques Rousseau. Ela se verifica no extremo desnudamento da autoconfissão, do reviramento do homem pelo avesso. De Heine, Dostoiévski se aproxima por uma forma especial de autoironia.

Para nós é especialmente importante estabelecer a ligação que existe entre *Memórias do subsolo* e a anterior experiência espiritual e vital do autor, e também com suas obras precedentes. "Existem nas recordações de todo homem coisas que ele só revela aos seus amigos. Há outras que não revela mesmo aos amigos, mas apenas a si próprio, e assim mesmo em segredo. Mas também há, finalmente, coisas que o homem tem medo de desvendar até a si próprio, e, em cada homem honesto, acumula-se um número bastante considerável de coisas no gênero."[94] Pela ideia que contém, essas palavras do "homem do subsolo" coincidem em tudo com as confissões do príncipe Valkóvski a Ivan Pietróvitch no restau-

---

[92] *Idem*, p. 53.

[93] *Ibidem*.

[94] *Idem*, p. 52.

rante. Mas o escritor acentua que a confissão do "homem do subsolo" é, ao mesmo tempo, um julgamento implacável de si mesmo. No fim do primeiro capítulo a personagem levanta a questão: "Assim é; mas, por escrito, isto sairá, de certo modo, solene. O papel tem algo que intimida, haverá mais severidade comigo mesmo, o estilo há de lucrar".[95] No fim, isso é dito de modo ainda mais decidido: "Pelo menos, senti vergonha todo o tempo em que escrevi esta *novela*: é que isto não é mais literatura, mas um castigo correcional".[96]

O motivo do julgamento, do julgamento implacável de si mesmo, nos devolve a *Escritos da casa morta*. No primeiro capítulo, que contém "aforismos da sabedoria de vida da personagem", ouvimos a seguinte afirmação: "Juro-vos, senhores, que uma consciência muito perspicaz é uma doença, uma doença autêntica, completa".[97] E de fato, um dos traços de raiz do "homem do subsolo" é a capacidade de tomar consciência de tudo e tudo compreender, em si mesmo e nos outros; este é o "multifacetamento das sensações", segundo suas próprias palavras. A isto se vincula de forma inseparável a combinação de elementos opostos, a capacidade para os atos mais contraditórios. "Digam-me o seguinte: por que me acontecia, como se fosse de propósito, naqueles momentos — sim, exatamente naqueles momentos em que eu era capaz de melhor apreciar todas as sutilezas do 'belo e sublime', como outrora se dizia entre nós —, por que me acontecia não apenas conceber, mas realizar atos tão feios, atos que... bem, numa palavra, atos como os que todos talvez cometam, mas que, como se fosse de propósito, me ocorriam exatamente nos momentos em que eu mais nitidamente percebia que de modo algum devia cometê-los?"[98]

Um traço característico da consciência do "homem do subsolo" é o fato de que ele generaliza suas vivências pessoais, vivências que pareceriam insignificantes, até o limite máximo. Mais de uma

---

[95] *Idem*, p. 54.

[96] *Idem*, p. 145.

[97] *Idem*, p. 18.

[98] *Idem*, p. 19.

vez ele ressalta que "todos agem assim". Nos aforismos do primeiro capítulo surge aquele plano histórico-universal que acompanhará todos os romances de Dostoiévski, até *Os irmãos Karamázov*. "O homem gosta de criar e de abrir estradas, isto é indiscutível. Mas por que ama também, até a paixão, a destruição e o caos?"[99] Ademais, como ressalta o "homem do subsolo", "os mais refinados sanguinários foram quase todos cavalheiros civilizados".[100]

O "homem do subsolo" faz seus prognósticos histórico-sociais. Em matéria de crueldade e ferocidade, a atualidade não fica atrás, mas supera os tempos bárbaros. "Lançai um olhar ao redor: o sangue jorra em torrentes e, o que é mais, de modo tão alegre como se fosse champanhe."[101] É característica dos paralelos históricos de Dostoiévski a contraposição de Napoleão a Átila, sendo Napoleão um símbolo preciso da época atual. O herói de *Memórias do subsolo* afirma inclusive que "se o homem não se tornou mais sanguinário com a civilização, ficou com certeza sanguinário de modo pior, mais ignóbil que antes",[102] que "o homem talvez chegue ao ponto de encontrar prazer em derramar sangue".[103]

Salta igualmente à vista no "homem do subsolo" a ideia da "união universal", que ocupará lugar de grande destaque na construção do "romance filosófico". Essa "união universal" figura aqui nas imagens do "palácio de cristal" e do "formigueiro", objetos da zombaria do "homem do subsolo". Nisso ecoa a questão, fundamental para Dostoiévski, da necessidade e da liberdade, da predestinação e da livre vontade. A necessidade dessas reflexões é simbolizada numa "fórmula matemática" que reduz o homem ao papel de um "pino de máquina". Contrariando essa tendência de reduzir o homem a um "pino", o "homem do subsolo" proclama:

---

[99] *Idem*, p. 46.

[100] *Idem*, p. 36.

[101] *Ibidem*.

[102] *Ibidem*.

[103] *Ibidem*.

"O homem precisa unicamente de uma vontade *independente*, custe o que custar essa independência e leve aonde levar".[104]

O tema desses aforismos do "homem do subsolo" é o "homem-universo". De novo se manifestam aquelas observações acerca do homem que Dostoiévski fez na prisão, e que agora se projetam a um plano histórico-universal. A aspiração fundamental do homem é a aspiração à liberdade. O homem contém tanto as possibilidades da criação ilimitada, as possibilidades do "belo" e do "sublime", quanto as possibilidades da destruição e do caos. O que há de específico em *Memórias do subsolo* é o fato de o tema do "homem-universo" ser apresentado num enfoque acentuadamente paródico. O "homem do subsolo" é uma caricatura do "homem-universo", este que reconcilia em si os opostos.

O tom da mais corrosiva ironia sobre si mesmo penetra nas reflexões e nos relatos do "homem do subsolo". A agudeza dessas reflexões e relatos depende consideravelmente da confrontação interna do plano histórico-universal, da colocação de problemas fundamentais da existência do homem e das experiências e dos mesquinhos atos de indecência do protagonista — uma vaidade ofendida e desmesurada em excesso, pequenas maldades e vinganças por essa humilhação do seu "eu". A própria personagem confessa esses sentimentos.

O "homem do subsolo" é obcecado pelo sonho frenético de "refugiar-se" em tudo o que é "belo e "sublime", de "imediatamente abraçar todas as pessoas e toda a humanidade",[105] é obcecado por uma sede insaciável de verdade social. Esses ímpetos sublimes da alma do "homem do subsolo" correspondem às aspirações "fecundo-criadoras" da humanidade no plano histórico-universal. Quanto à explosão do caos, a esta correspondem as indecências do "homem do subsolo". São esses contrastes e consonâncias que criam toda a atmosfera original de *Memórias do subsolo*.

"Quanto mais consciência eu tinha do bem e de tudo o que é 'belo e sublime', tanto mais me afundava em meu lodo, e tanto

---

[104] *Idem*, p. 39.

[105] *Idem*, p. 73.

mais capaz me tornava de imergir nele por completo. Porém o traço principal estava em que tudo isso parecia ocorrer-me não como que por acaso, mas como algo que tinha de ser."[106]

Memórias do subsolo revela em nova forma a antinomia entre os instintos sociais e antissociais do homem moderno. Na imagem do "homem do subsolo", o escritor alcançou uma das suas generalizações artísticas mais notáveis. Aí estão revelados os sintomas da desagregação social, da decadência, sinais da aguda doença social que se manifesta de modo especialmente flagrante no curso tempestuoso do desenvolvimento do capitalismo.

Nessa obra é colocado o problema da superação do "subsolo". Com o pleno destronamento, o máximo rebaixamento e a parodização sistemática da "largueza" da consciência do seu herói, Dostoiévski todavia lança um luz trágica sobre seu destino. E esta é uma peculiaridade do escritor — levar até o fim o rebaixamento do protagonista, destruir nele todos os indícios do "heroico", desnudá-lo em definitivo e em seguida mostrar que esse destronamento está longe do fim. O "homem do subsolo" tem consciência, de modo angustiante, de que sua existência é totalmente defectiva. Ele escreve: "[...] eu mesmo sei, como dois e dois, que o melhor não é o subsolo, mas algo diverso, absolutamente diverso, pelo qual anseio, mas que de modo nenhum hei de encontrar!".[107]

Em *Memórias do subsolo* verifica-se com precisão o vínculo de Dostoiévski com a tradição literária — tanto russa quanto europeia ocidental. O "homem do subsolo" é uma encarnação nova e profundamente original do tipo do renegado, uma variação em tudo nova do "homem supérfluo",[108] mas que vive em outras condições, que medra em outro terreno psicossocial. O próprio "homem do subsolo" tem consciência do seu vínculo hereditário com o romantismo. No primeiro parágrafo da segunda parte, ele mesmo formula de modo corrosivo a diferença entre o romântico rus-

---

[106] *Idem*, p. 19.

[107] *Idem*, p. 51.

[108] Tipo de nobre russo frustrado, retratado na novela *Diário de um homem supérfluo* (1850), de Ivan Turguêniev.

so e os tolos e "surpraestelares românticos" da Alemanha ou da França: "[...] as características do nosso romântico são: *tudo compreender, tudo ver e vê-lo muitas vezes, de modo incomparavelmente mais nítido do que o fazem todas as nossas inteligências mais positivas*; não se conformar com nada e com ninguém, mas, ao mesmo tempo, não desdenhar nada".[109] O "homem do subsolo" observa venenosamente a flexibilidade incomum, a sociabilidade e o engenho do romântico russo. "O nosso romântico é um homem de natureza larga e um grande maroto, o maior dos nossos marotos, eu vos asseguro isto... até por experiência própria."[110]

Contudo, a ridicularização do romântico russo e de sua natureza larga pelo "homem do subsolo" é uma ridicularização de si mesmo, uma forma de autonegação. Na imagem do protagonista de *Memórias do subsolo* transparece uma evidente ligação dessa imagem com o "tipo byroniano" na literatura russa e ocidental. De fato, na consciência do "homem do subsolo" salta à vista o mesmo pensamento que os românticos e byronianos chamavam de "negação do mundo". A ideia de combater as "leis da natureza" permeia todas as reflexões do protagonista: "[...] não se pode perdoar as leis da natureza nem esquecer, pois, ainda que se trate das leis da natureza, sempre é ofensivo".[111] "Meu Deus, que tenho eu com as leis da natureza e com a aritmética, se, por algum motivo, não me agradam essas leis e o dois e dois são quatro?"[112] "[...] embora, realmente, as leis da natureza me ofendessem sempre e mais que tudo, a vida inteira."[113] No fundo, nas reflexões do "homem do subsolo" ecoa a revolta metafísica do Caim byroniano contra o universo, o ateísmo byroniano, mas em forma extremamente pulverizada.

O tema da revolta contra a natureza ressoa no "homem do subsolo" sob a forma de autorridicularização e autoultraje. Nesse

---

[109] *Memórias do subsolo, op. cit.*, p. 59 (itálicos do original).

[110] *Ibidem.*

[111] *Idem*, p. 21.

[112] *Idem*, p. 25.

[113] *Idem*, p. 28.

sentido, achamos que as palavras de Dostoiévski sobre os byronianos na literatura e na vida russa, publicadas na revista *Vriêmia* (*O Tempo*), em janeiro de 1881, podem servir como um comentário à imagem do protagonista de *Memórias do subsolo*: "Havia entre nós naturezas byronianas. Em sua maioria viviam de braços cruzados e... nem sequer amaldiçoavam nada. Vez por outra limitavam-se a uma chacota indolente. Chegavam até a zombar de Byron porque este se irritava tanto e chorava, o que já era totalmente indecoroso para um lorde. Diziam que não valia a pena zangar-se e amaldiçoar, e que, como tudo já era mesmo sórdido, não queriam nem mesmo mexer um dedo, e que um bom jantar era o mais precioso. E quando diziam isso, nós ouvíamos extasiados as suas palavras, achando ver em suas opiniões sobre um bom jantar algo como uma ironia misteriosa, sutilíssima e venenosíssima. Mas eles se deleitavam nos restaurantes e engordavam devagar e sempre. E quantos deles tinham as faces coradas! Alguns já não podiam se deter na ironia do farto jantar e seguiram em frente, cada vez mais; começaram com o máximo zelo a abarrotar os bolsos e esvaziar os bolsos do próximo. Mais tarde, muitos deles se tornaram vigaristas. Enquanto isso, olhávamos para eles embevecidos, boquiabertos e admirados" (pp. 49-50).

O "homem do subsolo" reconhece esse tipo de "romantismo" e "consciência larga" em si mesmo, e submete-se a um haraquiri interior. Aqui se reflete de forma peculiar o processo de destronamento do romântico, que atravessa a literatura europeia ocidental e a russa depois dos anos 1840. Na literatura esse processo já se observara com clareza em *O herói do nosso tempo*,[114] na relação do autor com o protagonista Pietchórin. Mais tarde, a ridicularização e o destronamento do romântico se faz representar de modo particularmente nítido em *Uma história comum* de Gontcharóv,[115]

---

[114] Romance de Mikhail Liérmontov (1814-1841), publicado no Brasil pela editora Guanabara e depois pela Martins Fontes com tradução de Paulo Bezerra.

[115] Ivan Gontcharóv (1819-1891), um dos grandes romancistas russos do século XIX e autor de *Oblómov*, publicado no Brasil pela Cosac Naify e depois Companhia das Letras em tradução de Rubens Figueiredo.

A caminho da criação do romance filosófico: *Memórias do subsolo*

na qual o idealista romântico termina como um declarado carreirista burguês. Paralelos visíveis com esse processo de destronamento do romântico, que se arrastou por décadas, também são observados na literatura europeia ocidental contemporânea a Dostoiévski. Exemplos disso saltam acentuadamente à vista na literatura francesa, na obra de Flaubert (sobretudo em *Madame Bovary* e *Educação sentimental*) e na literatura alemã, com *O verde Henrique* de Gottfried Keller.

Entretanto, o byronismo não é apenas objeto de ironia de Dostoiévski. Nele, como já vimos, o escritor reconhece uma página importante da biografia intelectual da humanidade. "O byronismo — escreveu Dostoiévski em seu artigo sobre N. A. Nekrássov[116] no *Diário de um escritor* de 1877 —, embora tenha sido um fenômeno de momento, foi grandioso, sagrado e necessário na vida da humanidade europeia e na vida de praticamente toda a humanidade" (XII, p. 349). Também na vida literária russa da primeira metade do século XIX, Dostoiévski vê não só uma degenerescência do tipo byroniano, não só uma paródia maldosa das naturezas "byronianas" e "demoníacas". No referido artigo publicado na revista *Vriêmia*, de janeiro de 1861, à degenerescência do byronismo em banalidade irremediável ele contrapõe algo muito mais sério. "Entre nós também houve demônios, verdadeiros demônios; eram dois, e como os amávamos, como até hoje os amamos e apreciamos!" (XIII, p. 50). Dostoiévski se refere a Gógol e Liérmontov. O escritor era extraordinariamente sensível ao processo de reencarnação e rebaixamento do tipo byroniano na literatura russa. A despeito de todo o extremo rebaixamento do protagonista de *Memórias do subsolo* e de sua "revolta", não se pode deixar de ver no "homem do subsolo" um herdeiro espiritual daquele "errante russo" a que Dostoiévski se refere com uma seriedade trágica no famoso discurso sobre Púchkin[117] e em vários artigos que o antecederam no *Diário de um escritor*.

---

[116] Nikolai Aleksiêievitch Nekrássov (1821-1878), poeta, prosador e uma das maiores expressões da intelectualidade progressista russa do século XIX.

[117] Publicado no Brasil com o título "Púchkin" em tradução de Ekate-

58   O estilo de Dostoiévski

É verdade que o "homem do subsolo" não é um "errante" no exato sentido da palavra, ele está fixado e preso a Petersburgo, é um escravo e um covarde, segundo sua própria autoconsciência e autodefinição. Contudo, a negação implacável de si mesmo e a consciência da importância e da significação de "algo diferente" o tornam profundamente trágico. O tema da solidão irremediável do indivíduo ecoa com força especial no encontro do "homem do subsolo" com Lise. Temos diante de nós o encontro de dois trágicos solitários, sequiosos de um convívio autêntico e vivo, sequiosos de escapar da putrefação do seu "subsolo" e lançados em direções opostas. Toda a vida e o destino do "homem do subsolo" trazem a marca da maldição. Em termos figurados, vemos a retomada do motivo de Ahasverus, em nova encarnação, motivo esse que desempenhou um papel tão importante na obra dos românticos.

Memórias do subsolo representa um modelo característico da subsequente evolução do gênero do romance de Dostoiévski rumo a uma unidade sempre crescente do psicológico e do social. Se nessa obra o romance psicológico se faz sentir agudamente nas vivências mais ocultas e íntimas do protagonista, nas sinuosidades da sua psique, o romance social evidencia-se na viva e concreta representação histórico-social do meio social. E este aspecto é tão forte como o primeiro. O meio social de *Memórias do subsolo* é, mais uma vez, a baixa burocracia petersburguense e a pequena burguesia. Esse meio é delineado por poucos e inesquecíveis traços. Uma das cenas mais impressionantes é a cena no restaurante. Nesta se revela de forma surpreendente o motivo oculto da vida "decente", das relações cotidianas de "camaradagem" e "amizade", das divertidas farras entre camaradas. O desmedido carreirismo, a corrida atrás de títulos e conforto, o servilismo diante do sucesso mundano, o esnobismo, o cinismo espiritual — tudo isso é tão expressivo porque é mostrado pelo olhar de um homem incuravel-

---

rina Vólkova Américo e Graziela Schneider na *Antologia do pensamento crítico russo*, organizada por Bruno Barretto Gomide (São Paulo, Editora 34, 2013).

mente ofendido no sentimento do seu "eu", fracassado e ofendido no trabalho e na vida.

O "homem do subsolo" é ele próprio a carne da carne, o sangue do sangue de todos esses Zvierkóv, Símonov[118] e outros. Mas o protagonista percebe e compreende inteiramente os podres desses tipos e está isento do enlevo que eles sentem em relação a si mesmos. Graças a isso cria-se uma perspectiva especial para o exame e a apreciação do mundo interior dessa gente. A cena no restaurante é uma combinação da franca "vulgaridade" e do balbucio ébrio da turma com aforismos como "Shakespeare é imortal".

A composição da narrativa se divide nitidamente em duas partes: "Os aforismos da sabedoria de vida" do protagonista constituem a primeira parte, sendo a segunda constituída por episódios de sua vida. Ambas as partes são unificadas pelas vivências do "homem do subsolo".

O episódio mais importante é o encontro do protagonista com Lise. Aqui surge um novo tema na narrativa: o tema do amor-ódio, que tem importante significado na composição do enredo nos romances de Dostoiévski dos anos 1860 e 1870. "[...] amar significava para mim tiranizar e dominar moralmente. Durante toda a vida, eu não podia sequer conceber em meu íntimo outro amor, e cheguei a tal ponto que, agora, chego a pensar por vezes que o amor consiste justamente no direito que o objeto amado voluntariamente nos concede de exercer tirania sobre ele. Mesmo nos meus devaneios subterrâneos, nunca pude conceber o amor senão como uma luta: começava sempre pelo ódio e terminava pela subjugação moral; depois não podia sequer imaginar o que fazer com o objeto subjugado."[119]

Ao revelar as vivências do "homem do subsolo", vinculadas ao seu romance com Lise, Dostoiévski segue suas tendências basilares, focalizando a atenção do leitor nos paradoxos do sentimento. Depois de possuir Lise na casa de tolerância, o protagonista é tomado de um acesso de "transformação". A força de suas pala-

---

[118] Personagens de *Memórias do subsolo*.

[119] *Memórias do subsolo, op. cit.*, p. 142.

vras baseia-se na compreensão da situação de Lise e de todo o motivo oculto do amor vendido. Ele age como um pregador. Mas todo o real direcionamento dessa pregação se esclarece quando mais tarde ele confessa a Lise: "Eu precisava então ter poder, precisava de um jogo, precisava conseguir as suas lágrimas, a sua humilhação, a sua histeria. Eis do que eu precisava então!".[120]

Ele aguarda com ódio a chegada de Lise, que ele mesmo convidara à sua casa. Quando ela chega, ele é tomado de um acesso de paixão. "Como eu a odiava e como estava atraído por ela naquele instante!"[121] — assim ele registra suas emoções. Em *Memórias do subsolo*, Dostoiévski retrata formas complexas e refinadas da paixão amorosa, cuja representação será posteriormente característica de algumas correntes da literatura ocidental.

Essa narrativa do subsolo cristaliza com bastante precisão os métodos de descrição de retratos psicológicos de Dostoiévski. O retrato externo do protagonista é exibido pelo autor em nome desse protagonista num determinado momento da ação, num momento trágico para ele. A personagem se olha no espelho depois do famoso jantar, depois que chega à casa de tolerância e está no quarto com a "donzela" que lhe haviam "ofertado". "Por acaso olhei-me num espelho. O meu rosto transtornado pareceu-me extremamente repulsivo: pálido, mau, ignóbil, cabelos revoltos. 'Seja, fico satisfeito', pensei. 'Estou justamente satisfeito de lhe parecer repugnante'."[122] O que temos aqui não é a descrição simples, habitual da aparência do "homem do subsolo", mas uma descrição vinculada à agudíssima reflexão dessa personagem sobre sua rejeição, sua aversão a si mesma. Desse modo, o retrato externo é extremamente psicologizado. O breve esboço de uma aparência externa em toda a sua feiura é um recurso de intensificação da expressão psicológica.

Ainda mais significativo para Dostoiévski é o retrato psicológico na própria acepção do termo. O "homem do subsolo", ao

---

[120] *Idem*, p. 138.

[121] *Idem*, p. 141.

[122] *Idem*, p. 102.

A caminho da criação do romance filosófico: *Memórias do subsolo*   61

revolver às avessas as suas entranhas, fala do doentio processo de tomada de consciência acerca de suas vivências. Ele constantemente duvida de si mesmo, duvida de estar descrevendo e definindo de forma correta as suas emoções, os motivos psicológicos dos seus atos. Assim, numa observação sobre sua pregação, ele faz a seguinte ressalva a Lise: "Fui levado pelo jogo, aliás, não era apenas jogo...".[123] Ele compreende que importância teve para Lise o encontro com ele: "[...] ela não viera absolutamente para ouvir palavras de piedade, mas para me amar, pois para a mulher é no amor que consiste toda a ressurreição".[124] Contudo, é claro que nessas palavras, ditas a Lise pelo "homem do subsolo" na casa de tolerância, não havia apenas um jogo, um desejo de poder, mas também uma recôndita necessidade de renascimento.

De uma forma ou de outra, em *Memórias do subsolo* é visível a tendência de Dostoiévski para tal representação do mundo interior do homem quando todas as descrições das vivências e todas as categorias psicológicas se revelam insuficientes para compreender a plenitude dos motivos dos atos humanos. Ainda é característico do retrato psicológico a imagem externa de Lise. A heroína não é, em absoluto, mostrada "de dentro", na introspecção do autor, ou seja, suas vivências não são descritas de forma direta pelo autor em nenhuma passagem. O retrato externo de Lise é apresentado da forma mais escassa no seu primeiro aparecimento diante do protagonista, na casa de tolerância. "Maquinalmente, lancei um olhar para a moça que entrara: entrevi um rosto fresco, jovem, um tanto pálido, de sobrancelhas retas, escuras, olhar sério e como que um tanto surpreso. Isto me agradou no mesmo instante; eu a odiaria se ela tivesse sorrido. Pus-me a olhá-la mais fixamente, com certo esforço: ainda não tinha conseguido concentrar meus pensamentos. Havia naquele rosto algo de singelo e bondoso, mas que parecia estranhamente sério."[125] Eis tudo o que ficamos sabendo sobre a imagem externa de Lise. O autor

---

[123] *Idem*, p. 119.

[124] *Idem*, p. 142.

[125] *Idem*, pp. 101-2.

também emprega o mínimo de palavras ao falar dela, até menos que o mínimo. Durante o demorado sermão do "homem do subsolo" ela cala, longa e obstinadamente, e em seguida emite umas réplicas sucintas e fragmentárias. E a isto se segue de imediato uma forte explosão de Lise. "Não, nunca, nunca eu fora testemunha de tamanho desespero! Ela estava deitada de bruços, o rosto fortemente comprimido contra o travesseiro, que rodeara com os braços. Seu peito se rompia. Todo o corpo jovem estremecia, como que em convulsões. Os soluços comprimidos em seu peito faziam pressão, dilaceravam-na, e, de repente, rompiam para fora, com gritos e clamores. Então, apertava-se ainda mais fortemente contra o travesseiro: não queria que uma só alma viva soubesse ali das suas lágrimas e tormentos. Mordia o travesseiro; mordeu mesmo a mão até sangrar (vi isto mais tarde); ou, de dedos agarrados às tranças desfeitas, petrificava-se no esforço, contendo a respiração e apertando os dentes."[126]

Nessa descrição da explosão interior da personagem Lise, Dostoiévski chama a atenção do leitor para a tempestuosa dinâmica externa da manifestação dos sentimentos, para gestos que refreiam com todas as forças a pressão dos sentimentos, e assim o expressam com mais agudeza. É também peculiar a própria passagem do silêncio sombrio e das réplicas sucintas à explosão inesperada. Essa passagem intensifica a força expressiva da cena com Lise. De qualquer maneira, a expressão psicológica é o elemento mais importante da revelação da imagem de Lise.

Em seguida temos a chegada da heroína no apartamento do "homem do subsolo". Nessa cena Lise é ainda mais taciturna. "Eu quero... sair de lá... de uma vez"[127] — consegue dizer, mas o protagonista a interrompe. Em resposta ao ímpeto de paixão dele, "em seu rosto apareceu a princípio como que uma perplexidade, como que um medo até, mas isto durou apenas um instante. Ela abraçou-me com ardor e entusiasmo".[128] É igualmente expressiva a cena

---

[126] *Idem*, p. 119.

[127] *Idem*, p. 136.

[128] *Idem*, p. 141.

da saída. Apenas uma palavra: "Adeus".[129] Lise sai. O protagonista corre atrás dela pela escada, mas ouve apenas "com um rangido, a porta emperrada, envidraçada, que dava para a rua, [...] fechar-se pesadamente também. O ruído soou pela escada".[130] O "homem do subsolo" acha no chão uma nota amarrotada de cinco rublos.

Algumas palavras, alguns gestos e movimentos acentuadamente expressivos — e perante o leitor brotam de modo avassalador a imagem e o destino trágico de uma moça que foi tirada da fetidez de um prostíbulo e despertada para um sentimento vivo e verdadeiro, apenas para ser ofendida de forma tão cruel e cínica. A imagem de Lise é construída de tal forma que o leitor subentende e sente, de modo extraordinário, mais do que informa de modo direto o narrador-protagonista. Essa iluminação incompleta da figura de Lise, uma vaga e oscilante penumbra na qual estão imersas as suas vivências e todo o seu mundo interior, é um traço característico da arte do retrato psicológico em Dostoiévski. Esse procedimento terá continuidade e desenvolvimento em romances como *O idiota* e *O adolescente*, entre outros.

Também merece atenção especial toda a *entourage* da ação de *Memórias do subsolo* — a representação do ambiente concreto externo (o interior e a paisagem tomadas em conjunto), representação essa que se distingue por uma extrema saturação social. Nessa obra, Petersburgo surge em segundo plano de modo nítido e socialmente colorido, modo este que depois será tão característico de *Crime e castigo*. Em *Memórias* figura o mesmo bairro que será o espaço da ação do grande romance — justamente o bairro da Praça Siennáia. Mas em *Memórias* esse segundo plano é apresentado de forma extremamente sucinta. Ele surge na fala carregada de emoção que o narrador dirige a Lise. O "homem do subsolo" esboça para Lise seu inevitável destino futuro: acabar na Siennáia. "Há de passar a uma outra casa, depois a uma terceira, a seguir irá para uma outra ainda, e chegará finalmente à Siennáia. E ali

---

[129] *Idem*, p. 143.

[130] *Ibidem*.

vão simplesmente bater em você; é a amabilidade que se usa ali; um daqueles visitantes não sabe fazer um carinho sem bater antes. Você não acredita que aquilo seja tão nojento? Vá um dia dar uma espiada, talvez veja isto com seus próprios olhos. Vi lá uma mulher, à porta de uma daquelas casas, numa noite de Ano-Bom. As próprias companheiras empurraram-na para fora, para que apanhasse um pouco de frio, porque estava chorando muito, e fecharam atrás dela a porta. Às nove da manhã, já estava completamente bêbada, desgrenhada, seminua, coberta de pancadas. Toda empoada, com manchas negras junto aos olhos e sangue escorrendo do nariz e das gengivas: algum cocheiro acabava de lhe fazer aquele estrago. Sentada na escadinha de pedra, segurava nos braços não sei que peixe salgado; chorava à toda, soltava uns lamentos sobre o seu destino e fustigava com o peixe os degraus da escada. E ali se juntou um grupo de cocheiros e de soldados bêbados, que zombavam dela."[131]

O terrível realismo de Dostoiévski brota de todos esses pormenores irrefutavelmente verdadeiros e cruéis. O tema da prostituição se revela sob uma luz tão trágica que, comparadas a ela, mesmo as páginas de *Crime e castigo* chegam quase a empalidecer. Seguindo seu hábito, Dostoiévski intensifica impetuosamente as impressões, e as intensifica até o limite máximo. O "homem do subsolo" delineia ainda um quadro da morte de uma prostituta de rua da Siennáia, uma prostituta de última categoria, ocorrida num subsolo. "Ainda irão censurá-la por ocupar um lugar de graça, por estar custando a morrer. Se pedir água, vão dá-la, mas com um insulto: 'Quando é que vai morrer afinal, peste? Atrapalha o nosso sono, geme, os fregueses ficam com nojo'."[132]

Nesses quadros, que brotam na imaginação febril do protagonista do "subsolo", manifesta-se o conhecimento que Dostoiévski detém dos horrores da realidade autêntica. O escritor não se satisfaz com os detalhes da morte da prostituta. Com o objetivo de continuar intensificando as impressões, ele ainda apresenta o

---

[131] *Idem*, pp. 116-7.

[132] *Idem*, pp. 117-8.

quadro do seu enterro. Mais uma vez surgem diante de nós pormenores horrendos e repugnantes arrancados da realidade. "No túmulo, estará uma lamaceira, uma sujeira, a neve molhada; será por sua causa que irão fazer cerimônia? 'Desce ela, Vaniukha; isto é que é destino! Mesmo aqui, continua de pernas para o ar, a coisinha. Encurta essas cordas, vagabundo. Assim está bem. O que é que está bem? Ih, assim fica deitada de lado. Sempre era gente, ou não era? Vá, está bem, pode cobrir.' Nem vão querer trocar insultos muito tempo por causa de você. Vão cobri-la o mais depressa possível com barro azulado e úmido e irão para o botequim..."[133]

Essa pintura de gênero, que serve de pano de fundo à narrativa que descreve o subsolo na praça Siennáia e o destino de uma prostituta barata, é vinculado à moldura paisagística nos momentos-chave de *Memórias do subsolo* e no destino de sua personagem central. Toda a segunda parte da novela leva o subtítulo "A propósito da neve molhada". Essa neve molhada serve de acompanhamento ao estado basilar de espírito do protagonista. Toda a paisagem e o interior da narrativa foram construídos como se fossem o serviço fúnebre do protagonista ainda em vida, como o seu "sagra viático". Quando o protagonista retoma a consciência depois da embriaguez na casa de tolerância, suas primeiras palavras a Lise são estas: "O tempo hoje... neva... está feio!".[134] Adiante o diálogo com Lise é novamente interrompido pelas observações sobre o ocorrido na Siennáia: "Hoje quase deixaram cair um caixão quando o carregavam [...] de um porão. [...] Aliás, não era bem um porão, mas um andar térreo [...] lá embaixo... numa casa de má reputação... Em volta, havia tanta lama!... Cascas, lixo... cheirava... era ruim".[135] Segue-se a isto um novo pormenor repugnante sobre o que havia no túmulo. "Água no fundo, uns seis *vierchokes*[136] de água. Em Vólkovo não se consegue abrir uma cova

---

[133] *Idem*, p. 118.

[134] *Idem*, p. 103.

[135] *Idem*, p. 105.

[136] Mais ou menos um palmo de mão grande.

no seco."[137] O tom emocional basilar desse acompanhamento paisagístico é o "sagra viático" do homem ainda em vida. Esta é também a função do interior. O momento do despertar do protagonista, depois da cena no restaurante, e seu encontro em estado de embriaguez com Lise é marcado pelo seguinte detalhe: "Alhures, atrás de um tabique, como que submetido a uma forte pressão, ou como alguém que estivesse sendo esganado, rouquejou um relógio. Depois de um rouquejar prolongado e pouco natural, houve um bater fininho, feinho e surpreendentemente rápido: era como se alguém tivesse saltado para a frente".[138] Estamos diante de um elemento que merece atenção especial. Essa badalada do relógio lembra a famosa descrição da badalada do relógio na casa de Koróbotchka,[139] em Gógol. A comparação dessas duas descrições revela com mais nitidez a originalidade de Dostoiévski. Neste, o detalhe da badalada do relógio está fortemente vinculado ao estado de espírito do protagonista, o que não se verifica em Gógol. Em *Almas mortas*, Tchítchikov apenas percebe essa badalada como um objeto que está fora dele. Já em Dostoiévski, a badalada do relógio é toda permeada pelas sensações do "homem do subsolo". Esse badalar do relógio é pleno de dinamismo psicológico.

Nesse mesmo tom sustenta-se a representação das figuras acessórias de *Memórias do subsolo*. Assim é, por exemplo, Apolón, o criado do protagonista. Essa personagem é um dos "suplícios egípcios" para o "homem do subsolo".

"Enfurecia-me sobretudo quando se punha a ler o saltério, atrás do seu tabique. Travei muitas batalhas por causa daquela leitura. Mas ele gostava terrivelmente de ler à noitinha, com uma voz tranquila, regular, cantante, como se estivesse encomendando um defunto. É curioso que tenha acabado por fazê-lo: atualmente, costuma assumir a tarefa de ler o saltério nos enterros e também se ocupa da destruição de ratos e da fabricação de graxa

---

[137] *Memórias do subsolo, op. cit.*, p. 105.

[138] *Idem*, p. 102.

[139] Personagem do romance *Almas mortas*, de Nikolai Gógol.

de sapatos."[140] Essa figura está em correspondência direta com todos os demais detalhes do romance. A personagem mais insignificante se projeta a quase um símbolo lúgubre. É curiosa essa combinação da leitura do saltério com o extermínio de ratos. O principal é que Apollon é entrelaçado ao acompanhamento basilar da narrativa — o serviço fúnebre do homem em vida —, e esse serviço é inseparável da tendência central de *Memórias do subsolo*: a da implacável autonegação do "homem do subsolo".

---

[140] *Memórias do subsolo, op. cit.*, p. 129.

6.

Comédia e tragédia no romance
Um jogador

Um jogador [1867] ocupa um lugar importante e especial na obra de Dostoiévski dos anos 1860. Nesse romance, a novidade na evolução de sua criação está em que várias de suas imagens vivas representam a Europa Ocidental, e o próprio ambiente da ação é transferido para lá. Ao mesmo tempo, em *Um jogador* temos uma nova variação daquela mesma síntese dos romances psicológico e social, que marca a criação do escritor no decênio de 1860-70.

O romance social (no sentido de uma reprodução artística objetiva de um determinado meio e ambiente social) atinge nesse romance uma elaboração especialmente rica. Delineia-se um quadro colorido e impressionante dos costumes da burguesia europeia ocidental, que se acotovela nas estações de água e às mesas da roleta. Por outro lado, *Um jogador* é uma continuidade de *Memórias do subsolo* também pela linha do romance psicológico: aqui se encontra igualmente a confissão do protagonista, a revelação das suas vivências puramente íntimas.

O romance chama a atenção pelo entrelaçamento dos motivos centrais e sua genealogia literária. No decorrer da ação revela-se o poder do dinheiro, que torna as pessoas cativas, e a sede de enriquecimento. A ação transcorre na cidade de Roletemburgo. A roleta é o verdadeiro centro da ação e em torno dela se aglomeram todas as personagens. *Um jogador* é o primeiro romance de Dostoiévski em que o capitalismo, em tempestuoso desenvolvimento no Ocidente, revela-se ao escritor em formas absolutamente concretas e palpáveis.

Nesse romance observamos a combinação do dramatismo intenso com o elemento satírico-comediográfico expresso com clareza. Sente-se acentuadamente na obra a repulsa do escritor à Europa capitalista. Ele contrapõe a burguesia europeia ocidental, que segue firme pela via da acumulação capitalista, à nobreza russa, que dilapida sua fortuna. O objeto da sátira mordaz é preferivelmente a burguesia francesa e alemã. O escritor considera o "modo de acumulação alemã" como característico da acumulação capitalista da Europa Ocidental. "Suponhamos que o *Vater* já economizou certo número de florins e conta com o filho mais velho para lhe transmitir o ofício ou um pedacinho de terra; a fim de que isto seja possível, deixa-se de dar um dote à filha, e esta permanece solteirona. Com o mesmo fim, o filho mais novo é vendido para trabalhos servis ou para ser soldado, e acrescenta-se o dinheiro assim obtido ao capital da família. Isto se faz aqui, realmente; tomei informações. Tudo isso não tem outro móvel senão a honestidade, uma honestidade extremada, a ponto de o próprio filho mais novo acabar acreditando que foi vendido exclusivamente por uma questão de honestidade. E, realmente, chega-se ao ideal quando a própria vítima se alegra por estar sendo conduzida para a imolação. E que mais acontece? Acontece que o filho mais velho também não se sente melhor: tem ele uma certa Amalchen, com a qual se ligou de coração; no entanto, o casamento é impossível, porque não se acumulou ainda certo número de florins. Também neste caso se espera sinceramente e com bons modos, e é sinceramente e com um sorriso que se caminha para o sacrifício. Amalchen tem já as faces encovadas, está ficando ressequida. Finalmente, uns vinte anos depois, os bens foram multiplicados, os florins acumulados honesta e virtuosamente. O *Vater* abençoa o primogênito quarentão e Amalchen, que tem agora trinta e cinco anos, o peito seco e o nariz rubicundo... chora, prega uma lição de moral e morre. O primogênito, por sua vez, transforma-se num *Vater* virtuoso, e recomeça a história."[141]

A sátira do escritor se torna particularmente cáustica ao apresentar o modo como o culto do lucro, a reverência ao capital, ao qual se sacrificam vidas jovens em flor, combina-se na burguesia

---

[141] Fiódor Dostoiévski, *Um jogador*, tradução de Boris Schnaiderman, São Paulo, Editora 34, 2004, p. 40.

alemã com um sentimentalismo e um moralismo tradicionais, com uma boa conduta em família e um idealismo banal. "Bem, vi exatamente o mesmo que se encontra nos livrinhos ilustrados alemães, destinados a pregar moral: em cada casa existe um *Vater*, terrivelmente virtuoso e extraordinariamente honesto. Tão honesto, que dá até medo aproximar-se dele. [...] Cada um desses *Vaters* possui uma família e, ao anoitecer, todos eles leem em voz alta livros instrutivos. Olmos e castanheiros farfalham sobre a casinhola. O pôr do sol, uma cegonha no telhado, tudo é poético e tocante ao extremo..."[142]

Porém, sob esse "poético e tocante ao extremo" Dostoiévski revela outros traços do burguês alemão, muito mais agressivos e inseparáveis do culto ao lucro: o arroubo consigo mesmo e a terrível intolerância em relação a outros povos. "Com efeito, tem-se um espetáculo grandioso: transmitem-se, durante cem ou duzentos anos, o trabalho, a paciência, a inteligência, a honestidade, o caráter, a firmeza, o hábito de calcular tudo, a cegonha no telhado! Que mais querem? Realmente, não existe nada acima disso, e, a partir desse ponto, eles começam a julgar todo mundo, e a executar imediatamente os culpados, isto é, aqueles que não se parecem com eles um pouco sequer."[143] Os costumes e os hábitos de vida da burguesia francesa são também submetidos a uma ridicularização pungente. Em *Um jogador*, vários quadros e situações de enredo contêm a mesma imagem tóxica da burguesia francesa, que permeia os registros de viagem do autor em *Notas de inverno sobre impressões de verão* [1863].[144]

Cabe ressaltar que tanto a burguesia alemã como a francesa, cada uma com suas peculiaridades nacionais, acabam, apesar disso, constituindo uma só fisionomia para Dostoiévski: a fisionomia da Europa burguesa. Pelos lábios do professor particular Aleksiêi

---

[142] *Idem*, p. 39.

[143] *Idem*, pp. 40-1.

[144] Publicado no Brasil pela Editora 34 em 2000 no volume *O crocodilo e Notas de inverno sobre impressões de verão*, com tradução de Boris Schnaiderman.

Ivânovitch, narrador-protagonista, Dostoiévski transmite o traço característico da burguesia francesa — seu apego à forma, ao decoro elaborado. Por trás dessa forma esconde-se o vazio interior, a insignificância dos interesses, a falta de princípios, a avidez pelo dinheiro, a sede grosseira de bens materiais. "Unicamente entre os franceses, e talvez entre mais alguns europeus, a forma se delineou tão bem que se pode aparentar uma extraordinária dignidade e ser, ao mesmo tempo, o mais indigno dos homens" — diz Aleksiêi Ivânovitch a Polina.[145]

De uma forma ou de outra, ao longo da ação do romance define-se com precisão o motivo do poder do vil metal. À pergunta de Polina "Para que precisa de dinheiro?", Aleksiêi Ivânovitch responde: "Como assim? O dinheiro é tudo!".[146] A tensão da ação baseia-se, em primeiro lugar, na contraposição do fervor do jogo de roleta e do enriquecimento rápido com a acumulação lenta; em segundo, na contraposição do fervor da paixão de Aleksiêi Ivânovitch por Polina com o fervor do jogo na roleta. A genealogia literária desse entrelaçamento de motivos, a obsessão pela paixão por uma mulher e a obsessão pelo ganho voraz, deve ser buscada nos romances de Balzac. A proximidade de *Um jogador* com os romances do famoso realista francês manifesta-se no fato de o vil metal e a sede desvairada de enriquecimento apossarem-se, aqui, como nos romances de Balzac, de almas alheias à cobiça material, como são as de Aleksiêi Ivânovitch e Polina. É justamente esse fervor da cobiça, pivô dos romances de Balzac, que constitui o clima de *Um jogador*. O protagonista é arrastado para o turbilhão desse fervor, como são as personagens de Balzac: Raphaël, Rastignac, Lucien. A semelhança intensifica-se particularmente pela circunstância de que o fervor da cobiça penetra em todos os outros campos da vida do homem, nas suas vivências e emoções, em toda a sua psique. Ele transfere suas marchas e seu ritmo febril para os campos do espírito mais distantes da economia. Esse ritmo atravessa até as vivências de todo desvinculadas, direta ou indireta-

---

[145] *Um jogador, op. cit.*, p. 48.

[146] *Idem*, p. 46.

mente, da corrida pelo dinheiro. Além disso, Dostoiévski, assim como Balzac, mostra de que modo esse mesmo ritmo da aspiração ao enriquecimento rápido e instantâneo arrasta toda a vontade do homem, como uma voragem, e de que modo ele o arrasta, como um fado, a atos que o colocam à beira do precipício: assim são as histórias de Aleksiêi Ivânovitch, de Polina e da avó.

Um jogador tem semelhança com o romance de Balzac *A pele de onagro*, pela representação da rápida combustão da alma contra o pano de fundo de uma desenfreada aspiração geral ao lucro e ao conforto. Nesse romance, a originalidade de Dostoiévski se manifesta na transmissão das nuances de uma desvairada paixão amorosa contra o pano de fundo do jogo de azar. Na história do amor de Aleksiêi Ivânovitch e Polina é destacado em relevo o motivo do amor-ódio, ao qual caberá um papel de grande destaque no romance filosófico de Dostoiévski. Também nesse romance o escritor foi atraído pelos paradoxos dos sentimentos humanos, e em primeiro lugar pelos paradoxos da paixão amorosa.

Já no primeiro capítulo o narrador-protagonista se refere aos seus sentimentos por Polina da seguinte maneira: "E agora, mais uma vez, formulei a mim mesmo a pergunta: eu a amo? E, mais uma vez, não soube responder, ou melhor, pela centésima vez respondi que a odiava. Sim, ela me era odiosa. Havia momentos (mais precisamente, sempre que uma conversa nossa chegava ao fim) em que eu teria dado metade da minha vida para poder estrangulá-la! Juro, se fosse possível empurrar-lhe lentamente, para dentro do peito, um punhal afiado, eu, parece-me, agarraria o cabo com delícia. E, no entanto, juro por tudo o que existe de sagrado que, se ela me tivesse realmente dito, no alto de Schlangenberg, o passeio da moda: 'Atire-se de cabeça' — eu o faria no mesmo instante, e até mesmo com deleite".[147]

Por sua vez, a atitude habitual de Polina em relação ao protagonista é de constante zombaria, de contínuo menosprezo. O próprio Aleksiêi Ivânovitch caracteriza sua relação com Polina como "escravidão", e chama a si mesmo de "escravo". Esse amor é uma contínua luta ensandecida entre os dois; nessa luta, a nota

---

[147] *Idem*, p. 20.

dominante é o sentimento do próprio "eu" ofendido até os limites extremos, o sentimento de orgulho ofendido. Não obstante, junto com essa luta se desenvolve uma outra coisa, bem mais forte e ainda não definida: a disposição de enfrentar a morte em nome do objeto amado.

Também aqui o realismo de Dostoiévski se manifesta com extrema clareza na criação de toda uma galeria de caracteres. *Um jogador* pode servir como um dos exemplos mais convincentes da força artística de Dostoiévski na apreensão e reprodução da realidade objetiva, no delineamento de caracteres que ultrapassam o campo de revelação direta do mundo subjetivo do autor. Se a história de Aleksiêi Ivânovitch e Polina reflete em certa medida o romance de Dostoiévski com Apolinária Súslova, já os caracteres de Blanche, Des Grieux, da generala e sobretudo da avó servem como exemplos claros da modelagem artístico-objetiva de caracteres delineados com nitidez e acentuadamente individualizados. Esses caracteres pedem com todas as letras sua transferência para uma tela ou um palco.

Na organização da ação do romance, podemos constatar o retorno do escritor à forma do romance-comédia do tipo de *A aldeia de Stepántchikovo e seus habitantes* e *O sonho do titio*. *Um jogador* se caracteriza pela intriga tensa, embora igualmente comediográfica. Também é patente a tendência a uma centralização precisa da ação, que subordina a si todas as personagens, que se encontram em relações complexas e confusas umas com as outras e em circunstâncias de vida extremamente difíceis, mesmo quando são circunstâncias simplesmente monetárias.

Dostoiévski aguça até o limite a intriga comediográfica, eleva-a até o nível da farsa molièresca e da bufonaria quando faz a velha arruinada entregar-se com todo o fervor ao jogo de roleta e depois perder tudo, destruindo assim as esperanças do general e de outros em se apoderar do seu dinheiro. Mas a essas "catástrofes" comediográficas corresponde a catástrofe autêntica do romance de Aleksiêi Ivânovitch com Polina: a visita que sua amada lhe faz e logo em seguida o rompimento brusco e inesperado, quando Polina lhe joga na cara cinquenta mil francos. Toda a história desse romance e seu desfecho são tingidos de tons trágicos. O aguçamento das situações comediográficas, a ponto de transformá-las em farsa e a bufonaria, apenas põe em relevo e ressalta o colorido emocional contrastante dos acontecimentos. A ação do romance *Um jogador* se caracteriza pela interpenetração de elementos opostos: o elemento bufo-comediográfico, que remonta às tradições da comédia francesa, e o elemento trágico. Ao mesmo tempo, há entre eles luta e repulsa mútua: não podem fundir-se até o fim por força de sua heterogeneidade. Essa luta reforça a dinâmica interna do romance. *Um jogador* é uma obra narrativa bastante original, na qual se fundem elementos do "romance-comédia" e do "romance-tragédia".

A arte do "retrato" em Dostoiévski dá um grande passo adiante nesse romance. Nele encontramos diferentes maneiras artísticas de representação da imagem externa das personagens. Eis, por exemplo, o retrato de *Mademoiselle* Blanche: "Deve ter uns vinte e cinco anos. É alta e de ombros largos, abruptos; tem busto e pescoço magníficos; o tom da pele é moreno amarelado, e os cabelos, negros como nanquim, tão abundantes que dariam para dois penteados. Tem olhos negros, de esclerótica amarela, olhar insolente, dentes muito brancos e lábios sempre pintados; cheira a almíscar. Veste-se com imponência e riqueza, luxo, mas com muito gosto. Tem pés e mãos admiráveis. A voz é de contralto, um tanto rouca. De vez em quando, solta uma gargalhada, mostrando todos os dentes".[148]

Essa maneira artística pode ser chamada convencionalmente de gráfico-pictórica. Nesse "retrato" impressiona a exatidão do desenho, a aspiração do artista à precisão e à peculiaridade na transmissão dos traços do rosto e da figura. Dostoiévski reproduz ainda elementos pictóricos. Ele conta sobre a cor da pele (morena amarelada) e do cabelo (negros como nanquim). Os olhos são descritos com minúcia e precisão como negros e de esclerótica amarela. É bastante sintomática a correlação dos tons de cor: cabelos negros e dentes "muito brancos" com uma pele morena amarelada. Tudo junto forma uma gama definida e moderada. O retrato de *Mlle.* Blanche pode servir como exemplo de um desenho plás-

---

[148] *Idem*, p. 32.

Comédia e tragédia no romance *Um jogador*

tico-pictórico. Mas todos esses traços plástico-pictóricos ganham em Dostoiévski uma expressão determinada: destacam o olhar insolente da francesinha. Antes de descrever a imagem externa de *Mlle*. Blanche, o narrador escreve: "Mas não sei se vou ser compreendido, dizendo que ela tem um desses rostos que podem assustar. Pelo menos, sempre tive medo de semelhantes mulheres".[149] O retrato plástico-pictórico de Blanche, a expressão insolente dos seus olhos e o medo que ela infunde no protagonista correspondem à sua natureza primitiva, ingênua e simultaneamente lasciva e feroz. Para ela, é bem coerente que depois de ruírem suas esperanças com a "vovozinha", ela se torne amante de Aleksiêi Ivânovitch, que ganhara uma grande soma na roleta.

De uma maneira bem diferente é desenhada a imagem externa do barão e da baronesa Wurmerhelm, personagens que se envolvem num escândalo com Aleksiêi Ivânovitch: "Lembro que a baronesa estava com um vestido de seda muito rodado, cinza-claro, com falbalás, crinolina e cauda. É baixa e extraordinariamente obesa, com um queixo muito gordo, do qual pende uma papada, escondendo completamente o pescoço. O rosto é rubicundo. Os olhos, pequenos, maus, insolentes. Caminhando, parece fazer uma honra a todos que a veem. O barão é seco, alto. O rosto, como sói acontecer com os alemães, é torto e com mil ruguinhas; tem quarenta e cinco anos e usa óculos. Suas pernas ficam implantadas quase no peito; sinal de raça fina".[150] O retrato do barão destaca e intensifica, beirando o grotesco, alguns traços característicos da imagem externa, sobretudo o comprimento das pernas. A ênfase satírica do autor torna o desenho excepcionalmente adequado e expressivo. A mancha pictórica (o rosto rubicundo da baronesa) está subordinada a linhas traçadas com nitidez. O retrato pode servir como exemplo de *charge* artístico-literária.

Uma maneira nova, e mais uma vez bem diferente, é empregada no retrato de Polina. "E eu não compreendo, não compreendo o que ela tem de bom! Aliás, é bonita; parece bonita, sim. Ou-

---

[149] *Ibidem*.

[150] *Idem*, p. 56.

tros também perderam o juízo por ela. É alta e esbelta. Apenas, muito magra. Tenho a impressão de que se pode dar-lhe um nó ou dobrá-la em duas. A sua pegada é fina e comprida, de causar tortura. É isso: torturante. Os cabelos são de um matiz ruivo. Tem verdadeiros olhos de gato, mas com que orgulho e altivez sabe olhar com eles."[151] Esse retrato não é um esboço coerente da imagem externa da heroína como um todo. Alguns detalhes particulares são captados: alta estatura, esbelteza e flexibilidade da figura, matiz ruivo dos cabelos, olhos de gata e... não tem nem pés, mas pegadas. Destaca-se na representação da pessoa o que nela há de mais memorável e expressivo. É absolutamente notório o desejo de transmitir aquilo que é individual e imperceptível. O foco do retrato desloca-se visivelmente: da fixação objetiva de um certo conjunto de traços para uma impressão subjetiva provocada pela contemplação desse rosto. O escritor enfatiza a dúvida de Aleksiêi Ivânovitch, enamorado de Polina: "E eu não compreendo, não compreendo o que ela tem de bom! Aliás, é bonita; parece bonita". A expressividade do retrato manifesta-se em particular no destaque de um detalhe, em sua intensificação: "Sua pegada é fina e comprida, de causar tortura. É isso: torturante". Esse detalhe domina todos os demais. É como se todos os outros permanecessem na penumbra. Muita coisa permanece sem contornos e nem sequer é mencionada. Esse detalhe concentra aquilo que é essencial, singular, na imagem de Polina.

Em paralelo com os esboços de retratos, o romance *Um jogador* apresenta um exemplo — característico de Dostoiévski — de revelação imediata do mundo interior das personagens. Assim é a representação da atitude de Aleksiêi Ivânovitch em relação a Polina. Ele mesmo não compreende a natureza do seu sentimento, se a ama ou a odeia, se está pronto para exterminá-la fisicamente ou para assumir o maior dos sacrifícios em nome dela. Não sabe tampouco o que o cativa mais, se a paixão por Polina ou o arroubo do jogo de roleta. De qualquer maneira, é dominado por algo forte e irresistível.

---

[151] *Idem*, p. 55.

Comédia e tragédia no romance *Um jogador*

Em consonância com essa incompreensão que o protagonista tem de si mesmo está a falta de clareza quanto aos motivos do comportamento e aos verdadeiros sentimentos de Polina. A princípio ela zomba abertamente do seu admirador, trata-o com desdém. Força-o a ser seu moço de recados. Envia-o para jogar na roleta. O escritor envolve deliberadamente a heroína em relações que são incompreensíveis para o leitor: com o francês Des Grieux e o inglês *Mister* Astley. O narrador ressalta que não entende completamente essas relações. Junto com o narrador, o leitor inevitavelmente levanta hipóteses: pelo visto, Polina deve a Des Grieux, deseja saldar uma dívida de honra. Contudo, quais são seus sentimentos por Des Grieux? O que houve entre eles no passado? Quais são os sentimentos dela por *Mister* Astley, que está apaixonado por ela? Paira um véu sobre tudo isso. Polina zomba cada vez mais de Aleksiêi Ivânovitch. Ela o achincalha abertamente e provoca-o a fazer um escândalo com os alemães, com o barão e a baronesa. A natureza cáustica dessa zombaria leva o leitor a pressentir que aí se esconde algo diferente, mais complexo e imperativo do que a mera tiranização sobre um homem que lhe é devotado.

E súbito, depois da "catástrofe" com a "vovó", Polina procura Aleksiêi Ivânovitch em seu quarto. O que a levou até lá não é explicitado, mas os antecedentes deixam claro que se trata de um momento crítico nos destinos de Polina e do protagonista-narrador. É peculiar que nesse momento mais tenso o autor não use de sua introspecção para descrever, de forma direta, nem as emoções de Polina, nem as de Aleksiêi Ivânovitch. Os leitores podem apenas aventar hipóteses. O que leva o narrador a largar Polina e correr para a roleta? Será que o arroubo pelo jogo supera nele a força da paixão? Agindo assim, estaria ele querendo comprar Polina? Em todo caso, é justamente assim que ela entende. Não é por acaso que depois de passar a noite esperando pelo protagonista no quarto dele, na manhã seguinte ela lhe atira o pacote de notas na cara e vai embora. O que move Polina? Será que ela ama Aleksiêi Ivânovitch? Isto só se confirma no final do romance, durante o encontro do protagonista com *Mister* Astley. O mais provável é que Aleksiêi Ivânovitch e Polina tenham nutrido uma paixão irresistível um pelo outro, mas a luta intensa entre dois amantes, a insuperável desconfiança mútua, que crescia das fortíssimas feridas do "eu" profundo — tudo isso fez com que eles se repelissem rispidamente no momento decisivo. De uma forma ou de outra, Dostoiévski nunca põe os pontos nos "is", não define os motivos decisivos do comportamento dos dois. E isto é peculiar à representação psicológica que se desenvolve com todas as proporções nos romances posteriores.

Qual é, pois, o resultado final da nossa análise de *Um jogador*? Ela se torna clara a partir da correlação da imagem do protagonista, preceptor e jogador, com o quadro integral da vida em Roletemburgo. O protagonista ficou a ver navios. Depois de vaguear de Roletemburgo a Paris e outras cidades europeias, ele aparece em Hamburgo. "E eis que se passou pouco mais de ano e meio, e, a meu ver, acho-me em condição bem pior que a de um mendigo! Mas pouco me importo com a miséria! Estou simplesmente liquidado!"[152] Na evolução do romance de Dostoiévski, a importância de *Um jogador* consiste em que nessa narrativa o autor junta pela primeira e única vez um retrato da Europa capitalista, quadro dos costumes da burguesia europeia, e um retrato da nobreza russa — que entra pelo cano — e seu "homem isolado". Aleksiêi Ivânovitch é uma transformação da personagem central de Dostoiévski, que já começara na imagem de Ordínov. Aleksiêi Ivânovitch ainda apresenta traços de parentesco com o "homem do subsolo"; em seu último encontro com *Mister* Astley, ele diz ao inglês: "No íntimo está acabrunhado de despeito, porque não sofri nenhum abalo profundo e não estou humilhado". O inglês responde: "Agradam-me as suas observações. Reconheço nessas palavras o meu amigo de outros tempos, inteligente, arrebatado e, ao mesmo tempo, cínico; somente os russos podem reunir em si, ao mesmo tempo, tantas qualidades opostas".[153]

Não é difícil ver em Aleksiêi Ivânovitch a mesma largueza e sutileza de pensamento que encontramos no "homem do subsolo". E não se pode deixar de ver que, tanto nessa obra como em *Me-*

---

[152] *Idem*, p. 203.

[153] *Idem*, p. 208.

Comédia e tragédia no romance *Um jogador*

mórias do subsolo, essa largueza é objeto da ironia venenosa de Dostoiévski. Também no destino de Aleksiêi Ivânovitch salta acentuadamente à vista sua falta de contato com o solo. Ele é uma transformação da imagem daquele "errante russo", que Dostoiévski tanto promoveu em seus artigos publicísticos e críticos, até chegar ao famoso discurso sobre Púchkin.

Contudo, qual é a nota determinante desse romance, o seu *leitmotiv*? É a febre do enriquecimento e do desvairado jogo da roleta, a febre dos sentimentos, das paixões, da consciência. São as ideias de Aleksiêi Ivânovitch sobre o papel do acaso no jogo e na vida, suas reflexões sobre haver algo de fatídico em seu destino e no destino dos outros. O "acaso" e o "fado" — na consciência de Aleksiêi Ivânovitch, chocam-se constantemente os pensamentos sobre eles. *Um jogador* também mostra como a Europa capitalista contagia com as suas febres a Rússia, sobretudo a sua elite: a nobreza e os intelectuais de origem nobre.

O escritor está descrevendo a Europa da década de 1860, mas antevê traços da cultura europeia que se estenderiam até o fim do século. "Realmente, sentimos algo de peculiar nessa sensação, quando, sozinhos, em país estranho, longe da pátria, dos amigos, e sem saber o que vamos comer nesse dia, apostamos o último florim, o último dos últimos, o derradeiro!"[154] Nessas vivências percebem-se ecos dos contos de Edgar Allan Poe, nelas Dostoiévski antecipa a psicologia do homem do período da decadência europeia. Nesse sentido, é peculiar a observação de *Mister* Astley: "Realmente, as pessoas gostam de ver humilhado, diante de si, o seu melhor amigo; é na humilhação que se baseia, mais comumente, a amizade; é uma verdade antiga, conhecida por todas as pessoas inteligentes".[155]

Essas palavras parecem ter sido tomadas inteiramente a August Strindberg. É como se Dostoiévski sentisse a febre da consciência do homem na sociedade capitalista, e não só na sociedade do seu tempo, mas também da era do imperialismo. O quadro que

---

[154] *Idem*, p. 215.

[155] *Idem*, pp. 208-9.

ele desenha é permeado por um sentimento de dor e ira. A realidade capitalista da Europa é objeto de sua ironia biliosa, de sua inflamada negação. Nisto ele faz eco a Herzen[156] e ao seu próprio livro *Notas de inverno sobre impressões de verão*. De *Um jogador* estende-se uma linha direta para *O adolescente* e os romances posteriores de Dostoiévski.

---

[156] Aleksandr Ivánovitch Herzen (1812-1870), escritor, filósofo, jornalista, editor, crítico radical da monarquia e um dos primeiros partidários do socialismo na Rússia.

7.

O grande romance filosófico:
Crime e castigo

Crime e castigo [1866] é um dos mais notáveis romances de Dostoiévski. As ideias filosóficas enunciadas nesse romance serviram como objeto de inesgotáveis interpretações na fortuna crítica do escritor. É nessa obra que o romance social do escritor se eleva a alturas até então inalcançadas. *Crime e castigo* é um romance de uma contemporaneidade aguda, sua atualidade era pungente nos 1860. A vida social da Rússia pós-reformas encontra nesse romance uma imagem nítida. Por outro lado, *Crime e castigo* é um romance polêmico, impregnado de tendências publicísticas. Dostoiévski foi um publicista combativo de sua época, o que aqui se percebe a cada passo.

Crime e castigo é acima de tudo um romance sobre o capitalismo russo, sobre suas manifestações e efeitos no início do período pós-reforma. Contudo, com que imagem esse capitalismo se apresenta perante os leitores? Já nas primeiras vezes em que Raskólnikov sai à rua sente-se o clima de frenesi geral. Não se vê a produtividade capitalista, o papel organizativo dessa etapa do capitalismo. O romance não fornece quaisquer dados que nos permitam falar do significado progressista do capitalismo para o momento histórico representado no romance. Nessa obra, o capitalismo é retratado em seu elemento exclusivamente destrutivo.

Nesse romance, a essência do capitalismo é caracterizada por duas figuras em particular: a velha usurária Aliena Ivánovna e Piotr Pietróvitch Lújin, noivo de Dúnia Raskólnikova. Essas duas figuras são mostradas em toda a sua deformidade. A deformidade moral da velha "parasita" ganha expressão inclusive em seu retrato externo. O primeiro retrato externo de Lújin, mostrado na "cabine de navio" de Raskólnikov, põe em relevo sua ilibada e bem-

-apessoada imagem de noivo, seu terno enfaticamente requintado, sua aparência padronizadamente delambida. Mas essa imagem externa bem-apessoada esconde o íntimo de um experiente "mediador de negócios" — um "negociante-abutre" — capaz de qualquer sujeira (veja-se a cena nas exéquias de Marmieládov).

É justamente nos lábios de Lújin que Dostoiévski coloca a "filosofia do século", ou seja, a filosofia dos "cafetãs inteiros", a filosofia do utilitarismo extremado e da plena justificação da ordem social vigente. É notável o autossuficiente otimismo social de Lújin. Ele defende um egoísmo coerente e manifesto, que, segundo sua opinião, é garantia do sucesso e do florescimento de toda a sociedade. "Já a ciência diz: ama acima de tudo a ti mesmo, porque tudo no mundo está fundado no interesse pessoal. Se amas apenas a ti mesmo, realizas os teus negócios da forma adequada e ficas com o cafetã inteiro. Já a verdade econômica acrescenta que quanto mais negócios privados organizados houver numa sociedade e, por assim dizer, cafetãs inteiros, tanto mais sólidos serão seus fundamentos e tanto mais organizada será a causa comum."[157] O programa de Lújin é o conhecido programa da chamada liberdade econômica — em outras palavras, uma franca analogia dos princípios da concorrência capitalista.

São significativas não tanto as figuras em si da velha usurária e de Lújin, mas, e mais importante, a atitude do autor em relação a elas, o tom emocional da apresentação artística dessas figuras. É o tom de uma contínua repugnância por elas, e, no que diz respeito a Lújin, o tom francamente sarcástico. Dostoiévski não só representa as suas personagens, mas polemiza o tempo todo com elas.

A essência do capitalismo em *Crime e castigo* manifesta-se ainda nos elementos da agiotagem, da especulação e da rapinagem, que se apodera também das pessoas mais pobres. Acessório inalienável do cenário do romance é a presença de uma infinidade de pequenos abutres: comerciantes de rua, donos de tavernas, de es-

---

[157] Fiódor Dostoiévski, *Crime e castigo*, tradução de Paulo Bezerra, São Paulo, Editora 34, 2019, 8ª edição, p. 156.

tabelecimentos de venda de bebidas "no copo e por peça", vendedores ambulantes da praça Siennáia, com toda sorte de bugigangas, trapos e tarecos usados. Essa rapinagem miúda e essa especulação é inseparável de uma miséria desesperadora. Ao longo de todo o romance, ao lado dos "capitalistas" estão também os maltrapilhos. O próprio Raskólnikov é descrito no início do romance como "maltrapilho e desgrenhado". A prostituição é inseparável da miséria.

Crime e castigo continua a desenvolver um tema que já ressoava em *Escritos da casa morta*. Aqui, no desenvolvimento desse tema, são significantes as notáveis repetições temático-emocionais, caras ao autor, que atuam como novos elementos estilísticos na revelação do antigo motivo. Todos os passos de Raskólnikov, do começo ao fim do romance, são acompanhados de uma série de impressões recorrentes. A primeira nesse sentido é a impressão causada pelo relato de Marmieládov sobre o destino de Sônia. As impressões seguintes decorrem da carta da mãe de Raskólnikov, Pulkhéria Alieksándrovna, ou, mais precisamente, decorrem do destino de Dúnia, de seu possível fado. Para o herói, é natural essa comparação dos destinos de Sônietchka e Dúnia: "Oh, corações amáveis e injustos! Qual: aqui pode ser que não rejeitemos nem a sorte de Sônietchka! Sônietchka, Sônietchka Marmieládova, a Sônietchka eterna enquanto o mundo for mundo!".[158] Na consciência do protagonista emergem as palavras do relato de Marmieládov: "Será que entende, senhor, será que entende o que significa esse asseio?".[159]

Ao comentar essas palavras de Marmieládov, Raskólnikov compara a sorte de Sônia com a de Dúnia, com o casamento desta com Lújin: "Entende, será que a senhora entende o que significa esse asseio? Será que a senhora entende que o asseio com Lújin é o mesmo que o asseio de Sônietchka, e talvez até pior, mais abjeto, mais infame, porque, apesar de tudo, Dúnietchka, a senhora está contando com excesso de conforto, enquanto para a outra se tra-

---

[158] *Idem*, p. 52.

[159] *Idem*, p. 29.

O grande romance filosófico: *Crime e castigo*

ta pura e simplesmente de morrer de fome!".[160] Adiante, nesse mesmo plano, ocorre a cena no bulevar Konogvardêiski: um almofadinha gordo tenta se aproveitar de uma mocinha que acabara de ser embebedada e seduzida: "Ei, você aí, Svidrigáilov!" — grita-lhe Raskólnikov, mais uma vez fazendo uma comparação direta entre o assédio a Dúnia por Svidrigáilov e o assédio da mocinha pelo almofadinha gordo.

Uma nova impressão nessa mesma série já se segue depois do assassinato da velha. São mostradas duas cenas. A primeira se passa na delegacia de polícia. Uma dama de vestido azul, que ocupava metade da sala, tinha um "broche do tamanho de um pires no peito".[161] O tenente Pórokh a estava descompondo diante de todos os presentes com as piores palavras: ela é dona de uma casa de tolerância e defende sua "casa nobre" com desmedida empáfia. Eis a outra cena. Depois de recuperado, Raskólnikov perambulou pela praça Siennáia e parou à entrada de um grande prédio, "cheio de botequins e toda sorte de estabelecimentos de comes e bebes". Ali havia um grande grupo de mulheres. "Elas conversavam com vozes roufenhas; todas usavam vestidos de chita, sapatos de couro de cabra e estavam com as cabeças descobertas. Umas tinham mais de quarenta anos, mas havia outras com dezessete, e quase todas com equimoses nos olhos".[162] Uma dessas mulheres, Duklida, que "era jovem e nem chegava a dar asco", pede "um trago" a um "cavalheiro" e promete sempre "passar o tempo" com ele.[163] Outra moça, "de uns trinta anos, pele coberta de marcas de bexiga, cheia de equimoses, com o lábio superior inchado",[164] censura tranquilamente Duklida.

Em seguida vem a cena da ponte. Uma mulher alta, de lenço na cabeça, com um alongado rosto macilento e olhos avermelhados e fundos, lança-se ao rio diante de Raskólnikov, que está de-

---

[160] *Idem*, p. 52.

[161] *Idem*, p. 103.

[162] *Idem*, p. 164.

[163] *Idem*, p. 165.

[164] *Idem*, p. 166.

bruçado sobre o peitoril. Depois disso vem o encontro de Raskólnikov com Sônia, que, vestida como uma prostituta de rua, está ao pé da cama do moribundo Marmieládov. Ainda antes do encontro com Sônia, ele encontra perto da Siennáia uma mocinha da rua que canta acompanhada por um realejo. Era "uma mocinha de uns quinze anos parada na calçada à sua frente, vestida como uma senhorinha, de crinolina, mantilha, luvas e chapéu de palha com uma pena afogueada; tudo era velho e batido".[165] Temos diante de nós uma coincidência impressionante na descrição dos trajes da cantora de rua e de Sônia Marmieládova, junto da cama do pai moribundo metida num vestido "de cauda longuíssima e ridícula", "com a crinolina larga bloqueando toda a porta" e um "ridículo chapéu de palha redondo com uma pena cor de fogo vivo",[166] ou seja, vestida com tudo o que usava nas ruas: a tensão crescente dessas impressões conduz a algo unificado que atravessa todo o romance.

Incluem-se nessa mesma série a apresentação de rua de Catierina Ivánovna com seus filhinhos depois das exéquias do marido, assim como as visões delirantes de Svidrigáilov, perseguido pelas lembranças do grito de uma criança, "não ouvido mas descaradamente profanado numa noite escura, no meio das trevas, no degelo úmido e sob os uivos do vento...".[167]

Eis mais um momento. Svidrigáilov sonha com uma menininha que chora amargamente porque a mandaram a uma lojeca por causa de uma xícara que ela "quebô". Svidrigáilov acomoda a menininha numa cama. Ela adormece. Seu rosto está todo vermelho. Em seguida a menininha desperta.

"Já sem nenhum cansaço, ambos os olhos se abrem: envolvem-no com um olhar fogoso e desavergonhado, convidam-no, riem... Há um quê de infinitamente vil e ultrajante nesse riso, nesses olhos, em toda essa indecência num rosto de criança. 'Como?

---

[165] *Idem*, p. 163.

[166] *Idem*, p. 190.

[167] *Idem*, p. 515.

O grande romance filosófico: *Crime e castigo*

Com cinco anos! — sussurra Svidrigáilov com verdadeiro horror. — Isso... o que é mesmo isso?'."[168]

O que há de efetivamente novo no tratamento do tema da prostituição em *Crime e castigo*, em comparação com *Memórias do subsolo*? Em *Crime*, o tema é tomado numa dimensão social incomensuravelmente mais ampla, em todo o seu escopo social. Dostoiévski descreve o caráter completamente inseparável entre o ultraje à mulher e à criança e toda a atmosfera de agiotagem e especulação predatória. Na prostituição infantil há algo de avassalador e fatal. Estamos diante de um dos *leitmotive* centrais do romance. A prostituição em *Crime e castigo* é representada não só como algo inseparável da própria essência da sociedade capitalista, mas como uma profanação da imagem da criança, primordialmente pura, e não só das crianças que figuram no romance, como também da imagem da criança que habita toda e qualquer pessoa. Essa imagem infantil numa pessoa adulta apresenta-se com clareza especial na figura de Sônia Marmieládova.

Ao tratamento da prostituição em *Crime e castigo* é essencial ainda a ideia da ausência de um limite real e preciso entre a inocência e o vício. Todas as referidas repetições, emocionalmente acentuadas, todas essas comparações entre Sônia e Dúnia, entre a menina bêbada, encontrada por Raskólnikov no bulevar Konogvardêiski, e a menina-meretriz do sonho de Svidrigáilov, apresentam uma tendência temática: elas unem por uma cadeia única aquilo que na linguagem das categorias morais se chama "virtude" e "vício". E nesse contato, nessa aproximação, a mistura de "virtude" e "vício", de pureza infantil e extrema degradação, revela-se uma fatalidade trágica.

Em *Crime e castigo*, o capitalismo é mostrado em suas diversas manifestações na vida da cidade grande.

Ao criar essa imagem de Petersburgo, o escritor revelou de forma acentuada as contradições cardinais da vida social que está fundida a ela. Duas séries de impressões, que se completam mutuamente e mutuamente se contestam, atravessam todo o romance

---

[168] *Idem*, p. 517.

como um *leitmotiv*. A primeira está vinculada ao aperto extremo. É essa a impressão deixada pelo quarto de Raskólnikov, sua "cabine de navio", onde afiou-se "como uma navalha" a sua dialética e onde amadureceu todo o projeto do assassinato. Desse quarto os fios se estendem por toda a cidade. Pulkhéria Alieksándrovna observa: "As ruas daqui também são abafadas como um quarto sem postigos".[169] Ao longo de todo o romance desfilam cenas de aperto, de aglomerações, de empurra-empurra. Obedecendo a um comando irrefutável, não se sabe de quem, as pessoas se espremem com o maior aperto possível. Elas se espremem e formam uma imundície ao seu redor. A caminho da casa da velha para matá-la, Raskólnikov pensa: "Por que precisamente em todas as grandes cidades o homem, não propriamente por uma necessidade mas por um motivo qualquer, tem uma inclinação especial para morar e fixar-se logo naquelas partes em que não existem nem jardins, nem repuxos, onde há sujeira, mau cheiro, e toda sorte de porcaria?".[170]

Mas esse desejo irresistível que as pessoas têm de se espremer, de grudar-se umas às outras até gerar imundície e indecência, é acompanhada de uma extrema alienação interior em relação aos outros. À extrema proximidade externa entre as pessoas opõe-se o extremo isolamento do indivíduo.

Em *Crime e castigo* projeta-se em toda a sua dimensão uma questão fundamental para Dostoiévski, levantada ainda antes e com precisão particular em *Escritos da casa morta*: a antinomia do social e do antissocial no homem. O assassinato cometido por Raskólnikov é um ato coerente, logicamente inevitável, que decorre das leis da sociedade em que ele vive.

A atmosfera moral de Petersburgo em *Crime e castigo* é de irritação geral, de maldade e deboche. Cada grupo, cada grupelho, reage ao fracasso ou à desgraça de um indivíduo particular com um riso vil e malevolente. O relato de Marmieládov suscita o sorriso maldoso dos frequentadores assíduos do botequim. Quando Marmieládov é trazido para o apartamento depois de ser esmaga-

---

[169] *Idem*, p. 247.

[170] *Idem*, p. 81.

O grande romance filosófico: *Crime e castigo*

do pelos cavalos, os inquilinos do prédio, com cigarros na boca e "em trajes de verão que beiravam à indecência",[171] gargalham de forma incontida diante do escândalo entre Catierina Ivánovna e a senhoria. Na ponte Nikoláievski, Raskólnikov recebe uma forte chicotada do cocheiro de uma caleche.

"A chicotada o deixou tão enfurecido que ele, depois de pular para trás na direção da amurada (não se sabe por que ele caminhava justo no meio da ponte, por onde se passa em condução e não a pé), começou a ranger de raiva e a bater os dentes. Ao redor, naturalmente, ouviram-se risos.

— Fez por merecer!

— É algum tratante qualquer.

— É sabido que se fingem de bêbados e se lançam de propósito debaixo das rodas; e você ainda tem de responder por eles."[172]

É impressionante como a alegria escarninha com o fracasso ou a desgraça do próximo aproxima e une as pessoas. Em sua confissão a Raskólnikov, Marmieládov observa:

"Pobreza não é defeito, e isto é uma verdade. [...] Mas a miséria, meu caro senhor, a miséria é defeito. [...] Por estar na miséria um indivíduo não é nem expulso a pauladas, mas varrido do convívio humano a vassouradas."[173]

Para Raskólnikov, é dolorosamente clara essa lei implacável da sociedade que o rodeia. O herói, que primeiro quis ajudar a menina perseguida pelo almofadinha gordo no bulevar Konogvardêiski, depois desiste desse intento: "Que eles se engulam vivos — o que é que eu tenho com isso?".[174]

É típica de Dostoiévski a afirmação de que o antissocial no homem tem algo de profundamente instintivo. Ao descrever a morte de Marmieládov, o romancista nos deixa a par de uma de suas observações sobre a vida emocional das pessoas, e então apresenta a mais ampla generalização.

---

[171] *Idem*, p. 32.

[172] *Idem*, p. 120.

[173] *Idem*, p. 20.

[174] *Idem*, p. 57.

"Um a um os moradores foram se acotovelando em direção à porta, com a estranha sensação interior de satisfação que sempre se observa até nas pessoas mais íntimas quando acontece uma repentina desgraça com o seu próximo e da qual nenhum ser humano, sem exceção, está livre, a despeito até do mais sincero sentimento de compaixão e simpatia."[175]

A história do crime de Raskólnikov é a história do agravamento extremo dos sentimentos social e antissocial na alma do homem. Em várias passagens Dostoiévski destaca o sentimento social elevado de seu herói. Este é extremamente sensível ao destino dos outros, ao destino dos seus familiares — da mãe e da irmã. E isso não se restringe apenas ao destino dos seus íntimos consanguíneos. Aqueles acontecimentos pelos quais o homem comum passa com absoluta indiferença produzem em Raskólnikov uma impressão indelével. Antes de mais nada, isso acontece com o relato de Marmieládov sobre o destino de Sônia e de toda a sua família. Depois vem a leitura da carta da mãe. Em seguida ocorre o encontro com a mocinha enganada no bulevar Konogvardêiski e outras manifestações da vida de rua no verão petersburguense. Mais de uma vez são destacadas a extraordinária sensibilidade do herói e sua suscetibilidade aos sofrimentos dos outros. Em seu sonho premonitório, ele "com um grito abre caminho entre a turba na direção da eguinha baia, abraça-lhe o focinho inerte, ensanguentado, e a beija, beija-a nos olhos, nos beiços...".[176] Raskólnikov é um portador do princípio ético em seu sentido mais elevado, portador das melhores potencialidades morais do homem.

Mas o peculiar é que justamente esse elevado sentimento ético e social, essa aguçada reação ao sofrimento dos outros e a todos os horrores da cidade capitalista, contribuem para que Raskólnikov chegue às mais extremas conclusões antissociais, ao assassinato e à justificação do derramamento de sangue por uma questão de consciência. Dostoiévski enfatiza o fato de todas as impressões geradas pelos sofrimentos dos outros acelerarem o cumpri-

---

[175] *Idem*, p. 187.

[176] *Idem*, p. 66.

O grande romance filosófico: *Crime e castigo*

mento do projeto sanguinário do seu herói e se combinarem com seu processo de extremo isolamento. Sentimentos de protesto, compaixão e pesar, gerados pelo relato de Marmieládov, levam Raskólnikov a colocar de forma plenamente decidida a questão da permissibilidade do assassinato, que há muito o vinha inquietando. Esse é o primeiro passo rumo à realização da ideia de Raskólnikov. Referindo-se à "fantasia" do seu herói (ou seja, à ideia do assassinato), Dostoiévski observa:

"Mas a diferença estava em que um mês atrás e ainda ontem mesmo ela era apenas uma fantasia, mas agora... agora ela se apresentava de uma hora para outra não como uma fantasia, mas numa forma ameaçadora e nova, inteiramente desconhecida, e de repente ele mesmo tomou consciência disso... Teve um estalo, e um escurecimento de vista."[177]

Portanto, a sensibilidade ante o sofrimento dos outros, a pungente reação a um mal social como é a prostituição, em suma, o elevado sentimento social serve como um dos poderosos fatos que levam Raskólnikov ao crime. Podemos até dizer assim: o alto nível do sentimento moral e da consciência de Raskólnikov, seu maximalismo moral, por assim dizer, é uma das premissas essenciais desse crime. Contudo, o mais notável no romance é a representação de como esse alto nível do sentimento moral e da consciência combina-se em Raskólnikov com o isolamento, com seu alheamento de todos. Dostoiévski mostra como a agudeza da suscetibilidade moral em seu herói é acompanhada do crescimento do antissocial nele. Já nos primeiros capítulos do romance o escritor ressalta o caráter sombrio e fechado do herói. "Raskólnikov, estando na universidade, quase não tinha colegas, esquivava-se de todos, não visitava ninguém e recebia raramente em seu cômodo."[178]

O escritor descreve o crescimento do isolamento do protagonista, o que, ao fim e ao cabo, leva-o a um impasse espiritual. Impressiona a angustiante contradição na consciência de Raskólnikov: nele o sentimento antissocial é intensificado ao máximo jus-

---

[177] *Idem*, pp. 53-4.

[178] *Idem*, p. 58.

tamente quando ele percebe as chagas sociais como chagas do seu próprio corpo.

Dostoiévski mostra em minúcias e em múltiplos aspectos o crescimento desse complexo estado do protagonista.

No romance constata-se mais de uma vez a estreita ligação da "fantasia" sanguinária de Raskólnikov com o seu quarto. Ainda antes do assassinato da velha e de Lisavieta, ele sente de quando em quando uma espécie de estremecimento ante esse quarto:

"Mas sentiu de chofre um súbito e terrível asco de voltar para casa: tinha sido lá, no canto, naquele horrível armário, que há mais de um mês amadurecera tudo *aquilo*, e ele saiu sem rumo."[179]

Depois de cometer o assassinato, Raskólnikov sente pela primeira vez, na delegacia, o seu isolamento interior:

"Uma soturna sensação de isolamento angustiante e infindo e de alheamento súbito se revelou à sua alma. [...] Acontecia-lhe alguma coisa que ele desconhecia inteiramente, coisa nova, súbita e nunca ocorrida. Não é que entendesse, mas sentia nitidamente, com toda a intensidade da sensação, que não podia mais dirigir-se a essas pessoas na delegacia de polícia não só com a expansividade sensível com que acabara de tratá-los, mas de nenhum outro modo, mesmo que todos eles fossem seus irmãos e irmãs e não tenentes daquela delegacia, mas também nesse caso não tinha nenhum motivo para dirigir-se a eles em nenhuma circunstância da vida; até esse instante ele jamais experimentara uma sensação tão estranha e terrível. E, o mais angustiante — era mais sensação que consciência, que compreensão; sensação imediata, a mais angustiante de todas as sensações que até então havia experimentado em sua vida."[180]

Junto com essa sensação de isolamento extremo, Raskólnikov experimenta o acesso de um sentimento de repulsa e ódio a tudo e todos.

"Uma sensação nova e insuperável o dominava cada vez mais, praticamente a cada minuto: era uma repulsa infinita, quase física,

---

[179] *Idem*, p. 60.

[180] *Idem*, pp. 110-1.

O grande romance filosófico: *Crime e castigo*

persistente, raivosa, odiosa a tudo o que encontrava e o cercava. Achava nojentos todos os transeuntes com que cruzava — eram nojentos seus rostos, seu andar, seus movimentos. Simplesmente cuspiria em alguém, talvez mordesse, parecia, se alguém começasse a conversar com ele..."[181]

Junto com seu isolamento de todos, o herói ainda se sente estranhamente alienado de si mesmo, do seu antigo eu, dos seus antigos sentimentos e pensamentos, de todo o seu passado. Depois do assassinato, Raskólnikov contempla da ponte Nikoláievski o panorama de Petersburgo e recorda seus antigos pensamentos.

"Em algum ponto profundo, lá embaixo, que mal avistava sob os pés, apareciam-lhe agora todo aquele antigo passado, e os pensamentos de antes, e as tarefas de antes, e os temas de antes, e as impressões de antes, e todo esse panorama, e ele mesmo, e tudo, tudo... Parecia ter voado para algum ponto no alto e que tudo desaparecera de sua vista..."[182]

Depois do assassinato o protagonista sente uma mudança completa até nos seus sentimentos em relação aos seus familiares, a quem amava desvairadamente — a mãe e a irmã. No encontro com elas, ele lhes diz:

"A senhora, por exemplo... é como se eu estivesse olhando para a senhora a mil verstas[183] de distância."[184]

A si mesmo Raskólnikov faz esse balanço dos seus atuais sentimentos pelos familiares: "Minha mãe, minha irmã, como eu as amava! Por que as odeio agora? É, eu as odeio, odeio fisicamente, não consigo suportá-las a meu lado".[185]

Onde começa o isolamento de Raskólnikov, onde estão nele as raízes do antissocial? Em sua índole? Sim, sem nenhuma dúvida. Mas não só em sua índole. Elas estão predominantemente nas impressões decorrentes do meio social, da realidade objetiva.

---

[181] *Idem*, pp. 117-8.

[182] *Idem*, p. 121.

[183] Antiga medida russa equivalente a 1,067 km.

[184] *Crime e castigo, op. cit.*, p. 237.

[185] *Idem*, p. 282.

O romance responde com diversas imagens e situações a questão sobre as raízes do comportamento da sua personagem central, cujo sentido pode ser formulado pela expressão "necessidade trágica". Ao se explicar para sua irmã Dúnia, Raskólnikov diz: "Chegarás a um limite que se não o ultrapassares serás infeliz mas se o ultrapassares serás mais infeliz ainda...".[186] Aqui Raskólnikov está julgando a si mesmo. Ele tem consciência da necessidade inelutável do ato que cometeu.

E realmente, todos os passos mais importantes do herói no romance são dados à luz de sua necessidade inadiável. Antes de tudo, ele se encontra perante a inevitabilidade, para si, de suas conclusões acerca da permissibilidade moral do assassinato, perante a irrefutabilidade lógica dessa conclusão: a ideia da "justeza" do assassinato da velha. Uma série de encontros e coincidências empurram diretamente o herói para esse assassinato. Ao "crime" de Raskólnikov está indissoluvelmente ligado o tema da prostituição, que, como vimos, percorre o romance inteiro. A percepção e a interpretação da prostituição é o elemento mais urgente na formação e na execução do plano de Raskólnikov. Segundo a lógica do protagonista, é exatamente a prostituição, particularmente o destino de Sônia, que serve como plena justificação do assassinato cometido por ele.

Em defesa de sua "ideia", Raskólnikov diz a Sônia: "E quanto a seres uma grande pecadora, isso é verdade — acrescentou ele quase enlevado —; contudo, mais do que ser pecadora, te destruíste *em vão* e traíste a ti mesma. Pudera isso não ser um horror! Pudera não ser um horror tu viveres nessa lama, que tanto odeias, e sabendo ao mesmo tempo (basta apenas que abras os olhos) que com isso não estás ajudando a ninguém nem salvando ninguém de coisa nenhuma!".[187]

Ao longo de todo o romance Raskólnikov experimenta o jugo da impressão permanentemente reiterada de uma surra violenta, de um espancamento até à morte. É perseguido por imagens de

---

[186] *Idem*, p. 233.

[187] *Idem*, p. 328.

O grande romance filosófico: *Crime e castigo*

espancamento. Primeiro, antes do assassinato, há o sonho com o espancamento da eguinha até à morte. Depois vem um novo sonho, já depois do assassinato. Desta vez é o tenente Pórokh, auxiliar do inspetor de polícia, que espanca a senhoria de Raskólnikov até deixá-la semimorta. Por último, o herói sonha que está matando a velha de novo. Raskólnikov vive, pensa e sente de uma forma como se o assassinato fosse a lei suprema do mundo, seu sumo imperativo. Ele cometeu o assassinato por princípio, obedecendo a uma imposição absoluta. O fato de Raskólnikov ter ouvido, numa conversa de Lisavieta com um comerciante na Siennáia, de modo totalmente imprevisto, que no dia seguinte a velha estaria em casa sozinha depois das seis da tarde, suscitou nele um sentimento francamente supersticioso: era "como se ali tivesse mesmo havido alguma predestinação, um sinal...".[188]

Ao descrever a execução do plano do assassinato, Dostoiévski apresenta, de forma reiterada e persistente, dois elementos: por um lado, uma desesperada resistência interior do herói aos seus próprios atos; por outro, o automatismo da execução. Esses dois elementos são inseparáveis. Já bem mais tarde, depois do assassinato, Raskólnikov confessa que não foi levado "pelas próprias pernas" para matar a velha. Contudo, ao descrever ainda antes os preparativos de Raskólnikov para o assassinato, Dostoiévski observa:

"O último dia, que começara tão por acaso e resolvera tudo de uma só vez, agia sobre ele de maneira quase inteiramente mecânica: era como se alguém o segurasse pelo braço e o arrastasse, de forma irresistível, cega, com uma força antinatural, sem objeções. Como se uma nesga da sua roupa tivesse caído debaixo de uma roda de máquina e esta começasse a tragá-lo."[189]

Depois o escritor informa que, à medida que Raskólnikov se aproximava do assassínio, "no que ele menos continuava a crer era na sua decisão definitiva" e que "quando chegou a hora tudo saiu não como o planejado mas meio por acaso, de forma até qua-

---

[188] *Idem*, p. 74.

[189] *Idem*, p. 78.

se inesperada".[190] Ao reproduzir com todos os detalhes a cena do assassinato, o autor fala de uma certa fraqueza física do herói, de que "em alguns momentos ele ficava com a mente embotada e quase não sentia o próprio corpo...".[191] No momento do assassinato, Dostoiévski acentua mais uma vez o automatismo dos atos de Raskólnikov.

"Ele tirou o machado por inteiro, levantou-o com as duas mãos, mal dando conta de si, e quase sem fazer força, quase maquinalmente, baixou-o de costas na cabeça dela. Era como se nesse instante tivesse lhe faltado força."[192]

E em seguida, durante todo o assassínio e a sua execução, tomamos conhecimento da repulsa terrível e irresistível do herói pelo que está fazendo. O assassinato da velha é representado como a maior violência que Raskólnikov poderia ter cometido contra si mesmo, como uma espécie de suicídio. Em sua confissão a Sônia, ele mesmo reconhece:

"Sim, mas como matei? Aquilo lá é jeito de matar? Por acaso alguém vai matar como eu fui naquele momento? Algum dia eu te conto como eu fui... Por acaso eu matei a velhota? Foi a mim que matei, não a velhota! No fim das contas, matei simultaneamente a mim mesmo, para sempre!... Já a velhota foi o diabo quem matou, e não eu..."[193]

Contudo, com a mesma necessidade com que Raskólnikov caminha rumo ao assassinato dá-se o processo de seu desmascaramento e, principalmente, o processo de autodesmascaramento. Dostoiévski traça nítidos paralelos entre o "crime" e o "castigo", entre os preparativos para o assassínio e o autodesmascaramento do herói. Depois do assassinato, observamos uma cisão brusca entre a consciência e o comportamento de Raskólnikov. Por um lado, suas declarações e confissões, até o epílogo, provam que ele não renega suas ideias, sua teoria, suas conclusões lógicas. Por ou-

---

[190] *Idem*, p. 80.

[191] *Idem*, p. 83.

[192] *Idem*, p. 85.

[193] *Idem*, p. 425.

tro, algo mais forte que a consciência e a vontade, uma espécie de instinto, o impele ao autodesmascaramento. O próprio Raskólnikov procura o juiz de instrução Porfíri Pietróvitch como uma "borboleta procura a vela", e por pouco não se denuncia ao conversar com Zamiétov na taberna; ele vai ao apartamento vazio da velha assassinada e toca a campainha para experimentar aquelas sensações anteriores. Na cena da confissão de Raskólnikov a Sônia, o autor indica que o protagonista, ao refletir se é ou não necessário falar do assassinato com Sônia, "sentiu, de chofre ao mesmo tempo, que não só não podia deixar de contar, como ainda era impossível adiar esse momento, mesmo que provisoriamente. Ainda não sabia por que era impossível; apenas *sentiu* isso, e essa consciência torturante da sua impotência diante da necessidade quase o esmagava".[194]

Assim, Raskólnikov é movido pela força de uma necessidade que ele mesmo não compreende integralmente. Dostoiévski vai além e constrói uma analogia coerente entre o assassínio e a confissão de Raskólnikov a Sônia. Quando o herói está prestes a revelar a Sônia quem é o assassino de Lisavieta, ele se vê outra vez sob o poder daquela mesma ansiedade que o dominou no instante do assassinato. "Esse instante se pareceu por demais com aquele em que ele estava atrás da velha, já com o laço do machado solto e sentindo que 'não podia perder mais um só instante'."[195] Antes de confessar sua culpa, Raskólnikov defende com furor especial as conclusões de sua teoria diante de Dúnia e Sônia. No entanto, segue firme pelo caminho predestinado de seu autodesmascaramento. Nega-se freneticamente a "reconhecer a culpa". Portanto, em todo o destino e no comportamento de Raskólnikov o romance coloca o elemento da necessidade trágica. Por outro lado, o romance revela a profunda inconsistência do caminho escolhido por ele. O extremo isolamento espiritual a que ele foi conduzido por sua teoria e sua aplicação prática o impele a buscar confusamente outros caminhos e a agir contrariando o que pensa.

---

[194] *Idem*, p. 412.

[195] *Idem*, p. 415.

Crime e castigo desenvolve um plano histórico-universal especial de análise, plano esse que, como já observamos, é um componente essencial da estrutura temática dos romances de Dostoiévski dos anos 1860-70.

A teoria e a prática de Raskólnikov são enfocadas não apenas no contexto da realidade capitalista da Rússia e de Petersburgo dos anos 1860, mas também nesse plano histórico-universal, que forma um original pano de fundo para o crime. Esse plano se percebe nitidamente pela primeira vez no artigo de Raskólnikov, "Sobre o crime", que é objeto de discussão no apartamento do juiz de instrução. Raskólnikov ilustra sua divisão das pessoas em "ordinárias" e "extraordinárias" com os feitos dos Licurgos, Sólons, Maomés e Napoleões, e diz que "todos eles, sem exceção, foram criminosos já pelo simples fato de que, tendo produzido a nova lei, com isso violaram a lei antiga que a sociedade venerava como sagrada [...]. É até notável que em sua maioria esses beneméritos e fundadores da sociedade humana tenham sido sanguinários especialmente terríveis".[196] O artigo de Raskólnikov menciona também homens de ciência — "Newton teria o direito, e estaria inclusive obrigado, a... *eliminar* esses dez ou cem homens para levar suas descobertas ao conhecimento de toda a humanidade".[197]

As imagens das figuras da história universal não aparecem apenas no artigo de Raskólnikov; surgem reiteradamente em seus pensamentos e monólogos, formando, por sua vez, um dos *leitmotive* essenciais do romance. As imagens de Napoleão e Maomé tornam a brotar na consciência de Raskólnikov depois de seu encontro com um transeunte, que lhe joga na cara: "Assassino!". Raskólnikov torna a mencionar Napoleão a Sônia, ao lhe contar por que matou a velha Aliena Ivánovna. Já no fim do romance, antes de confessar sua culpa, à observação de Dúnia: "Ora, tu derramaste sangue", ele responde:

"Que não param de derramar, que continuam derramando e neste mundo sempre derramaram como uma cascata, que derra-

---

[196] *Idem*, p. 265.

[197] *Ibidem*.

O grande romance filosófico: *Crime e castigo*

mam como champanhe, pelo qual se coroa no capitólio e depois chamam o coroado de benfeitor da humanidade."[198]

O plano histórico-universal imprime, por um lado, uma profundidade trágica ao plano de Raskólnikov. Graças a esse plano, a "teoria" do herói do romance deve, segundo sua própria ideia, ganhar fundamentação filosófica, agir como uma necessidade histórico-universal. Por outro lado, porém, em face do ato mesquinho de Raskólnikov, esse plano histórico-universal soa como algo evidentemente paródico. A comparação dos feitos de personalidades históricas — Licurgo, Maomé, Napoleão — ao assassinato de uma velhota usurária insignificante cria um sentido absolutamente específico. Durante toda a ação, a trajetória de Napoleão é comparada à "empreitada" de Raskólnikov, e ele próprio sente e compreende com toda agudeza o sentido paródico de sua ação.

"Napoleão, as pirâmides,[199] Waterloo — e uma viúva de registrador, sórdida, descarnada, velha, usurária, com o bauzinho vermelho debaixo da cama — ora, como é que isso iria ser suportado até mesmo por um Porfíri Pietróvitch?!..."[200]

Todo o destino de Raskólnikov transcorre sob o signo de uma afirmação desvairada de si mesmo, de sua "ideia" — a justificação do "assassinato por uma questão de consciência" —, e ao mesmo tempo sob o signo de uma autonegação igualmente decidida. A elucidação paródica de sua "empreitada" é um dos elementos dessa autonegação.

Para compreender o sentido do romance em seu conjunto, é preciso atentar ao agrupamento das personagens e à relação de Raskólnikov com essas personagens.

Antes de tudo, é importante a correlação Raskólnikov-Catierina Ivánovna. Esta, por toda a sua feição moral, deve ser colocada ao lado de Raskólnikov. A "verdade" de Catierina se contrapõe

---

[198] *Idem*, p. 528.

[199] Alusão à famosa batalha do Egito de 1798, em que Napoleão venceu os mamelucos e na qual pronunciou aos soldados as famosas palavras: "Do alto dessas pirâmides quarenta séculos vos contemplam!".

[200] *Crime e castigo*, *op. cit.*, p. 280.

à "verdade" de Sônia e é próxima da "verdade" de Raskólnikov. Catierina é uma pessoa que clama por justiça, justiça a qualquer custo e, ademais, imediatamente, agora mesmo. Sônia assim caracteriza a sua madrasta:

"Ela está atrás de justiça... É pura. Acredita muito que deve haver justiça em tudo, e exige... E ainda que a atormentem, não comete uma injustiça. Ela mesma não percebe como é sempre impossível que a justiça esteja nos homens, e se irrita..."[201]

Mas acontece que Raskólnikov também exige justiça. Nos diálogos com Sônia ele apela para a justiça. Acha que na situação de Sônia o suicídio é "mais justo, mil vezes mais justo" que a vida. Nos três encontros com Sônia ele demonstra freneticamente a justeza do seu pensamento. Toda a sua argumentação procura demonstrar uma só coisa: que a saída que ele propõe é a única saída justa. Catierina Ivánovna vive da ilusão de que haverá uma reviravolta próxima e decisiva em sua vida: chegará ajuda de algum lugar, elas irão embora para outra cidade, e ela será a diretora de um internato. Em sua interpretação, tudo tem sido injusto. Doravante tudo será justo. E Raskólnikov pensa em fazer uma reviravolta imediata e radical na ordem histórico-social do universo. À pergunta que Sônia lhe faz no primeiro encontro: "Então, então o que fazer?", ele responde:

"O que fazer? Esmagar o que for preciso, de uma vez por todas, e só: e assumir o sofrimento! O quê? Não estás entendendo? Depois vais entender... A liberdade e o poder, principalmente o poder!... Sobre toda a canalha trêmula e todo o formigueiro!... Eis o objetivo! Lembra-te disso! É isso que eu te recomendo!"[202]

A filosofia idealista lançou a ideia de uma ordem moral do universo. Raskólnikov a rejeita, e age em nome de suas exigências éticas categóricas. Quer realizar uma original revolução mundial, uma revolução copernicana com "sua permissão principial de derramar sangue", "derramar sangue por uma questão de consciência".

---

[201] *Idem*, p. 324.

[202] *Idem*, p. 336.

O grande romance filosófico: *Crime e castigo*

Catierina Ivánovna e Raskólnikov são naturezas desvairadamente altivas, pessoas dotadas do sentimento de extrema humilhação da própria personalidade. Raskólnikov é um herético. É verdade que, respondendo a uma pergunta direta de Porfíri Pietróvitch, ele diz que crê em Deus. Mas quando conversa a sós com Sônia ele observa que "pode ser que Deus absolutamente não exista", e o faz "até com certa maldade".[203] Ao declarar guerra a toda a ordem mundial, renegar o mandamento "não matarás" e proclamar uma nova lei universal — a permissão principial para o assassinato —, Raskólnikov entra no terreno da revolta metafísica. Catierina Ivánovna também é, a seu modo, rebelde e herética. Impressiona a diferença entre sua morte e a morte de todas as outras personagens de Dostoiévski. No leito de morte, ela rejeita a sugestão de chamar um padre.

"O quê? Um padre?... Não preciso... Quem de vocês tem um rublo sobrando? Não tenho pecados!... Deus deve perdoar assim mesmo... Ele mesmo sabe como sofri!... E se não perdoar é porque não é preciso!..."[204]

Num ser tão esmagado pela vida, um ser pequeno, que pareceria infinitamente fraco, impressiona tamanha coragem, essa altivez inconciliável.

Para a compreensão de toda a concepção ideológica de *Crime e castigo* é de importância extraordinária a antítese Raskólnikov-Svidrigáilov. O destino e a trajetória de vida de Raskólnikov se traduzem na "rejeição ao mundo", na luta principial contra a ordem universal. O destino e a trajetória de vida de Svidrigáilov se traduzem na aceitação de tudo, na plena conciliação com tudo, tanto no bem como no mal, numa espécie de aquiescência perante a existência em todos os seus aspectos.

A biografia social de Svidrigáilov é típica. Nela há uma indubitável semelhança com a biografia do príncipe Valkóvski.[205] Os

---

[203] *Idem*, p. 327.

[204] *Idem*, p. 440.

[205] Personagem de *Humilhados e ofendidos*.

traços de nobre desclassificado aparecem com relevo incomum nele. Um grão-senhor bem-apessoado, homem com traços do regime servil-patriarcal, que permite que lhe beijem a mão numa taberna, um incorrigível latifundiário voluptuoso no meio da sujeira dos antros de Petersburgo, Svidrigáilov é um "ex-homem" em sua plena feição. Toda a vida de Svidrigáilov, que descreve vivamente o processo de degradação da nobreza, predestinou-o a conhecer pessoas nos mais diversos níveis da escala social, até da mais extrema miséria, até a sarjeta da cidade. Daí a figura de Svidrigáilov, a despeito de toda a sua viciosidade, estar cercada pelo clima de uma sabedoria peculiar. Metido num caso com "um misto de atrocidade e, por assim dizer, de uma perversidade fantástica",[206] culpado pela violação de uma menina, pelo suicídio do servo Filipp, visivelmente responsável pela morte de sua esposa Marfa Pietróvna, Svidrigáilov, como o pescador que fareja o peixe, de longe fareja em Raskólnikov gente de sua gente, "farinha do mesmo saco", discerne pelo faro o "crime" do outro e, movido por objetivos específicos, passa a espioná-lo e descobre-lhe os segredos. Em Svidrigáilov o amoralismo ganha forte relevo. Ele é capaz de tudo para possuir Dúnia. Seu amoralismo coerente se contrapõe ao moralismo desvairado de Raskólnikov. Aqui se repete sob nova forma a antítese Valkóvski-Ivan Pietróvitch.[207] Volta à cena o nome de Schiller como símbolo do idealismo ético. Svidrigáilov zomba de Schiller para Raskólnikov.

Mas, além disso, esse "ex-homem" é capaz de compreender e dar o devido apreço à teoria de Raskólnikov. Em conversa com Dúnia, Svidrigáilov se refere com ironia a essa teoria: "No caso houve de fato uma teoriazinha — uma teoria mais ou menos —, segundo a qual os homens são divididos, veja só, em material e em indivíduos extraordinários, ou seja, em indivíduos para os quais, pela alta posição que ocupam, a lei não foi escrita mas, ao contrário, são eles mesmos que criam as leis para o resto dos indivíduos,

---

[206] *Crime e castigo*, *op. cit.*, p. 304.

[207] Como vimos, os dois são antagonistas no romance *Humilhados e ofendidos*.

O grande romance filosófico: *Crime e castigo*

para o tal material, o tal lixo. Nada mal, uma teoriazinha mais ou menos; *une théorie comme une autre*".[208]

Contudo, Svidrigáilov é capaz de entender integralmente não só Raskólnikov, mas também Sônia e os outros. Nessa imagem torna a aparecer, sob outra forma, o "homem-universo" de Dostoiévski. Nele renasce a "multifacetação das sensações" do "homem do subsolo". Assim como o "homem do subsolo", ele ainda é capaz de compreender uma infinidade de coisas, capaz de conciliar até os comportamentos mais contraditórios em sua consciência. Ele, que no passado violentou uma criança, a quem levou ao suicídio, diz que ama as crianças. Pensando no suicídio e perseguindo Dúnia em sua inflamada voluptuosidade, ele ao mesmo tempo pretende se casar com outra: sua noiva é uma mocinha que ele põe no colo, cobre de carícias sem nenhuma cerimônia e a faz corar e até derramar lágrimas. Mas esse mesmo Svidrigáilov envolve-se integralmente no destino da família Marmieládov, cuida do futuro das crianças órfãs, ajuda Sônia com sinceridade, desiste do casamento e provê o futuro da noiva.

Quanto mais depravado é Svidrigáilov, mais irreprimível é o poder que o ímpeto voluptuoso exerce sobre ele, mais difícil é, para ele, controlar-se. Abdicar da mão de Dúnia lhe causa grande estresse emocional e provoca uma luta consigo mesmo. Isto é ressaltado por Dostoiévski de forma direta. No quarto para onde Svidrigáilov atraíra Dúnia, esta tenta matá-lo a tiro, e logo em seguida, inesperadamente, larga o revólver:

"Jogou fora! — pronunciou surpreso Svidrigáilov e respirou fundo. Alguma coisa se lhe apartou do coração num instante, e talvez não só o peso do pavor da morte; e é pouco provável que ele o tenha sentido nesse momento. Era ele que se livrava de um sentimento outro, mais doloroso e sombrio, que não conseguia definir com toda a intensidade."[209]

Antes de deixar Dúnia ir embora, Svidrigáilov, segundo palavras do autor, experimenta o seguinte estado:

---

[208] *Crime e castigo, op. cit.*, p. 498.

[209] *Idem*, p. 504.

"Transcorreu um instante de luta terrível e surda na alma de Svidrigáilov. Ele a fitava com um olhar indescritível. Súbito tirou o braço, virou-se de costas, afastou-se rapidamente para a janela e parou diante dela."[210]

Assim, temos diante de nós um imenso feito do espírito, o feito da vitória do homem sobre si mesmo. Mas Svidrigáilov não impressiona apenas por esse ato de abdicação e magnanimidade. Nele vemos a simpatia mais ampla e sincera por todos os ofendidos e escarnecidos pela vida. Ele vagueia por todas as "sarjetas" de Petersburgo, é rodeado pelo populacho: cantoras de rua, criados, faxineiros. Afeiçoa-se a eles. Que força é essa que atrai Svidrigáilov? Seria só a ociosidade e o desejo de preencher com alguma coisa o vazio insondável da vida? Não; além disso, há uma indiscutível vontade de conhecer, de experimentar tudo, de vivenciar novas sensações.

Além disso, há em Svidrigáilov mais um traço importante, que mais tarde será inerente aos mais autênticos personagens de Dostoiévski (Míchkin e Aliócha). Svidrigáilov declara a Dúnia: "A senhora conhece as minhas opiniões gerais; eu decididamente nunca condeno ninguém".[211] Ele não condena Raskólnikov. Admite tudo e não condena nada. Mas lembremos que uma das qualidades radicais de Aliócha Karamázov, que causa impressão até no velho Fiódor Karamázov, é o fato de que Aliócha não condena ninguém. Svidrigáilov também é uma espécie de "homem-universo", no sentido de haver nele as mais irrestritas potencialidades do vício, uma ilimitada aquiescência ao mal e uma entrega de si ao poder do mal, mas, ao mesmo tempo, também no sentido das potencialidades da mais elevada ordem moral, na infinita capacidade de ir ao encontro do bem. Segundo suas próprias palavras, ele é um homem, e nada de humano lhe é estranho. Está em seu alcance todo um diapasão de emoções, sensações e ações humanas.

A figura de Svidrigáilov é repleta de um sentido histórico-social profundo. "Em geral os russos são um povo pródigo — diz ele

---

[210] *Ibidem.*

[211] *Idem*, p. 499.

O grande romance filosófico: *Crime e castigo*

a Dúnia em seu último encontro com ela. — Pródigo como a sua terra, e extremamente inclinado para o fantástico, o desordenado; mas o mal é ser pródigo sem ter uma genialidade particular. [...] Em nossa sociedade culta não existem lendas especialmente sagradas, Avdótia Románovna: a menos que alguém crie as suas de alguma maneira a partir dos livros... ou tire alguma coisa das crônicas do passado."[212] Nos últimos romances de Dostoiévski e em *Diário de um escritor* encontramos ideias acerca de temas histórico-sociais semelhantes às de Svidrigáilov.

Svidrigáilov é a clara ilustração da falta de fundamento histórico-social da "casta cultivada", como Dostoiévski a entendia. Ele está apartado das profundas raízes histórico-sociais. Por toda a constituição da sua personalidade, ele está distante da classe dos nobres senhores de terra, mas ao mesmo tempo não tem quaisquer ligações com a massa do povo. Gravita num espaço social vazio, desprovido de ar. Svidrigáilov é uma ilustração da ideia de Dostoiévski, segundo a qual a "casta cultivada" separou-se do povo depois da reforma de Pedro, o Grande, e o capitalismo que irrompeu tempestuosamente na Rússia a partir de 1861 desnudou essa separação em toda a sua profundidade. Em Svidrigáilov, a "multifacetação das sensações" sua capacidade para tudo, tanto para o mal como para o bem, é ao mesmo tempo uma completa indiferença a tudo, o total vazio espiritual, um fastio e uma apatia irremediáveis, devido aos quais ele, segundo suas próprias palavras, está disposto a voar com Berg num balão; é esse o absoluto ceticismo e niilismo que, depois da perda do último ponto de forte atração sensual — Dúnia —, levam Svidrigáilov fatalmente ao suicídio. A combinação dos opostos conduz tanto Svidrigáilov como o "homem do subsolo" à morte espiritual.

Na concepção ideológica de *Crime e castigo* tem grande importância a antítese Raskólnikov-Porfiri Pietróvitch. Este, assim como Svidrigáilov, é representado como homem dotado de um excepcional faro interior, de uma excepcional intuição investigativa. No desmascaramento de Raskólnikov como assassino, o juiz en-

---

[212] *Ibidem.*

vereda imediatamente pelo caminho certo. Contudo, Porfiri Pietróvitch é mais que um juiz inteligente e sutil. É ainda caracterizado como um homem de grande sabedoria de vida. Não só atina de saída que Raskólnikov é o assassino, mas decifra o caráter do protagonista, compreende seus pensamentos íntimos e seus impulsos. Muito antes do assassinato ele atenta no artigo de Raskólnikov "Sobre o crime". No último encontro com Raskólnikov, Porfiri emite uma penetrante compreensão do estado de espírito do protagonista enquanto escrevia esse artigo:

"Que o senhor é ousado, arrogante, sério e... sensível, muito sensível mesmo, tudo isso eu já sabia há muito tempo. Conheço todas essas sensações e li seu artiguinho como uma coisa conhecida. Ele foi urdido em noites de insônia e estado de frenesi, com o coração a elevar-se e a bater, com o entusiasmo reprimido. E esse entusiasmo reprimido, altivo, é perigoso na mocidade! Na ocasião eu escarneci, mas agora lhe digo que gosto muito, sempre, ou seja, como apreciador, dessa primeira prova, dessa prova juvenil e ardente da pena. Fumaça, neblina, a corda vibra na neblina. Seu artigo é absurdo e fantástico, mas ele transpira sinceridade, nele existe uma altivez juvenil e íntegra, nele há a ousadia do desespero; é um artigo sombrio, mas isso é bom."[213]

Nessa passagem, Porfiri Pietróvitch fala de modo como se conhecesse bem se não as ações de Raskólnikov, se não o assassínio, ao menos as aflições de sua alma, seus motivos interiores que o levaram a cometer o assassinato. O juiz de instrução compreende Raskólnikov porque reconhece em si mesmo a possibilidade de cometer atos semelhantes. Como Raskólnikov, Porfiri Pietróvitch é capaz de sentir muitas coisas e, por isso, de compreender muitas coisas. E ele é um homem que tudo compreende. Também nele vive em suas potencialidades o "homem-universo". A imagem de Porfiri Pietróvitch é de extraordinária importância pois foi justamente nos lábios desse homem que Dostoiévski depositou uma das ideias mais importantes do romance. Ao término de sua última conversa com Raskólnikov, o juiz de instrução lhe diz:

---

[213] *Idem*, p. 458.

"Estou até certo de que o senhor 'pensará bem pensado em assumir o sofrimento'; neste momento não acredita na minha palavra, mas se deteve nela. Porque o sofrimento, Rodion Románitch, é uma coisa grandiosa. O senhor não repare que eu me tornei obeso, pouco importa, mas por outro lado eu sei: não zombe disso, no sofrimento existe uma ideia. Mikolka está certo."[214]

Entretanto, nas palavras do juiz de instrução não transparece apenas a ideia do sofrimento. Nelas é ainda mais importante a ideia de vida. Estamos diante da autêntica intriga temática do romance. O amor desvairado à vida atravessa o romance inteiro como *leitmotiv* basilar. Ainda a propósito do encontro com as prostitutas à entrada daquele "estabelecimento" na Siennáia e em relação ao pensamento sobre a vida, "em pé num espaço de uns três palmos a vida inteira, mil anos, toda a eternidade", Raskólnikov exclama:

"Seria melhor viver assim do que morrer agora!? Contanto que pudesse viver, viver, viver! Não importa como viver, mas apenas viver!... Que verdade! Deus, que verdade! O homem é um canalha! E é canalha aquele que por isso o chama de canalha — acrescentou um minuto depois."[215]

Na percepção de Raskólnikov, esse amor inconcebível e irracional à vida, a despeito de todas as monstruosas contradições dessa vida e de sua autodevoração, afigura-se, entretanto, uma espécie de loucura. Outra visão dessa força da vida encontramos na interpretação de Porfiri Pietróvitch. Este diz ao assassino de Lisavieta:

"Sei que não acredita — mas o senhor pare com esse jeito finório de filosofar; entregue-se à vida de forma direta, sem discutir, sem se inquietar — será levado para a margem, e colocado de pé. Para que margem? Como é que eu vou saber? Eu apenas acredito que o senhor ainda tem muita vida pela frente."[216]

E em seguida Porfiri Pietróvitch torna a repetir:

---

[214] *Idem*, p. 468.

[215] *Idem*, p. 166.

[216] *Idem*, p. 466.

"Então faça o que a justiça exige. Sei que não acredita, mas juro que vai aguentar a vida. O senhor mesmo vai amá-la depois. Agora o senhor precisa apenas de ar, de ar!"[217]

Para o desdobramento da concepção ideológica do romance também importa a correlação Raskólnikov-Dúnia, irmão e irmã. Os dois se completam um ao outro e caracterizam um ao outro. Chamam a atenção duas passagens paralelas no texto do romance. Em conversa com Raskólnikov, Svidrigáilov assim delineia o caráter de Dúnia:

"Sabe, sempre lamentei, desde o início, que o destino não tivesse permitido à sua irmã nascer no segundo ou terceiro século da nossa era, filha de algum príncipe herdeiro ou de algum governante, ou de um procônsul na Ásia Menor. Sem dúvida, ela seria uma daquelas que passariam pelo martírio e, é claro, sorririam quando lhe queimassem os seios com tenazes incandescentes. Ela daria esse passo deliberadamente com as próprias pernas, e nos séculos quarto e quinto iria para o deserto do Egito e ali passaria trinta anos, alimentando-se de raízes, êxtase e visões.[218] É só isso que ela mesma anseia, e exige assumir algum sofrimento por alguém e o quanto antes; não lhe propiciem esse sofrimento e ela mesma irá atirar-se pela janela."[219]

Porfiri Pietróvitch diz a Raskólnikov:

"Por quem eu o tomo? Eu o tomo por uma daquelas pessoas a quem podem arrancar os intestinos que ela se manterá firme e olhará rindo para os torturadores — desde que encontre a fé ou Deus."[220]

Estamos diante de uma acentuada semelhança entre irmã e irmão em seus traços e caracteres essenciais. Mas essa semelhança tem sua função temático-ideativa no conjunto artístico do romance: ressaltar o *páthos* da abnegação, inerente aos irmãos Raskólnikov. A trajetória de Raskólnikov vai do malfeitor ao abnegado.

---

[217] *Idem*, p. 467.

[218] Referência a Santa Maria Egipcíaca.

[219] *Crime e castigo*, *op. cit.*, pp. 482-3.

[220] *Idem*, p. 466.

O romance ressalta a gigantesca força potencial que há no protagonista. Assim, Porfiri Pietróvitch diz a Raskólnikov:

"Foi ao senhor Zamiétov que sua ira e sua ousadia oculta primeiro saltaram à vista: ora, como é que de repente se deixa escapar em uma taberna 'Eu matei!'? É ousadia demais, atrevimento demais, então pensei: se ele tem culpa é um combatente terrível!"[221]

Possui importância extraordinária a correlação entre Raskólnikov e os Marmieládov, o pai e sobretudo Sônia. Essa correlação introduz no romance o tema do Evangelho. Raskólnikov, Marmieládov e Sônia formam uma tríade *sui generis*, ligada a concepções de imagens do Evangelho: o malfeitor, o sofredor, a filha pródiga.

O tema de Marmieládov é o tema do sofredor em nova variante sociopsicológica: a condição de pária do bêbado petersburguense, encarnada por um servidor público de meados do século XIX. Marmieládov revela uma angustiante autoconsciência de sua infinita culpa perante a família e especialmente perante Sônia, uma implacável autocondenação e um impulso de sair das profundezas da degradação última rumo à luz e à bondade.

O tema de Sônia não é apenas uma autocondenação, mas também — e isto é o essencial — uma infinita autoabdicação, a disposição de apoiar os familiares, de apoiar os outros por meio da extrema desonra, da última humilhação de si mesma, da venda de seu corpo, de decidir juntar sua vida à de um assassino. O encontro de Raskólnikov e Sônia é a chave ideológica do romance, assim como as últimas palavras ditas ao herói por Porfiri Pietróvitch. Mais de uma vez destaca-se a ênfase do autor na comparação dos destinos de Raskólnikov e Sônia. Eis umas palavras notáveis, que delineiam o seu primeiro encontro:

"O toco de vela há muito se extinguia no castiçal torto, iluminando frouxamente naquele quarto miserável um assassino e uma devassa, que se haviam unido estranhamente durante a leitura do livro eterno."[222] Sobrevêm as palavras de Raskólnikov:

---

[221] *Idem*, p. 459.

[222] *Idem*, p. 335.

"Nós dois juntos somos malditos, então vamos seguir juntos! [...] Também ultrapassaste... conseguiste ultrapassar. Cometeste um suicídio, arruinaste a vida... a *própria* (tanto faz!)."[223]

De fato, há uma profunda consonância nos destinos desses dois protagonistas, a qual esconde o sentido final do romance. Raskólnikov caminha para o assassinato movido por sua extrema impressionabilidade perante os sofrimentos dos outros, antes de tudo dos seus familiares. Sônia se torna prostituta por força de sua extrema impressionabilidade. Mas Raskólnikov caminha por força de uma extrema autoafirmação; Sônia, de uma extrema autonegação.

A leitura do capítulo do Evangelho sobre a ressurreição de Lázaro é o protótipo final do destino de Raskólnikov no romance, é o foco em que convergem os raios provenientes de várias personagens e de diversos finais do romance. Trata-se da ideia central do romance — a ideia do renascimento espiritual final de seu herói. Ao mesmo tempo, essa é a ideia formulada por Porfiri Pietróvitch no último encontro com Raskólnikov — a ideia da força invencível da vida. O romance é concluído com um hino à força da vida: o epílogo faz alusão a um renascimento de Raskólnikov, a uma nova vida que começa para ele. Na imagem de Sônia, além de outros atributos, importa ainda um outro traço, que constitui uma transição para a imagem de Mikolka. Dostoiévski ressalta no epílogo que os galés não gostavam de Raskólnikov, e numa ocasião até quiseram matá-lo. Não gostavam dele por sua desvairada altivez, por seu isolamento até nos trabalhos forçados. Por Sônia, pelo contrário, nutriam um imenso afeto: "Mãezinha, Sófia Semiónovna, tu és nossa mãe, carinhosa, querida! — diziam-lhe os galés grosseiros, ferreteados, a essa criatura miúda e magricela".[224]

Da imagem de Sônia parte uma linha temática que segue rumo à terra e ao povo. Aqui nos aproximamos da pedra angular da visão de mundo de Dostoiévski. Na consciência do escritor, a ideia de terra é inseparável da ideia de povo e da ideia de pátria. Terra,

---

[223] *Ibidem.*

[224] *Idem*, p. 558.

O grande romance filosófico: *Crime e castigo*

povo e pátria são para Dostoiévski um conjunto ideológico indissolúvel. Depois que Raskólnikov confessa o assassinato da velha usurária e de Lisavieta, Sônia lhe fixa um mandamento inviolável:

"Levanta-te! (Ela o agarrou pelos ombros; ele soergueu-se, olhando-a meio surpreso.) Vai agora, neste instante, para em um cruzamento, inclina-te, beija primeiro a terra, que profanaste, e depois faz uma reverência ao mundo inteiro, e diz em voz alta a quem te der na telha: 'Eu matei!'"[225]

Depois do encontro com Sônia e imediatamente antes de confessar sua culpa, Raskólnikov vai à Siennáia e cumpre com exatidão o mandamento dela. É notável a descrição desse ato de confissão do assassino perante a mãe-terra:

"Tremeu todo ao se lembrar disso. E já estava tão oprimido pela desesperadora melancolia e pela inquietação de todo esse tempo, mas especialmente das últimas horas, que acabou se precipitando para a possibilidade dessa sensação inteira, nova, completa. Ela lhe chegou de súbito como uma espécie de acesso: começou a lhe arder na alma como uma fagulha e de repente se apossou de tudo como fogo. Tudo nele amoleceu, e as lágrimas jorraram. Do jeito que estava caiu no chão..."[226]

O contato com a terra e o arrependimento diante dela significam para Dostoiévski um retorno à vida integral e plena. O mandamento de reparação da culpa perante a terra parte de Sônia. É justo ela que, nos trabalhos forçados, mantém uma conexão viva com a massa. O renascimento de Raskólnikov se concretiza não só através da confissão perante a terra, mas ainda por meio do restabelecimento de uma conexão viva com o povo como resultado da aceitação da "verdade" de Sônia.

Por último, para a compreensão do sentido do romance é muito importante a correlação das imagens de Raskólnikov e Mikolka. O pintor de paredes Mikolka não é uma figura secundária, mas uma imagem dotada de imenso significado simbólico. Como

---

[225] *Idem*, p. 426.

[226] *Idem*, p. 535.

O estilo de Dostoiévski

é revelada essa imagem? Depois do assassinato, Raskólnikov desce a escada com um tremor oculto.

"— Ei, maldito, diabo! Segurem!

Alguém lá embaixo saiu de algum apartamento aos gritos e não só correu como de fato caiu escada abaixo se esgoelando:

— Mitka! Mitka! Mitka! Mitka! Mitka! O diabo que te carregue!"[227]

Razumíkhin, ao narrar com indignação a Zóssimov como o pintor de paredes Mikolka foi responsabilizado pelo assassinato da velha, cita na íntegra o depoimento do próprio pintor: "Eu agarrei Mitka pelos cabelos, derrubei ele, e comecei a sovar ele, e Mitka, que estava por baixo de mim, também me agarrou pelos cabelos, mas a gente não fazia aquilo por raiva mas por gostar um do outro, por brincadeira".[228]

Por fim, em seu último encontro com Raskólnikov, Porfiri Pietróvitch assim lhe desenha Mikolka:

"Antes de mais nada ainda é uma criança menor de idade, e não chega a ser um poltrão, é uma espécie qualquer de artista. Ora, não ria por eu o explicar dessa forma. É ingênuo e suscetível a tudo. Tem bom coração; é um fantasista. Ele canta, ele dança, e dizem que conta histórias de tal maneira que vem gente de outros lugares para ouvi-lo. Frequenta a escola, é capaz de rir até cair por qualquer bobagem, de encher a cara até desmaiar, não propriamente por ser um depravado mas por beber, vez por outra, quando o embebedam, ainda de maneira infantil."[229]

Assim, Mikolka aparece diante do leitor inteiramente movido pelo impulso da brincadeira e do divertimento. Ele é a própria vida em sua imagem prístina, fresca e integral, quase infantil, a vida em suas exuberantes potencialidades multifacetadas e criadoras. A ideia de Dostoiévski consiste em que Mikolka é um homem adulto e ao mesmo tempo uma criança, um jovem russo do meio rural capaz de uma alegria e uma audácia ilimitadas e que traz em si po-

---

[227] *Idem*, p. 93.

[228] *Idem*, p. 146.

[229] *Idem*, p. 461.

O grande romance filosófico: *Crime e castigo*

tencialidades de abnegação e proeza heroica. Mikolka assume a culpa de Raskólnikov. Porfiri Pietróvitch aponta justamente Mikolka como modelo de um futuro caminho de vida para Raskólnikov. O juiz de instrução lhe diz:

"Estou até certo de que o senhor 'pensará bem pensado em assumir o sofrimento' [...]. Mikolka está certo."[230]

O Mikolka de Dostoiévski também é um "homem-universo", mas, ao contrário de Svidrigáilov, tem um forte vínculo com a terra e o povo. A imagem de Mikolka remonta por suas raízes às impressões de Dostoiévski na "casa morta" (veja-se o relato sobre o prisioneiro que, apenas para "sofrer", investiu com um tijolo na mão contra o diretor que não lhe causara nenhum mal).

Crime e castigo é um romance de sua época, que retrata em suas imagens a realidade histórico-social da Rússia dos anos 1860 do século XIX. Essa atualidade histórico-social dos acontecimentos do romance é ressaltada por Porfiri Pietróvitch:

"Isso aqui é uma coisa fantasiosa, sombria, atual, um incidente da nossa época em que o coração do homem está perturbado; em que se cita uma frase na qual se afirma que o sangue 'refresca'; em que toda a vida se resume à pregação do conforto."[231]

O frenesi capitalista, que colore todo o cenário da ação do romance, é, na consciência do escritor, inseparável do abalo de todos os fundamentos morais. Dostoiévski inclui o crime de Raskólnikov no processo de desagregação moral, condicionado pela crise histórico-social vivida pela Rússia e iniciada no período posterior às reformas de 1861.

A atualidade do romance se manifesta ainda em sua configuração polêmica. Ao representar a Petersburgo dos anos 1860, o autor, infelizmente, não pôde deixar de exprimir sua atitude política reacionária em relação aos movimentos sociais da Rússia desse período. Ao longo de todo o romance desenvolve-se uma polêmica com as ideias do socialismo, sobretudo com as ideias de Tchernichévski. Ouvimos isto pela primeira vez dos lábios de Ra-

---

[230] *Idem*, p. 468.

[231] *Idem*, pp. 462-3.

zumíkhin. Em conversa no apartamento de Porfíri Pietróvitch sobre o crime de Raskólnikov, Razumíkhin expõe "concepções socialistas" em tom polêmico, reduzindo essas concepções a uma interpretação mecânica do meio social. O próprio Raskólnikov fala dos socialistas de forma francamente sarcástica:

"Por que o bobalhão do Razumíkhin xingava os socialistas há pouco? Uma gente laboriosa e mercadora; cuidam da 'felicidade geral'... Não, a vida me é dada uma vez, e ela nunca mais voltará: eu não quero esperar a 'felicidade geral'. E eu mesmo quero viver, do contrário o melhor seria não viver. E então? Eu apenas não queria passar diante da minha mãe faminta, apertando o meu rublo no bolso à espera da 'felicidade geral'. 'Levo, diz-se, um tijolinho para a felicidade universal, e por isso sinto paz no coração.' Ah-ah!"[232]

Dostoiévski não se limita a essa forma de polêmica com os socialistas. Ele põe em cena um portador concreto das "ideias socialistas" — Liebezyátnikov. Ao mesmo tempo, procura desacreditar as ideias do socialismo nas reflexões de Lújin, esse burguês--rentista, defensor dos "cafetãs inteiros", que deturpa ao extremo as ideias do egoísmo racional de Tchernichévski, fingindo concordar com elas. Na representação dessas duas figuras já antevemos com absoluta precisão o futuro autor de *Os demônios*. Aqui surge o procedimento de parodização comediográfica do objeto com o qual o autor polemiza. Nas reflexões confusas e entarameladas do tartamudo Liebezyátnikov transparecem várias interpretações pequeno-burguesas e anticientíficas das ideias dos anos 1860: aí figuram projetos vulgares de uma sociedade futura, uma teoria das relações matrimoniais livres e uma primitiva concepção utilitária da arte. Nessas reflexões são parodiados o entusiasmo com as ciências naturais, particularmente com as teorias fisiológicas (veja-se a reflexão de Liebezyátnikov sobre as causas da loucura de Catierina Ivánovna).

A despeito de todo o preconceito de Dostoiévski contra Tchernichévski e outros pensadores dos anos 1860, apesar de sua tendenciosidade evidente e tola nessas questões, já no período da cria-

---

[232] *Idem*, p. 281.

O grande romance filosófico: *Crime e castigo*

ção de *Crime e castigo*, ou seja, depois da "transformação de suas convicções", ele não podia deixar de sentir que o socialismo era uma saída para o caos gerado pelo capitalismo. Dostoiévski sentia a força do socialismo, por isso polemizava com tanta persistência com ele. Tampouco é casual o fato de que Liebezyátnikov, apesar de todo o seu lado cômico, acaba se revelando um homem honesto e decente, em contraste com a asquerosa torpeza de Lújin.

É claro que esse aspecto excepcionalmente atual e folhetinesco do romance não empana seu imenso sentido ideológico, que ultrapassa os limites dos anos 1860. O escritor levanta a questão do crime, de suas gradações, da responsabilidade e da reparação. Se a substância do "crime" de Raskólnikov é clara, ainda que o protagonista proclame com uma dor íntima que "todos derramam sangue" e que sobre muitos não recai nenhuma responsabilidade por isso, se o crime de Svidrigáilov consiste no defloramento de uma menor de idade, já o crime de Sônia suscita uma questão pungente, embora Raskólnikov lhe declare categoricamente: "Também ultrapassaste... conseguiste ultrapassar".[233] Mas eis que Lújin mete às escondidas uma nota de cem rublos no bolso de Sônia com o fim de acusá-la de roubo e comprometê-la. No texto, esse ato de Lújin é visivelmente comparado com o crime de Raskólnikov. Este começa sua torturante confissão a Sônia pela pergunta:

"Lújin deve continuar vivendo e praticando suas torpezas, ou Catierina Ivánovna deve morrer?"[234]

Marmieládov, que não cometeu um assassinato, como fez Raskólnikov, nem violentou uma menor de idade, como fez Svidrigáilov, ainda assim sente sua terrível responsabilidade pelo destino de Sônia. Se não se pode falar de crime de Marmieládov no sentido próprio do termo, pode-se, porém, falar de sua culpa irreparável.

Cada uma das personagens que cometeram crimes experimenta o seu castigo. Ao longo da ação, Raskólnikov vivencia várias vezes em sonho o assassinato. Ao confessar-se a Sônia, ele vê no

---

[233] *Idem*, p. 335.

[234] *Idem*, p. 414.

rosto dela o rosto de Lisavieta no instante em que investia contra ela com o machado. Quase na véspera do suicídio, sob o acompanhamento da chuva e do vento, Svidrigáilov recorda a menina-suicida, seu grito, que ele não ouvira, e que é descaradamente profanado na noite úmida, no degelo, aos açoites do vento. À beira da morte, Marmieládov vê Sônia em seu traje de prostituta de rua. Assim como Marmieládov, Catierina Ivánovna também tem a sua culpa trágica, a sua Nêmesis. Foi justamente ela que impeliu Sônia para a rua. Catierina Ivánovna morre no quarto de Sônia, no quarto em que ela recebia suas "visitas". As fronteiras do crime são relativas — eis a primeira conclusão que se pode tirar de todas essas comparações, de todas essas variantes do crime. Mas, ao mesmo tempo, Dostoiévski traz de forma coerente e constante o elemento da culpa e da responsabilidade. Mikolka, inocente absoluto, está disposto a assumir a culpa alheia, disposto a "sofrer". As mais profundas raízes dos atos humanos estão a tal ponto entrelaçadas que é difícil definir com precisão os limites do "crime" de um homem isolado; isto, porém, não reduz a responsabilidade moral de cada indivíduo, mas, pelo contrário, aumenta-a colossalmente — eis a segunda conclusão de Dostoiévski.

Segundo a ideia do escritor, a vida em seu sentido supremo se manifesta nas relações de Raskólnikov e Sônia, no sentimento mútuo que há entre os dois. Esse sentimento passa por extremas contradições interiores. Raskólnikov ouve falar de Sônia ainda antes do assassinato. O relato de Marmieládov fortalece no herói a decisão de executar o crime. Depois deste ato, Raskólnikov se sente como que decepado de todos os outros por uma tesoura. Pensa em suicídio, ou em procurar uma delegacia de polícia. Mas eis que vê Sônia pela primeira vez ao pé do leito de morte de Marmieládov. É tomado de um êxtase tempestuoso. Dostoiévski não indica com precisão o que provoca esse êxtase. A Raskólnikov parece que sua "vida não morreu com a vetusta velha!".[235] Ele sente o imenso afluxo de uma força vital. Essa elevação do sentimento de estar vivo só pode ter uma explicação: a saída de Raskólnikov do seu iso-

---

[235] *Idem*, p. 194.

lamento espiritual pleno, absoluto. Abre-se para o herói uma perspectiva de convívio com outra pessoa, a união com Sônia, a perspectiva da "vida viva" através da união com outro renegado. O encontro a sós com Sônia revela todo o contraste que há entre os dois. Quanto mais os dois se inclinam um para o outro, tanto mais obstinada é a luta entre eles. Cada um procura afirmar seu ponto de vista, sua "verdade". Raskólnikov sente uma necessidade imperiosa de confessar a Sônia que foi ele quem assassinou a velha e Lisavieta. Seu sentimento por Sônia deve passar por provações. Nesse sentimento manifesta-se inevitavelmente o abismo do antissocial em que Raskólnikov afundou. Antes da cena da confissão a Sônia, "uma sensação estranha e inesperada de algum ódio corrosivo a Sônia passou-lhe de chofre pelo coração".[236]

Nas páginas de *Crime e castigo* retorna o motivo do amor-ódio, que atravessa toda a obra de Dostoiévski. É como se o amor de Raskólnikov por Sônia passasse por sua própria negação. É peculiar que mesmo no campo de trabalhos forçados percebemos o isolamento de Raskólnikov em relação a Sônia, assim como em relação à massa de galés. A última reviravolta que se dá em Raskólnikov é o autêntico sentimento por Sônia, que eclode em seu ser depois da doença, um impulso de amor sincero, que significa o início do renascimento do herói no romance. Mas esse impulso, essa reviravolta, representa a vitória daquela vida em seu sentido supremo, aquilo que Dostoiévski afirma.

---

[236] *Idem*, p. 415.

8.

A questão do homem-universo:
O *idiota*

O romance O *idiota* [1869], também construído segundo o princípio — fundamental em Dostoiévski — da combinação do social e do psicológico, amplia os campos do social no romance, em comparação a *Crime e castigo*. Em O *idiota*, a vida russa dos anos 1860 é representada por uma série de fatos característicos. Aí encontramos um reflexo da febre do empreendimento capitalista.[237] Esse aspecto se manifesta com nitidez particular em todo um grupo de personagens: o general Iepántchin, Totski e Ptítsin. O "topo da sociedade" aristocrática, representado pela princesa Bielokónskaia e uma série de dignitários e damas da sociedade, é mostrado na cena de apresentação do noivo de Aglaia — o príncipe Míchkin. O general Iepántchin, Totski e Ptítsin são figuras nas quais estão notoriamente personificados o processo de transformação capitalista da Rússia e a simbiose peculiar da nobreza com a burguesia.

O general é um notório *parvenu*, com origem nos "filhos de soldado". Mas na ação do romance ele é um ricaço, um típico representante da grande burguesia que procura adentrar no alto meio aristocrático. No segundo capítulo da primeira parte do romance, encontramos as seguintes informações sobre o general Iepántchin:

---

[237] Tchirkóv emprega a palavra *griúnderstvo*, derivada do alemão *grün-den* (fundar, estabelecer, instituir), que em russo significa um empreendimento em forma de sociedade anônima destinado ao rápido enriquecimento de seus sócios às custas do lucro auferido com a emissão de ações — em suma, da ampla especulação financeira.

"O general Iepántchin morava em prédio próprio, um pouco ao lado da Litiêinaia, mais para a Igreja da Transfiguração. Além desse prédio (magnífico), do qual alugava cinco sextos, o general Iepántchin ainda possuía um prédio imenso na rua Sadóvaia, o qual também lhe propiciava uma renda excepcional. Além desses dois prédios, ele possuía uma propriedade rural muito lucrativa e importante bem próximo a Petersburgo; ainda possuía uma fábrica qualquer no distrito de Petersburgo. Em passado remoto, o general Iepántchin participou do *ótkup*. Atualmente participa e tem voz muito significativa em algumas sólidas sociedades anônimas. Tinha fama de ser homem de muito dinheiro, grandes ocupações e relações importantes."[238]

Totski é um senhor de terras, que, no entanto, tem residência permanente na capital e só vez por outra visita a sua fazenda transformada em "Aldeola das Delícias", onde outrora instalou a menina órfã Nástia, a futura Nastácia Filíppovna. Como o caracteriza o autor, Totski também é um homem muito rico, membro de companhias acionárias. Ele é um capitalista pertencente à nobreza.

Ptítsin é homem de negócios e agiota, e no entanto é uma figura extremamente necessária ao empreendimento de Iepántchin e Totski. De uma forma ou de outra, nesse grupo reflete-se com nitidez o crescimento das companhias acionárias — característico da Rússia pós-reformas de 1861 — e está claramente representado o clima do empreendimento capitalista e do carreirismo incontido.

No romance é amplamente retratado o poder do dinheiro, do vil metal, e a desvairada corrida pelo enriquecimento, tudo o que já havia sido mencionado em *Um jogador* e *Crime e castigo*. Esses motivos já começam a soar na primeira cena do romance: a cena no vagão. O narrador transmite com uma expressividade peculiar a reação espiritual de Liébediev, "uma espécie de funcionário público calejado na burocracia", que soubera que quem estava à sua

---

[238] Fiódor Dostoiévski, *O idiota*, tradução de Paulo Bezerra, São Paulo, Editora 34, 2020, 5ª edição, p. 24. *Ótkup*: venda, a pessoa privada, do direito a cobrar de monopólio estatal e da população impostos ou rendas pertencentes ao Estado, o que levou ao enriquecimento dos beneficiados e à ruína da população.

frente no vagão era "o próprio Rogójin" — o milionário Rogójin. Mais tarde, esse mesmo Liébediev se arrastaria de joelhos diante de Nastácia Filíppovna, no momento em que esta lançava na lareira o pacote com os cem mil rublos de Rogójin, e berraria: "Mãezinha! Benevolente! Ordene-me que entre na lareira, e eu me enfio todo, meto toda a minha cabeça grisalha no fogo!"[239] Outros reagem à queima do dinheiro da mesma forma que Liébediev. A sede desvairada de dinheiro e conforto atravessa as aspirações também de Gánia Ívolguin, jovem inteligente, mas pobre, forçado a servir como secretário do general Iepántchin. Gánia é dotado de um orgulho desmedido, sofre por causa de sua insignificância social e aceita ser noivo de Nastácia Filíppovna contando com os setenta e cinco mil rublos do seu dote.

Assim, pois, o desvairado crescimento do capitalismo forma um componente importante do cenário social no romance *O idiota*. Por outro lado, a isso está vinculado o tema da ruína e da miséria, que se apresenta na história da família Ívolguin, uma família de "miseráveis nobres", representantes da pequena burguesia urbana, meio social típico dos romances de Dostoiévski. É peculiar, em especial, a figura do general Ívolguin, pertencente à categoria dos "ex-homens", tão significativa para esse romancista. Pessoas descartadas do seu leito social, transformadas em lumpemproletário urbano, constituem a famosa "turma de Rogójin", um bando turbulento, grudado no pândego comerciante milionário. O tema da ruína também se manifesta no destino social de Nastácia Filíppovna, filha de um nobre empobrecido e arruinado que, movido pela degradação social de sua família, torna-se vítima de Totski, "voluptuoso incorrigível". No romance, são inseparáveis os temas da ruína e da miséria, do pequeno negocismo, da rapinagem e da especulação deslavada. Aqui merecem destaque especial a figura de Liébediev, sua história com o fictício filho de Pávlischev e a chantagem vinculada a essa história, posta em prática por um grupo de jovens.

Ao tema da avidez capitalista e da ruína está vinculado um tema importantíssimo para Dostoiévski — o tema da desagregação

---

[239] *O idiota, op. cit.*, p. 200.

moral, do caos moral, da desordem do espírito. Em sua obra, o tema do niilismo, que soa abertamente na cena dos discursos dos quatro jovens — Burdovski, Keller, Doktorenko e Teriéntiev —, é apenas um elo com o tema social mais amplo da desagregação social e moral. Nesse romance, as tendências polêmicas do escritor manifestam-se com força ainda maior que em *Crime e castigo*. Com a representação dos niilistas, Dostoiévski tenta desacreditar os movimentos sociais da década de 1860, a visão de mundo e a prática da juventude progressista. Segundo a lógica do escritor, o modo de agir da turma de Burdovski seria uma consequência inevitável da visão de mundo desses niilistas. Em *O idiota*, o romance-folhetim ganha uma expressão bastante saliente, a ponto de estar literalmente intercalado no texto do romance um folhetim de jornal inteiro, publicado por Keller.

Entretanto, também em *O idiota* a problemática do romance supera de longe os objetivos polêmicos do autor, aquela obsessiva tendência subjetiva do autor à polêmica social. Na interpretação de Dostoiévski, o capitalismo inevitavelmente leva amplas camadas da população à desagregação moral.

"Porque tamanha sede apoderou-se deles todos, estão se despedaçando de tal forma por dinheiro que parecem tontos. Ele mesmo é uma criança, mas já está fazendo das tripas coração para chegar a agiota! Ou então enrola seda no cabo da navalha, reforça-a, chega sorrateiramente pelas costas e degola um amigo como se degola um carneiro, conforme li recentemente", diz Nastácia Filíppovna.[240] No início da segunda parte, Liébediev chama seu sobrinho Vladímir Doktorenko (que exige descaradamente dinheiro e diz que não irá embora enquanto não o receber) de "segundo assassino da segunda futura família Jemárin".[241] Esse terrível assassinato é mencionado mais de uma vez no romance.

Mas, como se verifica, o próprio Liébediev, que denuncia o seu sobrinho, não se afasta muito deste.

---

[240] *Idem*, p. 188.

[241] *Idem*, p. 222. Trata-se do assassinato de seis familiares do comerciante Jemárin, cometido em 1868 pelo estudante nobre Vitold Gorski, de dezoito anos. Dostoiévski acompanhou o caso pelos jornais.

"Acredita, príncipe, que agora ele inventou de bancar o advogado, anda atrás de querelas jurídicas; meteu-se com eloquência e agora vive a falar em casa com as crianças em estilo elevado. Cinco dias atrás falou para juízes de paz. E quem se meteu a defender: não a velha que lhe veio pedir, implorar, pois o canalha do usurário lhe tinha roubado quinhentos rublos, tinha metido no bolso toda a fortuna dela, mas sim o usurário, um Zaidler qualquer, *jid*, só porque este lhe prometeu cinquenta rublos..."[242]

Esse mesmo Liébediev publica um folhetim sórdido dirigido contra Míchkin, a quem está constantemente manifestando lealdade. Liébediev é a seu modo um maravilhoso pai de família, pelo menos um pai que ama sua família, e estima o príncipe a seu modo, com sinceridade, mas ainda assim está envolvido em constantes intrigas contra ele. Segundo a ideia de Dostoiévski, Liébediev é uma das nítidas manifestações da "desordem" moral das pessoas daquela época.

Uma evidente ilustração dessa "desordem" é a família Ívolguin, com suas eternas brigas e escândalos e com o ódio recíproco que há entre seus membros.

A desagregação moral também penetra nas massas populares. Míchkin conta a Rogójin a história de um camponês que gostou do relógio de prata de um amigo: "Mas gostou tanto do tal relógio e ficou tão atraído por ele que acabou não se contendo: pegou uma faca e, quando o amigo deu as costas, chegou-se cautelosamente por trás, posicionou-se, ergueu os olhos para o céu, benzeu-se, proferiu consigo uma reza amarga: 'Senhor, perdoa por Cristo!' — e degolou o amigo de um só golpe, como se degola um carneiro, e arrancou-lhe o relógio".[243]

Motivado pelas pretensões e pelo comportamento da turma de Burdovski no terraço do príncipe Míchkin em Pávlovsk, Ievguiêni Pávlovitch Radomski faz a seguinte observação. Um advogado, conta ele, que defendia um cliente que matara de uma vez seis pessoas para roubá-las, chegou a esta conclusão:

---

[242] *O idiota, op. cit.*, p. 223.

[243] *Idem*, p. 253.

A questão do homem-universo: *O idiota*

"É natural que o meu cliente, movido pela pobreza, tenha tido a ideia de cometer esse assassinato de seis pessoas, mas, no lugar dele, quem não teria essa ideia?"[244]

É típico do autor o estabelecimento constante de vínculos entre os diversos modos e formas de "desordem" moral e os fatos do assassinato. Todo o clima social de *O idiota* é saturado de possibilidades de assassinato. Lisavieta Prokófievna Iepántchina investe contra o bonachão e inocente Burdovski: "Veja esse tartamudo, por acaso não degola um (ela apontou para Burdovski, que olhava para ela com extraordinária perplexidade)? Aposto que degola!".[245]

Depois que Hippolit leu no terraço do príncipe o texto "Minha explicação necessária" e fez a fracassada tentativa de suicidar-se, Ievguiêni Pávlovitch preveniu Míchkin: "O senhor verá se esse senhor não será capaz de matar dez almas propriamente por mera 'brincadeira', tal qual ele mesmo nos leu ainda há pouco em sua 'Explicação'".[246]

Ligados fatalmente ao desenvolvimento febril do capitalismo, os processos de desagregação social e moral foram elucidados por Dostoiévski no plano histórico-universal tanto em *O idiota* como nos romances *Um jogador* e *Crime e castigo*.

Liébediev conta ao príncipe que Nastácia Filíppovna passou-lhe uma descompostura com base no Apocalipse:

"Ela concordou comigo de que estamos diante do terceiro cavalo, preto, e o seu cavaleiro tem uma balança na mão, uma vez que no nosso século tudo se baseia em medida e em tratado, e todas as pessoas não fazem outra coisa senão procurar os seus direitos: 'Uma medida de trigo por um denário; três medidas de cevada por um denário'... E ainda tem um espírito livre, e um coração puro, e um corpo saudável, e quer preservar todos os dons conferidos por Deus. No entanto, não vai conservá-los com base no mesmo direito, pois depois vem um cavalo amarelo e o seu

---

[244] *Idem*, p. 321.

[245] *Idem*, p. 323.

[246] *Idem*, p. 474. Eram chamados de "almas" os servos camponeses na antiga Rússia servil.

cavaleiro, sendo este chamado Morte: e o inferno o estava seguindo... É disso que falamos quando nos vemos, e isso teve uma forte influência."[247]

Essa comparação do capitalismo russo da década de 1860 com imagens do Apocalipse é característica da concepção ideológica de Dostoiévski em *O idiota*. No fim da segunda parte, o colegial, filho de Liébediev, assegurou que "[...] 'a estrela Absinto' do Apocalipse, que caiu na terra sobre as fontes das águas, é, segundo a interpretação do seu pai, uma rede de estrada de ferro que se espalhou pela Europa".[248] Na cena no terraço do príncipe, na tarde do seu aniversário, mais uma vez transparece o motivo do Apocalipse. Hippolit pergunta ao príncipe:

"Ouvi dizer que Liébediev reconhece que essa 'estrela Absinto' é uma rede de ferrovias espalhadas pela Europa."[249]

A discussão inflamada que segue e a fala de Liébediev desenvolvem essa ideia. À objeção de Gavrila Ardaliónovitch Ívolguin, Liébediev observa com fervor:

"Não são as estradas de ferro, não! As estradas de ferro propriamente ditas não vão turvar as fontes da vida, mas em seu conjunto tudo isso é maldito, tudo isso é o estado de espírito dos nossos últimos séculos, no seu âmbito geral, científico e prático, tudo isso pode ser efetivamente maldito."[250]

Nas discussões no terraço do príncipe, a época contemporânea, a Rússia e a Europa do século XIX são comparadas com a Idade Média, com suas terríveis fomes e da então inevitável antropofagia. O príncipe expõe com ânimo a tragicidade da época e a grandeza da gente simples daquele tempo:

"Quando fui às montanhas suíças, fiquei admiradíssimo com as ruínas dos velhos castelos da cavalaria, construídos nas encostas das montanhas, em rochedos abruptos e pelo menos a meia versta de uma altura íngreme (isto significa caminhar várias vers-

---

[247] *O idiota*, *op. cit.*, p. 231.

[248] *Idem*, p. 344.

[249] *Idem*, p. 415.

[250] *Idem*, pp. 416-7.

tas através de sendas). Sabe-se o que é um castelo: uma verdadeira montanha de pedras. Um trabalho horrendo, impossível! E isso, é claro, foi construído por aquelas mesmas pessoas pobres, vassalas. Além disso, elas eram obrigadas a pagar toda sorte de tributos e a sustentar o clero. Onde iriam conseguir o próprio sustento e trabalhar a terra? Naquele tempo eram pouco numerosas, pelo visto, morriam horrores de fome, e não tinham, talvez, literalmente como se manter e suportar. Às vezes eu até pensava: como não se extinguiu aquela gente, e o que quer que lhe tenha acontecido, como conseguiu se manter de pé e suportar?"[251]

Os antropófagos da Idade Média são representados por Liébediev com um tom de empolada ironia trágico-burlesca. Liébediev fala de um criminoso que comeu sessenta pessoas e preferia os gordos monges medievais aos bebês. Hippolyte Taine referiu-se à "ironia canibal" de Jonathan Swift, ao comentar suas *Cartas de Drapier*. Essas palavras de Taine poderiam se referir à natureza do discurso de Liébediev. No centro desse discurso está um "criminoso" do século XII — o antropófago que devorava monges e bebês. Ao fim e ao cabo esse criminoso procura o clero, confessa-se e entrega-se às forças do governo. Em *O idiota*, volta em toda a sua dimensão um motivo fundamental dos romances de Dostoiévski — o motivo do crime. Nesse romance, os criminosos do século XII são contrapostos aos criminosos contemporâneos, assim como a época medieval é contraposta ao século da indústria e das estradas de ferro, ao século do capitalismo.

A questão do criminoso contemporâneo é levantada na discussão de Ievguiêni Pávlovitch com seus interlocutores a propósito daquela sintomática "deformação de conceitos" que ganha expressão no defensor do jovem que assassinou as seis pessoas. Na continuação da conversa, o príncipe aprofunda o tema:

"Eu mesmo sei que antes também houve muitos crimes, e muito terríveis; ainda há pouco tempo eu visitei algumas prisões e tive a oportunidade de conhecer alguns criminosos e réus. Existem até criminosos mais terríveis do que esse, que mataram dez pessoas cada um e não se arrependem absolutamente. Mas vejam

---

[251] *Idem*, pp. 421-2.

o que eu observei neste caso: que o assassino mais inveterado e impenitente ainda assim sabe que é um criminoso, isto é, por questão de consciência acha que agiu mal, ainda que não demonstre qualquer arrependimento. E assim é qualquer um deles; mas esses de que Ievguiêni Pávlitch estava falando não querem sequer se considerar criminosos e pensam consigo que tinham o direito e... até agiram bem, ou seja, é quase assim. É nisso que, a meu ver, há uma diferença terrível."[252]

No discurso de Liébediev, o criminoso do século XII é nitidamente contraposto a esse criminoso contemporâneo, que pensa consigo "que teve o direito e ainda agiu bem".

Não há dúvida de que aparece diante de nós, em nova variante, o mesmo problema que se colocava em *Crime e castigo*. Ao contrário dos criminosos atuais, na representação de Liébediev os criminosos do século XII acabam se arrependendo e têm consciência profunda do crime que cometeram. Em face disto, Liébediev faz a mais ampla generalização histórico-social, comparando a Idade Média e o século XIX. Pergunta pelas causas da confissão de culpa do criminoso medieval. "Pergunta-se: que tormentos o esperavam naquele tempo, que rodas, fogueiras e fogos? Quem o impeliu a ir denunciar-se?"[253] E em seguida Liébediev conclui:

"Quer dizer que houve algo mais forte do que as fogueiras e o fogo e até mais que um hábito de vinte anos! Quer dizer que havia um pensamento mais forte do que todas as desgraças, más colheitas, torturas, lepra, maldições e toda sorte de inferno que a humanidade não suportaria sem um pensamento que concatenasse, orientasse o coração e fertilizasse as fontes da vida!"[254]

Em contraste, na representação de Liébediev o século XIX é o século da maior desagregação moral. "E atrevam-se a dizer, por fim, que não se debilitaram, que não se turvaram as fontes da vida sob essa 'estrela', sob essa rede que prende os homens."[255]

---

[252] *Idem*, p. 379.

[253] *Idem*, p. 423.

[254] *Idem*, pp. 423-4.

[255] *Idem*, p. 424.

Assim surge mais uma vez um motivo do Apocalipse. Mais uma vez colocam-se cara a cara imagens do Apocalipse com o século do capitalismo.

Na discussão no terraço do príncipe, Ievguiêni Pávlovitch tenta formular as leis basilares da história, as leis basilares da existência histórica da humanidade. Liébediev secunda e desenvolve as formulações de Ievguiêni Pávlovitch. À observação de Gánia segundo a qual "o sentimento de autopreservação é uma lei normal da humanidade", Ievguiêni Pávlovitch responde: "Essa lei é a verdade, mas é tão normal quanto a lei da destruição, e talvez da autodestruição. Porventura só na autopreservação está toda lei normal da humanidade?".[256] O pensamento que Ievguiêni Pávlovitch enuncia em tom de galhofa é secundado por Liébediev: "Porque o senhor, galhofento mundano e cavaleiro (embora não desprovido de capacidade!), não sabe o quanto esse seu pensamento é profundo, é um pensamento verdadeiro! Sim. A lei da autodestruição e a lei da autopreservação estão igualmente fundidas na humanidade!".[257]

A originalidade do quadro da vida no romance *O idiota* consiste em que as cenas que se passam diante dos olhos do leitor, todas as peripécias das lutas de paixões e interesses em torno de Rogójin, Míchkin, Nastácia Filíppovna e Aglaia, parecem iluminadas por raios dessas "leis basilares da existência da humanidade"; de modo semelhante, em *Crime e castigo*, a despeito de toda a mesquinhez do assassinato da velha usurária por Raskólnikov, o fato transcorre sob a luz da "necessidade histórica" do derramamento de sangue. A "lei da autopreservação" e a "lei da destruição e da autodestruição" são novas formulações do problema radical de Dostoiévski — a antítese do social e do antissocial no homem.

Uma clara ilustração da "lei da autoconservação" e da "lei da autodestruição" é, no romance, a personalidade e o destino de Rogójin. Na conversa no trem já se fala do falecido pai de Rogójin,

---

[256] *Idem*, p. 418.

[257] *Ibidem*.

que, segundo palavras de Liébediev, "não só por dez mil, mas até por dez rublos despachava um para o outro mundo".[258] Na cena em casa de Rogójin tomamos conhecimento de que naquele prédio sombrio "moravam apenas eunucos, os Khudiakov, e agora alugam de nós",[259] e que, segundo palavras de Rogójin, até o seu próprio pai "respeitava muito os eunucos".[260] Nessa mesma cena, Míchkin assim delineia a Parfen seu retrato moral e seu possível destino:

"É que me ocorreu que, se não tivesse havido essa desgraça contigo, não houvesse acontecido esse amor, pode ser que viesses a ser tal qual teu pai, e ademais muito em breve. Irias te enclausurar sozinho e em silêncio nesta casa com a mulher, obediente e muda, falando raro e com severidade, sem confiar numa única pessoa, aliás sem precisar absolutamente disso, e limitando-se a amealhar dinheiro no silêncio e na penumbra."[261]

A lei da autoconservação do clã dos Rogójin é a lei da acumulação acompanhada da abdicação da vida até à castração. Mas Parfen Rogójin desvia acentuadamente dessa lei e entra num intenso conflito com as tradições do seu clã. Nele, toda a força da paixão do seu clã, que se estende à acumulação e à castração, deságua na paixão por Nastácia Filíppovna. Nessa paixão, a autoafirmação de Parfen Rogójin é a negação de todas as tradições, de todos os fundamentos da existência do seu clã e, ao fim e ao cabo, de si mesmo, é a autodestruição do clã e de si mesmo. A paixão de Rogójin é o elemento destrutivo e autodestrutivo no homem.

Uma ilustração nova e original da "lei da autoconservação e da autodestruição" é representada pela personalidade e pelo destino de Nastácia Filíppovna. Estamos diante de uma forma extrema e nova de ofensa ao indivíduo na representação de Dostoiévski. Em Nastácia Filíppovna, a máxima sensibilidade moral combina-

---

[258] *Idem*, p. 21.

[259] *Idem*, p. 239.

[260] *Idem*, p. 240.

[261] *Idem*, p. 246.

-se com uma sensação aguda e insuperável da própria desonra. Temos diante de nós a ofensa ao indivíduo à base de um desvairado sentimento da desonra feminina. Todo o destino de Nastácia Filíppovna se traduz numa sede frenética de revanche moral por essa ofensa, numa desvairada autoafirmação. Assim é a heroína em sua primeira aparição no salão dos Ívolguin. Assim é ela na noite da recepção em sua casa, quando castiga impiedosamente Gánia, Totski e principalmente a si mesma por todas as suas dolorosas humilhações. Assim é ela em sua relação com Rogójin. Assim é ela em sua última luta e triunfo sobre Aglaia.

Ao mesmo tempo, porém, o destino de Nastácia Filíppovna é uma prova evidente e concreta de autodestruição. Depois que na memorável festa de Nastácia Filíppovna a heroína recusa a proposta de Míchkin e escolhe Rogójin, Ptítsin, em conversa com Totski, comenta a atitude dela como o comportamento de um japonês que comete haraquiri na presença do seu ofensor. A própria Nastácia Filíppovna reconhece que está fatalmente perdida em sua relação com Rogójin e prevê seu destino final — será morta pela faca dele. Ainda que veja com clareza esse desfecho, ela foge do casamento com Míchkin para a companhia desse mesmo Rogójin. A autodestruição de Nastácia Filíppovna é, não obstante, inseparável de uma tensa sede de algo melhor, do seu apaixonado sonho com um ideal e da profundidade da sua autonegação, decorrente desse sonho. "Eu mesma sou uma sem-vergonha! Eu fui amante de Totski..."[262] A autodestruição da heroína também é inseparável do seu amor desvairado por Míchkin e do medo de atrapalhar a felicidade dele e destruí-lo.

Vemos uma nova forma de autodestruição também em Aglaia, em quem se combina uma inocente menina-moça com uma mulher orgulhosa e má. Apaixonada por Míchkin, Aglaia procura nesse amor uma autoafirmação plena e incondicional, a conquista absoluta e indivisível do seu amado. Daí seu inevitável choque com Nastácia Filíppovna. Contudo, o mais surpreendente é o fato de que Aglaia arranja o encontro com Nastácia Filíppovna já depois

---

[262] *Idem*, p. 196.

de seu triunfo sobre a rival, depois de Nastácia haver atendido a um pedido de Míchkin, prometido nunca mais escrever a Aglaia e ter ido embora de Pávlovsk. Aglaia teme até a sombra de Nastácia Filíppovna. Mas com esse encontro Aglaia destrói sua própria felicidade e destroça não apenas a sua vida, como também as vidas de Míchkin e Nastácia Filíppovna.

Na representação das confusas relações amorosas entre Rogójin e Nastácia Filíppovna, Míchkin e Aglaia, Aglaia e Hippolit e Gánia, Dostoiévski revela, tanto nesse romance como nos anteriores, os paradoxos da paixão, as insuperáveis contradições do amor-ódio, revela as destrutivas forças interiores do sentimento, que levam seus detentores à morte.

A antítese do antropófago medieval, que reconhece a sua culpa irredimível, e do homem contemporâneo, que comete atos amorais consciente de sua justeza, reflete-se de diferentes modos na situação do enredo do romance. O romance *O idiota* recoloca o problema cardinal de Dostoiévski — o problema da consciência moral do homem e do seu comportamento. Assim como *Crime e castigo*, esse romance recoloca a questão das fronteiras do crime, do moral e do amoral no homem. Nastácia Filíppovna, aquela que é menos culpada por seu destino, é o exemplo da mais aguda consciência da própria culpa, o exemplo de uma certa autopunição e autoflagelação moral. Mas em pleno contraste com tamanha agudeza da autoacusação moral estão as consciências de muitas outras personagens. Esse contraste aparece com a maior evidência na festa de Nastácia Filíppovna, na cena do *petit jeu* proposto por Fierdischenko, no qual cada convidado contaria um ato que ele mesmo considerasse conscientemente o mais vil de todos os seus atos vis. Contam Fierdischenko, o general e Totski. Fierdischenko, que roubara três rublos de uma casa em que fora recebido como hóspede, roubo que foi atribuído a uma criada inocente; o general, que passara uma descompostura numa velha "à moda russa" nos últimos instantes da vida dela porque tinham se apossado de uma sopeira dele; por último Totski (velho mulherengo, cujo relato que combina o franco erotismo com o esteticismo de salão), considerava seu ato mais baixo o fato de ter interceptado as meretrizes de um amigo pois queria presenteá-las a uma dama que adorava. Eis

A questão do homem-universo: *O idiota*   131

as mais diferentes formas de consciência moral, que revelam toda a complexidade dos fenômenos que alicerçam a categoria do moral e o amoral. Neste caso, Totski e Nastácia Filíppovna se encontram em polos opostos.

Por outro lado, o homem que deflorou uma menina e arruinou o destino de uma mulher considera seu comportamento com Nastácia Filíppovna como algo perfeitamente desculpável e, além do mais, inclina-se até a vangloriar-se de ter sido capaz de apreciar tal joia. Ao mesmo tempo, ele é um homem que, "com a consciência sincera", considera como seu ato mais vil o episódio de um flerte na alta sociedade. Por outro lado, é Nastácia Filíppovna quem culpa a si mesma infinitamente, embora seja a menos culpada daquilo de que se acusa.

Portanto, o *petij jeu* no salão de Nastácia Filíppovna também serve para ilustrar que no romance *O idiota* a "deformação de conceitos" é antes um caso mais geral que particular, para ilustrar o caos moral da atualidade. Esse *petit jeu* serve ao mesmo tempo como exemplo da excepcional complexidade daqueles fenômenos tomados como base da categoria do "moral" e o "amoral". É como se essa cena servisse como justificação para o ilimitado relativismo moral, para a total confusão da própria autoconsciência moral. Não obstante, a extraordinária agudeza da autoconsciência moral de Nastácia Filíppovna sugere algo diametralmente oposto: o sentido absoluto do critério ético.

O romance *O idiota* revela, numa forma nova e totalmente original, o motivo central da obra de Dostoiévski — o motivo da vida. Este já ressoa nos primeiros capítulos do livro — nos relatos de Míchkin sobre a pena de morte e as aflições do condenado na hora da morte, que sente com maior intensidade a força e a dádiva da vida justamente no momento em que está sendo privado dela "na certa" (no sentido de infalivelmente — N. Tch.). Dostoiévski ressalta a expressão "na certa". O horror consiste em que o condenado é privado de qualquer esperança de salvação, que permanece nessa ou naquela forma em outros casos em que o homem é privado da vida. Toda a máxima agudeza do estado d'alma do criminoso, narrado por Míchkin, medra do monstruoso contraste entre a consciência e a sede de vida em face da morte inevitável.

132   O estilo de Dostoiévski

Um tema semelhante ressoa em outro relato de Míchkin às Iepán-tchin. Aqui importa todo o contexto da conversa. O príncipe fala da vida na Suíça e da aspiração a uma certa vida grande, que lhe vinha quando contemplava a natureza suíça.

"E aí, acontecia, alguma coisa chamava para algum lugar, e sempre me parecia que se eu seguisse sempre em frente, andasse muito e muito tempo e fosse além de uma linha, por exemplo, da-quela linha onde o céu e a terra se encontram, ali estaria todo o enigma e no mesmo instante veria uma nova vida, cem vezes mais intensa e mais ruidosa do que a nossa vida aqui; eu estava sempre sonhando com uma cidade grande, como Nápoles, tudo nela eram palácios, ruído, estrondos, vida..."[263]

Nessa passagem surge a imagem de uma vida grande, plena e ruidosa, como se fosse um limite aos desejos humanos. Porém Míchkin acrescenta em seguida: "Mas depois me pareceu que até na prisão pode-se encontrar uma vida imensa".[264]

Estamos diante de um novo e oposto aspecto da vida: a vida oprimida pelas paredes da prisão e privada da riqueza das impres-sões externas. A uma réplica irônica de Aglaia sobre "a vida na prisão", Míchkin faz uma observação citando a vida de um homem que passou cerca de trinta anos preso. "A vida dele na prisão era muito triste, isso eu lhes posso assegurar, mas não era uma vida barata. Tinha por companhia apenas uma aranha e uma arvorezi-nha que nascera debaixo da janela..."[265] Em relação a isso, Mích-kin volta a falar do homem para quem fora lida a sentença de mor-te e vinte minutos depois recebeu o perdão. Nas aflições do con-denado à morte, Míchkin constata o contraste entre o horror dian-te do desconhecido e o sentimento de infinitude da vida. O desco-nhecido e a repulsa decorrente desse novo, que está prestes a co-meçar, eram horríveis; mas ele diz que naquele momento nada era mais difícil do que um pensamento persistente: "E se eu não mor-rer! E se eu fizer a vida retornar — que eternidade! E tudo isso se-

[263] *Idem*, p. 72.

[264] *Ibidem*.

[265] *Idem*, pp. 72-3.

A questão do homem-universo: *O idiota*

ria meu!".[266] Adiante, o príncipe conta que assistiu uma execução em Lyon e sugere um tema para um quadro de Adelaida:

"Desenhe o patíbulo de tal forma que se possa ver com clareza e de perto apenas o último degrau; o criminoso pôs o pé nele: a cabeça, o rosto está pálido como um papel, o padre lhe estende a cruz, o outro espicha avidamente seus lábios roxos e fica a olhar, e — *está a par de tudo*."[267]

A experiência de um homem "perante o limiar último", quando ele está sendo privado da vida de forma violenta e irreversível, é destacada como o máximo tanto de sentimento da vida quanto de consciência de sua perda. Nesse sentido, é peculiar a descrição que faz Dostoiévski do estado do seu herói quando prestes a ter um ataque de epilepsia. Míchkin menciona seu estado de espírito no último minuto que antecede o ataque:

"A sensação de vida, de autoconsciência quase decuplicou nesses instantes que tiveram a duração de um relâmpago. A mente, o coração foram iluminados por uma luz extraordinária; todas as inquietações, todas as suas dúvidas, todas as aflições pareceram apaziguadas de uma vez, redundaram em alguma paz superior, plena de uma alegria serena, harmoniosa, e de esperança."[268]

Míchkin reconhece que esse tipo de experiência é uma violação do estado normal, uma doença, mas no mesmo instante conclui: "Qual é o problema se essa tensão é anormal, se o próprio resultado, se o minuto da sensação lembrada e examinada já em estado sadio vem a ser o cúmulo da harmonia, da beleza, dá uma sensação inaudita e até então inesperada de plenitude, de medida, de conciliação e de fusão extasiada e reverente com a mais suprema síntese da vida?".[269]

Nesse caso, importa para nós que o estado do epiléptico, como é apresentado por Dostoiévski, representa um evidente paralelo com o estado de um condenado à morte. No primeiro caso,

---

[266] *Idem*, p. 74.

[267] *Idem*, p. 80.

[268] *Idem*, p. 259.

[269] *Ibidem*.

luz e êxtase, um sentimento de exaltação da suprema síntese da vida ante a interrupção repentina e abrupta da consciência. "Esse segundo, por uma felicidade infinda que ele sentia plenamente, talvez pudesse valer mesmo toda uma vida."[270] Assim, o escritor torna a contrapor nitidamente a vida em seu caráter extensivo à vida em seu caráter de extrema intensividade. "Nesse momento — diz Míchkin — me fica de certo modo compreensível a expressão insólita: *não haverá mais tempo.*"[271] Não há como deixar de comparar com essa passagem as palavras do condenado à morte: "E se eu não morrer! E se eu fizer a vida retornar — que eternidade!".[272] Nas experiências do epiléptico e do condenado à morte é evidente uma aguda sensação de infinitude, ainda que de formas diferentes. De uma forma ou de outra, o que mais inquieta o escritor é a radical contradição primordial do próprio fato da vida: sua experiência mais intensiva está unida de modo inseparável ao momento de sua abrupta interrupção, ou à extinção da consciência, ou seja, um estado semelhante à morte.

O tema da vida em suas contradições primordiais, em sua antinomia primária, retorna sob uma forma mais desenvolvida na confissão de Hippolit, "Minha explicação necessária". Essa confissão é uma continuidade imediata dos pensamentos de Míchkin sobre a pena de morte e o ataque de epilepsia. Os pensamentos e sentimentos de Hippolit são, no mais intenso grau, semelhantes aos pensamentos e sentimentos de um homem condenado à morte. Eles possuem a mesma agudeza máxima da sensação da proximidade e da fatalidade absoluta da morte. Ao mesmo tempo, o *leitmotiv* da confissão e de todo o destino de Hippolit é a afirmação da força e da infinitude da vida, que se contrapõe à consciência da inevitabilidade da morte.

"Eu conhecia um pobre, sobre quem me contaram depois que havia morrido de fome, e me lembro de que isso me deixou fora de mim: se fosse possível reanimar aquele pobre acho que eu o

---

[270] *Idem*, p. 260.

[271] *Ibidem.*

[272] *Idem*, p. 74.

executaria."[273] Hippolit faz uma conclusão categórica: "Se ele vive, então tudo está em seu poder!".[274] Para Hippolit, condenado pela tísica a uma morte fatal e breve, a vida de um indivíduo sadio é algo absoluto. Seus pensamentos são, em essência, os pensamentos de um homem que é levado para a execução: "E se eu não morrer! E se eu fizer a vida retornar — que eternidade! E tudo isso seria meu!". A vida, em seu invencível atrativo e eterno mistério, domina integralmente os pensamentos de Hippolit. Em sua confissão surge a figura de Rogójin. Contudo, antes de mais nada, o que atrai a atenção do doente irremediável para Rogójin?

"Entre nós havia tal contraste que não poderia deixar de manifestar-se para ambos, particularmente para mim; eu era uma pessoa já com seus dias contados, ele, uma pessoa que vivia a vida mais plena, imediata, o instante presente, sem qualquer preocupação com as 'últimas' conclusões, com números ou coisa que o valha, sem referência com aquilo por que... por que... bem, ao menos com aquilo por que estava louco."[275]

A plenitude da vida imediata em Rogójin, vida concentrada em sua desvairada paixão amorosa — eis o que arrasta Hippolit para Rogójin. Mas o próprio Hippolit, sabedor de seu fim breve e inevitável, tem uma aguda consciência da força e da beleza da vida. Seu ardor pela vida é muito forte. "Ora, quem não me achará um sujeitinho que não conhece a vida, esquecendo que eu já não tenho dezoito anos; esquecendo que viver assim como eu vivi nesses seis meses já significa viver até criar cabelos grisalhos!"[276]

A nosso ver, a confissão de Hippolit é uma importantíssima passagem do romance, o ponto em que se cruzam todos os seus motivos basilares. Aqui retorna mais uma vez o tema da "lei da autopreservação" e da "autodestruição", tema apaixonadamente debatido no terraço do príncipe antes da leitura do manuscrito de Hippolit. Nas páginas desse manuscrito, fala-se da vida não só

---

[273] *Idem*, p. 438.

[274] *Idem*, p. 439.

[275] *Idem*, p. 455.

[276] *Idem*, p. 439.

em relação aos indivíduos, mas também em proporções cósmicas. Hippolit fala de uma "força imensa e inumerável sobre tudo o que está abaixo do sol".[277] Ao mesmo tempo, Hippolit narra o seu terrível sonho com um repugnante "inseto cascudo, um réptil". Soa aí o motivo do animal como um "mistério", retorna o motivo do Apocalipse. Hippolit recorda o quadro de Holbein, *Cristo morto no túmulo*, que havia visto em casa de Rogójin.

"A natureza nos aparece com a visão de um monstro imenso, implacável e surdo ou, mais certo, é bem mais certo dizer, mesmo sendo também estranho — na forma de alguma máquina gigantesca de construção moderna, que de modo absurdo agarrou, moeu e sorveu, de forma abafada e insensível, um ser grandioso e inestimável — um ser que sozinho valia toda a natureza e todas as suas leis, toda a terra, que fora talvez criada unicamente para o aparecimento dele!"[278]

Em toda a orientação do pensamento de Hippolit é peculiar que o ser que "sozinho valia toda a natureza", ou seja, Cristo, seja percebido em correlação com a força da vida. O grande ser é aquele que "em vida vencia até a natureza, a quem esta se subordinava, aquele que exclamou: '*Talita cumi*' — e a menina se levantou, 'Lázaro, vem para fora' — e o morto não saiu?".[279] No pensamento de Hippolit ressurge uma das ideias de *Crime e castigo*. A natureza não é apenas uma força eternamente criadora, mas também eternamente destruidora. A lei do assassinato também é uma lei da natureza. No início do romance, Míchkin externa com todo o seu ser um protesto contra a pena de morte: "Para que esse ultraje hediondo, desnecessário, inútil?".[280] Mas, sob outra forma, no destino de Hippolit já não são as pessoas, porém a própria natureza que arma contra o homem "ultraje tão hediondo, desne-

---

[277] *Idem*, p. 466.

[278] *Idem*, p. 458.

[279] *Ibidem*. As palavras *Talita cumi*, isto é, "Menina, eu te ordeno, levanta-te", foram ditas por Cristo à filha de Jairo (Mateus, 5, 41); sobre a ressurreição de Lázaro, cf. João, 11, 43-4.

[280] *O idiota, op. cit.*, p. 34.

cessário, inútil". A respeito de Rogójin, Hippolit observa que "apesar de toda a diferença e de sermos inteiramente antípodas — *les extrémités se touchent* —, talvez ele mesmo não estivesse nada tão distante da minha 'última convicção'".[281]

A "última convicção" é a decisão de Hippolit de suicidar-se. Como já dissemos, a personalidade e o destino de Rogójin no romance são uma viva encarnação da força espontânea e destrutiva no homem. Mas é precisamente o aparecimento de Rogójin no último e mais decisivo sonho de Hippolit que serve de impulso à referida "última convicção". No romance, Rogójin está unido por inseparáveis laços ideológicos a Hippolit, por essa evidente encarnação da "lei da autodestruição" no homem, assim como Hippolit considera conscientemente, por convicção, o suicídio como a única saída aceitável e digna de sua situação. De modo geral, porém, toda a figura de Hippolit é a mais notória expressão da eterna antinomia da vida — sua autonegação e sua desvairada afirmação. "Porém, quanto mais nítido eu o compreendia mais convulsivamente eu queria viver; eu me agarrava à vida e queria viver a qualquer custo."[282] Hippolit é, segundo expressão do general Ívolguin, "um verme invejoso, partido em dois, com tosse... e morrendo de raiva e descrença...",[283] à beira da morte e cheio de uma paixão oculta por Aglaia, ou seja, cheio da mais plena vida.

No destino de Hippolit torna a vir à tona um dos problemas fundamentais do romance — o problema da geração atual. Numa das conversas com o príncipe, Hippolit apresenta como exemplo de morte digna a morte de um homem do século XVIII — um tal de Stiepan Gliébov. Esse homem, que foi empalado no reinado de Pedro, o Grande, "passou quinze horas empalado, no frio, de casaco de pele, e morreu com uma extraordinária magnanimidade".[284] A propósito de Hippolit, Dostoiévski torna a contrapor à

---

[281] *Idem*, p. 456. *Les extrémités se touchent*: "Os extremos se tocam", palavras de Pascal.

[282] *O idiota, op. cit.*, p. 437.

[283] *Idem*, p. 435.

[284] *Idem*, p. 586.

extrema complexidade moral e ao dilaceramento da gente de sua época a extraordinária integridade interior da gente dos séculos passados. O escritor apresenta com toda a evidência a necessidade do heroísmo. Como contrapeso à integridade moral e à força moral dos homens dos séculos passados, Míchkin assim caracteriza a gente de seu tempo: "Naquela época as pessoas viviam como que em torno de uma ideia, mas hoje são mais nervosas, mais evoluídas, mais sensitivas, vivem de certo modo em torno de duas, de três ideias ao mesmo tempo... o homem de hoje é mais amplo — e juro que isso é o que lhe impede de ser o homem homogêneo como naqueles séculos...".[285]

Mas em conformidade com a antinomia da vida em seus fundamentos biológicos — a antinomia da autoafirmação e da autonegação, passa pela confissão de Hippolit a antinomia do social e do antissocial no homem. Hippolit está cheio de um rancor insaciável, sofre de desprezo e ódio pelas pessoas. A ideia de assassinato persegue insaciavelmente a sua consciência. No final do manuscrito ele confessa com extremo cinismo: "Não reconheço juízes acima de mim e sei que neste momento estou fora do alcance de qualquer poder jurídico. Bem recentemente me fez rir uma suposição: se de repente me desse na telha matar agora quem eu quisesse, mesmo que fossem umas dez pessoas de uma vez, ou fazer alguma coisa a mais terrível, daquelas que se consideram as mais terríveis na face da terra, quão embaraçosa seria a situação do tribunal diante de mim com as minhas duas ou três semanas de vida e tendo ele de abolir as torturas e suplícios?".[286] Se não é capaz de cometer um assassinato, em todo caso Hippolit tem em si essa vontade, uma potencialidade para o assassinato de outro ou outros.

Entretanto, habita Hippolit uma capacidade para algo diametralmente oposto, um profundíssimo instinto social. Movido por algum motivo irresistível e a despeito de seus princípios basilares, ele salva de uma grande desgraça um médico pobre que per-

---

[285] *Ibidem.*

[286] *Idem*, p. 463.

A questão do homem-universo: *O idiota*

dera o emprego e vem com sua família a Petersburgo batalhar por sua restituição ao cargo. Em face disso, Hippolit desenvolve toda uma teoria do convívio moral e social entre as pessoas. "O bem isolado — diz ele — sempre permanecerá porque é uma necessidade do indivíduo, uma necessidade viva da influência direta de um indivíduo sobre outro."[287] E logo adiante: "Como você vai saber, Bakhmútov, que importância terá essa iniciação de um indivíduo a outro nos destinos de um indivíduo iniciado?... aí há toda uma vida e um número infinito de ramificações que ignoramos".[288] Assim, contrariando as evidentes conclusões antissociais de sua confissão, Hippolit age como um apólogo do princípio do vínculo interior moral que há entre os homens — o princípio da alma social.

Contudo, muitas reflexões de Hippolit estão saturadas do clima social envenenado daquele tempo, da atmosfera do frenesi capitalista. Ele acusa as pessoas de serem responsáveis por todas as suas desgraças, inclusive por sua pobreza material. "Oh, em mim não havia nenhuma, nenhuma compaixão por esses imbecis, nem agora, nem antes — digo isso com orgulho! Por que ele mesmo não é um Rothschild? De quem é a culpa, de quem é a culpa por ele não ter milhões como Rothschild, por ele não ter uma montanha de imperiais de ouro e napoleões de ouro, uma montanha tão alta como aquela do teatro de feira do carnaval!?"[289] Essas palavras de Hippolit contêm o embrião das propensões de Arkadi Dolgorúki em *O adolescente*, de sua ideia de "tornar-se um Rothschild".

Em que consiste o significado da figura e do destino de Hippolit no romance? Hippolit é a expressão mais desenvolvida do tema do niilismo. Ele está pessoalmente ligado à turma dos "niilistas". Ele apoia os quatro jovens que vieram chantagear Míchkin como se agissem em defesa do suposto filho de Pávlischev. Entretanto, a abordagem do tema de Hippolit no romance mostra

---

[287] *Idem*, p. 452.

[288] *Idem*, p. 453.

[289] *Idem*, pp. 438-9.

claramente o quanto o tema do niilismo na interpretação de Dostoiévski superava de longe os limites da polêmica cotidiana com os "niilistas" que existia em seu tempo, e o quanto esse tema se distinguia da colocação desse problema na literatura russa contemporânea ao escritor. O tema de Hippolit é uma continuação do tema de Raskólnikov, em nova variante. A linha dos princípios de Hippolit é a linha da revolta metafísica, da negação de uma concepção moral do mundo, da "rejeição do mundo". E se Míchkin protesta contra o ultraje ao homem que reside no próprio fato da pena de morte, Hippolit considera a pena de morte (não a morte, mas precisamente a pena de morte, com todo o seu sadismo e a extrema humilhação do homem) como a essência inerente à vida no mundo, como essência inerente à natureza. Na interpretação de Hippolit, a natureza não se afigura absolutamente como a "natureza indiferente" de Púchkin; em Hippolit essa natureza é "zombeteira". De sua essência é inseparável a zombaria do homem e de tudo que é vivo. Como Raskólnikov, Hippolit considera o assassinato a lei suprema do mundo. "Concordo — diz Hippolit com ironia — que de outra maneira, isto é, sem uma devoração permanente de uns pelos outros seria absolutamente impossível construir o mundo."[290]

Nas ideias da confissão de Hippolit vemos a mais cruel ridicularização da teodiceia. Ele ironiza a providência divina, aqueles que dizem que "humilhamos demasiadamente a providência, atribuindo-lhe os nossos conceitos, movidos pelo despeito de não podermos compreendê-la". E a isso ele responde: "Mas se é tão difícil e totalmente impossível compreender isso, então será que eu vou responder pelo fato de que não tive condição de compreender o inconcebível?".[291] Na confissão de Hippolit revelam-se as maiores dúvidas do próprio Dostoiévski, aquela "fornalha de dúvidas" pela qual, segundo suas próprias palavras, passou o seu hosana. Nas reflexões de Hippolit ressoam ecos da polêmica de Voltaire

---

[290] *Idem*, p. 466.

[291] *Ibidem.*

com Leibniz, em *Cândido*. Hippolit escarnece venenosamente da famosa e clássica estrofe de Millevoye:

Ah! Puissent voir longtemps votre beauté sacrée
Tant d'amis sourds à mes adieux?
Qu'ils meurent pleins de jours, que leur mort soit pleurée,
Qu'un ami leur ferme les yeux![292]

Na confissão soam também ecos do ateu Caim, de Byron, e da famosa maldição do Fausto de Goethe. "Minha explicação necessária" de Hippolit é o movimento de abertura do ateísmo de Ivan Karamázov. A força da negação em Hippolit é incomensuravelmente maior que em Voltaire e Byron. Hippolit nega a vida em suas próprias fontes primordiais. Lembremos que em Dante o suicídio é considerado um dos maiores pecados, um atentado aos fundamentos primários da natureza, estabelecidos por Deus. Mas Hippolit não só apela para o suicídio, ainda que sem êxito; o principal em sua atitude é a justificação do suicídio por uma questão de princípio: "Se eu tivesse o poder de não nascer, certamente não aceitaria a existência nessas condições escarnecedoras".[293]

Por último, resta-nos elucidar o significado da figura central do romance: o príncipe Míchkin. Sabe-se que o romance *O idiota* coloca o problema do herói positivo. Não se pode passar à margem do fato de que o escritor faz de seu herói o representante de uma antiga linhagem aristocrática — a linhagem quase extinta dos príncipes Míchkin. O herói do romance *O idiota* é um aristocrata marginalizado. Tanto aqui como nos romances anteriores, Dostoiévski descreve o processo de degradação de parte da nobreza russa nas condições de um capitalismo que crescia em ritmo febril. Mas nesse romance o verdadeiro aristocrata, o "aristocrata de alma" — o príncipe Míchkin — é acentuadamente contraposto à

---

[292] *Idem*, p. 465. "Oh, verão vossa beleza sagrada/ Os amigos surdos ao meu adeus?/ Morram, pois, com seus dias plenos, e tenham morte pranteada,/ Que um amigo feche os olhos seus!"

[293] *O idiota, op. cit.*, p. 467.

aristocracia ilustre, à alta sociedade, à aristocracia burocrática e rica. Na festa em casa dos Iepántchin, representada na quarta parte do romance, Dostoiévski junta o último do clã dos Míchkin com os representantes da aristocracia que está no poder. Ele apresenta uma qualificação acentuadamente negativa das pessoas daquela "sociedade". Contrariando o entusiasmo do seu herói com a "simplicidade" e a cortesia dos convidados aristocratas dos Iepántchin, Dostoiévski fornece informações de cada um deles que desnudam até moralmente tais personagens. Ele mostra que tudo o que naquelas pessoas parece bom ao sincero e crédulo Míchkin não corresponde à realidade. Embora o príncipe o refute, dizendo que na sociedade "tudo é uma forma caduca, e a essência se exauriu",[294] o escritor mostra que aquilo que o príncipe refuta é um fato.

O discurso do príncipe contém as mais refinadas ideias sobre a necessidade da manutenção do papel avançado da aristocracia. "É para salvar todos nós que digo que a casta não desapareça à toa, nas trevas, sem ter chegado a um acordo sobre nada, praguejando por tudo e perdendo tudo no jogo. Por que desaparecer e ceder lugar aos outros quando podemos permanecer avançados e superiores? Sejamos avançados, e então seremos superiores. Tornemo-nos servos para nos tornarmos superiores."[295] A ideia dessa utopia social de Míchkin é a ideia de que existe uma vocação especial da aristocracia para tornar-se serva do povo, ser uma "casta superior" no autêntico sentido do termo, "ideóloga do povo", uma "aristocracia do espírito". Compreende-se por que o sonho de Míchkin resulta em derrocada. Ele é incompreensível para a gente da alta sociedade. Entretanto, é indubitável que a imagem de Míchkin é a personificação mais nítida do sonho de Dostoiévski de um aristocrata que vai ao povo, o sonho de um aristocrata-democrata. A figura de Ievguiêni Pávlovitch Radomski é colocada em paralelo à de Míchkin. Trata-se de um "ajudante de campo", homem de "uma fortuna sem precedentes", "com imensas relações", que depois da catástrofe de Míchkin demonstra uma sim-

---

[294] *Idem*, p. 618.

[295] *Idem*, p. 620.

patia íntima por ele e se corresponde com Vera Liébedieva, pessoa absolutamente estranha ao meio aristocrático. Radomski é também um aristocrata que caminha para a democracia.

Todavia, o mais essencial na imagem de Míchkin é, do nosso ponto de vista, o fato de que nela renasce em nova forma o "homem-universo", que vinha ocupando o centro da atenção de Dostoiévski desde *Escritos da casa morta*. À semelhança de Svidrigáilov, o príncipe Míchkin tem contato com os mais diversos segmentos, dos círculos do topo social ao lumpemproletariado (lembremos a figura de Keller, aquele tenente da reserva, boxeador, membro do "bando de Rogójin"). Míchkin gravita entre aristocratas e "ex-homens". Lembremos figuras como as do general Ívolguin, de Fierdischenko e outros. É enorme o seu escopo de inteirações e experiências sociais. O traço mais importante de Míchkin é a compreensão de tudo — a capacidade de compreender qualquer pessoa e qualquer atitude. Mas em que se funda essa capacidade do príncipe de compreender um homem e uma atitude que pareceriam situados a uma imensa distância dele? Míchkin é incapaz de cometer assassinato, incapaz de vingança, incapaz de baixezas morais, daquilo que receberia uma qualificação moral negativa, mas é capaz de experimentar e suportar tudo de que o homem é capaz.

Para lançar luz sobre a figura de Míchkin, assim como a de Raskólnikov, figura central de *Crime e castigo*, é importante correlacionar o herói a outras personagens. Antes de tudo, tem importante significado a relação Míchkin-Rogójin. Aqui são particularmente importantes o terceiro e o quarto capítulos da segunda parte do romance. Míchkin compreende todos os movimentos da alma, todos os sentimentos de Rogójin. Ele pressente o assassinato de Nastácia Filíppovna, pressente o atentado contra si mesmo. Vê com clareza a tensão com que Rogójin luta consigo, com seu raivoso sentimento de ciúme. Mas o príncipe nutre uma curiosidade irresistível pelo que está acontecendo, uma desconfiança em relação a Rogójin, a despeito de ter se tornado seu "irmão de sangue". Apesar do juramento solene que fizera, ele vai à casa de Nastácia Filíppovna. Ele mesmo dá a Rogójin um pretexto para que este tente matá-lo, a inconsequência de seu comportamento aviva em Rogójin o ciúme e a ira. O príncipe compreende que nele mesmo também há um sentimento e um potencial próximos aos de Rogójin.

Para a compreensão de Míchkin não é menos importante a correlação Míchkin-Hippolit. Ainda no que diz respeito às primeiras declarações de Hippolit no terraço do príncipe, e com a brusca passagem do abrandamento da alma ao acesso de raiva, Míchkin exclama: "Era isso que eu temia!".[296] A propósito disso, Liébediev observa: "Veja só, príncipe! Ele o leu de cabo a rabo...".[297] Depois de Hippolit ler seu manuscrito e fracassar em sua tentativa de suicídio, o príncipe vai ao parque e lá recorda-se de suas emoções na Suíça. O autor ressalta a semelhança, e inclusive a identidade de algumas emoções do príncipe e de Hippolit. São repetidas palavras idênticas às do manuscrito de Hippolit. "Ele, é claro, não pôde falar naquele momento com essas palavras e externar a sua pergunta; atormentava-se de forma surda e muda; mas agora lhe parecia que dissera tudo isso e naquela ocasião, todas essas mesmas palavras, e que a respeito daquela 'mosca' Hippolit falara com palavras dele mesmo, de suas palavras e lágrimas naquele momento. Ele estava certo disso e, sabe lá, seu coração batia movido por esse pensamento..."[298] Portanto, o príncipe está próximo do estado de espírito de Hippolit: de sua insuperável solidão, de sua trágica extirpação da grande festa universal da vida.

Para Míchkin são compreensíveis os sentimentos e motivos ocultos de Liébediev, homem que a seu modo é dedicado ao príncipe, mas que ao mesmo tempo arma intrigas contra ele. A figura de Míchkin ainda é revelada por sua relação com Keller. Nesse aspecto, é particularmente curioso o segundo capítulo da segunda parte do romance. Keller é capaz de qualquer negociata sórdida, escreveu um folhetim contra Míchkin, mas é ao mesmo tempo um homem nada desprovido de ingenuidade e inocência, e que tem até "sentimentos elevados". Keller procura o príncipe com o objetivo "sórdido" e secreto de lhe arrancar dinheiro, mas começa se arre-

---

[296] *Idem*, p. 337.

[297] *Idem*, p. 338.

[298] *Idem*, p. 476.

A questão do homem-universo: *O idiota*

pendendo de sua "sordidez". Míchkin o decifra no ato. Keller confessa suas verdadeiras intenções. O mais notável, porém, é a resposta do príncipe:

"É como se o senhor tivesse acabado de me falar de mim mesmo. Às vezes até me tem parecido — continuou o príncipe, em tom muito sério, verdadeiro e profundamente interessado — que todas as pessoas são assim, de modo que eu começaria a justificar a mim mesmo porque é dificílimo combater esses pensamentos *duplos*; eu experimentei. Sabe Deus como eles vêm e surgem. Mas eis que o senhor chama isso francamente de baixeza! Agora até eu começo outra vez a temer esses pensamentos. Em todo caso, não sou o seu juiz."[299]

Portanto, Míchkin sente o Keller que há em si mesmo. E também compreende com a mesma sutileza o general Ívolguin e Fierdischenko. Através de um simples retrato, lê a história do destino trágico de Nastácia Filíppovna. Míchkin também compreende Aglaia a fundo. Na imagem de Míchkin de novo retorna o problema da multifacetação das sensações, da combinação dos opostos. Mas a multifacetação das sensações também significa a possibilidade de multifacetação das ações, das mais elevadas às mais baixas, das mais grosseiras às mais refinadas. Em Míchkin, Dostoiévski representa o mesmo fenômeno psicológico que descreveu no "homem do subsolo" e em Svidrigáilov. Assim como Svidrigáilov, Míchkin não condena ninguém. Mas, ao mesmo tempo, em Dostoiévski a imagem de Míchkin é uma nova fase de personificação do "homem-universo". Em que consiste essa novidade? No "homem do subsolo" e em Svidrigáilov, o "homem-universo" é colocado essencialmente sob o signo da negação e da autonegação. O que há em Míchkin não é a aquiescência ao que existe, como em Svidrigáilov, mas uma simpatia por tudo, e, antes de mais nada, uma sensibilidade ao sofrimento alheio. Daí ser característico de Míchkin um ativismo do coração. Ao ouvir Rogójin falar sobre Nastácia Filíppovna, ao tomar conhecimento do seu destino trágico, o príncipe se precipita para ajudá-la: ele obedece a um irre-

---

[299] *Idem*, p. 350.

sistível chamado interior. Ainda que ame Aglaia como a sua luz, como uma "nova aurora", Míchkin é possuído de uma desvairada compaixão, de "todo o sofrimento da compaixão", por Nastácia Filíppovna. Em Míchkin o "homem-universo" vive como a compreensão de tudo e o sentir tudo, em simultaneidade com uma imensa compaixão pelos seus semelhantes.

O essencial em Míchkin, que o distingue de outras personificações do "homem-universo" em Dostoiévski, é a proximidade que esse herói tem com o Dom Quixote. Aglaia declama no terraço do príncipe o poema de Púchkin "O cavaleiro pobre", associando evidentemente a imagem do "cavaleiro pobre" a Míchkin e seu sentimento por Nastácia Filíppovna. Míchkin, assim como o "cavaleiro pobre", é obcecado pela paixão por um ideal. Aglaia encontra, num livro qualquer, um bilhete do príncipe para ela. Cai na risada ao perceber que esse livro é *Dom Quixote de La Mancha*. Dostoiévski faz de seu herói um doente, um "idiota". Durante a ação do romance, Míchkin ouve mais de uma vez alguém chamá-lo de idiota olhando-o nos olhos. Míchkin é mostrado como um homem ridículo. Riem dele, a começar pela primeira cena do romance, no vagão. Para a maioria das personagens ele é uma figura cômica. Ridicularizam-no, ofendem-no e o vilipendiam no folhetim de Keller. O cômico em Míchkin é uma condição necessária para que nele se revele o trágico-sublime, o patético elevado. O cômico na figura de Míchkin é inseparável de sua encantadora pureza infantil, de sua frenética sinceridade, de sua apaixonada aspiração a um ideal. Míchkin é uma variação nova, totalmente genuína e original, do tema de Dom Quixote. Dostoiévski faz de seu herói um cristão. Num dos diários do autor há a seguinte comparação: "Cristo, Dom Quixote, Pickwick". Contudo, no curso da personificação do homem positivo, Dostoiévski ganha nítida consciência de que no mundo do seu tempo esse homem não tem como ser plenamente harmonioso e perfeito, sendo-lhe inevitável algum tipo de inferioridade.

Por último, o romance *O idiota* desenvolve por sua vez também o tema da Rússia, que em Dostoiévski sempre corresponde ao tema do povo russo. Esse tema é inseparável da imagem de Míchkin como homem positivo. Nascido na Rússia, mas educado no estrangeiro, na Suíça, o príncipe Míchkin precipita-se para a pátria com todo o seu ser; empenha-se em conhecer a Rússia, em decifrar a alma do seu povo. No destino de Míchkin ocorre um motivo incansavelmente repetido em Dostoiévski: o motivo do "errante", que procura de modo apaixonado a sua pátria e o seu povo. Por isso nos discursos de Míchkin levanta-se com todo o seu significado a questão da "alma do povo". Aqui são de particular importância os seus discursos na festa em casa dos Iepántchin. Nesses discursos, o príncipe desenvolve aquela concepção histórico-filosófica que mais tarde, em *Os irmãos Karamázov*, ganharia uma expressão mais coerente e desdobrada. Míchkin, como Dostoiévski, vê a salvação no Cristo russo, ou seja, na ortodoxia. Mas é característico que o herói seja também envolvido por profundas dúvidas. Suas confissões testemunham que, também para Dostoiévski, nem de longe estava tudo claro no povo russo, que o escritor se inquietava com as contradições da alma russa. Em sua interpretação, a qualidade radical do povo russo residia no fato de que em tudo ele ia até as últimas conclusões, as mais radicais, até o "último limite". "Os nossos, tão logo cheguem à margem, tão logo acreditem que isso é uma margem, já ficarão tão contentes com ela que chegarão imediatamente aos últimos pilares; por quê?"[300] Míchkin constata a paixão excepcional, o frenesi dos russos. "Acontece que não é só da simples vaidade, não é só de meros e detestáveis sentimentos de vaidade que descendem os ateus russos e os jesuítas russos, mas de uma dor do espírito, de uma sede do espírito, de uma nostalgia por uma causa elevada, por uma margem forte, pela pátria em que deixaram de acreditar porque nunca a conheceram! O homem russo se torna ateu com mais facilidade do que todos os outros homens em todo o mundo!"[301] É surpreendente como o príncipe Míchkin (e Dostoiévski, evidentemente) vê com clareza a possibilidade histórica de o povo russo vir a trilhar o caminho do ateísmo. Essas palavras de Míchkin sobre o povo russo já não estão nada distantes das famosas palavras de Bielínski em

---

[300] *Idem*, p. 612.

[301] *Idem*, p. 613.

sua carta a Gógol. Mas o leitor pode facilmente dar continuidade às conclusões de Míchkin. Se para o homem russo é tão fácil tornar-se ateu, de igual maneira lhe é fácil tornar-se socialista. Porque, segundo as concepções de Míchkin-Dostoiévski, o ateísmo e o socialismo estão ligados tanto lógica quanto historicamente.

O romance *O idiota* termina com a catástrofe do herói. Ao fim do romance o herói enlouquece. O problema da fusão do pensador renegado, do intelectual russo, com o povo, continua sendo um problema agudo e sem resolução. Nesse sentido são notáveis as palavras de Lisavieta Prokófievna no fechamento do romance:

"E todo esse, e todo esse estrangeiro, e toda essa sua Europa, tudo isso é apenas uma fantasia, e todos nós, no exterior, somos apenas uma fantasia..."[302]

---

[302] *Idem*, p. 687.

9.

Romance-sátira e romance-tragédia:
Os demônios

O romance *Os demônios* [1872] foi recebido pelos contemporâneos como um panfleto político contra o movimento social e revolucionário das décadas de 1860-70. De fato, a tendência agudamente polêmica, característica de Dostoiévski nesse período, manifestou-se com maior nitidez em *Os demônios*. Não obstante, ocupados apenas com esse aspecto do romance, os contemporâneos pouco discerniram nele uma outra questão: em primeiro lugar, a sátira de toda a Rússia tsarista, e, em segundo, o grande sentido filosófico, que ia muito além da "ordem do dia".

O romance *Os demônios* representa acontecimentos numa remota cidade provinciana da Rússia tsarista. Contudo, é claríssimo que esses acontecimentos, como os entende e descreve o autor, são característicos da Rússia tsarista como um todo, de sua classe superior e seu povo, de toda a administração tsarista e da autocracia. *Os demônios* é um romance sobre o destino da Rússia.

Comecemos pela questão de como interpretar o próprio título *Os demônios*. Seria claramente forçado supor que Dostoiévski relaciona o título apenas a Piotr Vierkhoviénski e seus partidários: os niilistas e fourieristas Lipútin, Chigalióv, Tolkatchenko, ao casal Virguinski etc. O sentido do título é esclarecido no próprio romance por Stiepan Trofímovitch ao comentar um texto do Evangelho acerca da cura dos endemoniados: "Esses demônios, que saem de um doente e entram nos porcos, são todas as chagas, todos os miasmas, toda a imundície, todos os demônios e demoniozinhos que se acumularam na nossa Rússia grande, doente e querida para todo o sempre, todo o sempre!".[303]

---

[303] Fiódor Dostoiévski, *Os demônios*, tradução de Paulo Bezerra, São Paulo, Editora 34, 2004, p. 633.

É claríssimo que o sentido destas palavras vai muito além da polêmica de Dostoiévski com os niilistas e os revolucionários.

Nesse romance desfila aos nossos olhos toda uma galeria de pequeno-burgueses. São, em essência, figuras cômicas, como, por exemplo, Lipútin, funcionário público, pequeno tirano doméstico, agiota unha de fome e ao mesmo tempo fourierista que proclama a emancipação da mulher; o marido enganado Virguinski e sua mulher, a parteira Virguínskaia; Liámpchin e outros. São personagens que se reúnem para "solucionar" questões políticas nas festinhas em casa "dos nossos". Contudo, são igualmente pequeno-burguesas e mostradas sob uma luz cômica as personagens do mundo politicamente oposto: o governador Lembke, sua esposa Yúlia Mikháilovna e toda a alta sociedade da província.

O romance é saturado ao máximo da atmosfera de bisbilhotices e escândalos provincianos. Cria-se uma impressão de tempestade em copo d'água. Mas, ao mesmo tempo, Dostoiévski joga sobre tudo uma luz ameaçadora e sinistra. A despeito de toda a insignificância e simplesmente de toda a nulidade de algumas figuras, no contexto do romance elas ganham um amplo sentido simbólico. No capítulo "O final da festa", ao descrever o incêndio em Zariétchie, o narrador se detém na impressão que os fogos de artifício produzem sobre o homem e lhe contrapõe a impressão provocada por um incêndio:

"Outra coisa é um incêndio de verdade: aí o horror, uma espécie de sentimento de perigo pessoal e ao mesmo tempo uma impressão hilariante deixada pelo fogo noturno produzem no espectador (é claro que não no próprio morador vítima do incêndio) certo abalo cerebral e algo como um convite aos seus próprios instintos destrutivos que, ai!, estão ocultos em qualquer alma, até na alma do conselheiro titular mais obediente e familiar... Essa sensação sombria é quase sempre enlevante."[304] Essa passagem, em nossa opinião, é muito importante para a compreensão da problemática do romance.

Duas epígrafes abrem o romance: uma do poema "Os demônios" de Aleksandr Púchkin, e outra do Evangelho de Lucas, sobre

---

[304] *Idem*, p. 502.

a cura de um endemoniado. No vocabulário do escritor aparece com frequência a palavra "desvairado". De um modo geral, Dostoiévski costuma representar não sentimentos e emoções simples, comuns, mas emoções desvairadas, ou melhor, emoções e ações de pessoas desvairadas. É como se no romance *Os demônios* o desvario se tornasse uma tarefa especial de investigação e representação artística. O desvario e a obsessão são observados em diferentes personagens, em diversos segmentos e classes sociais da Rússia do século XIX, e são apresentados em vários planos composicionais. O tema do romance é a profunda crise social e ideológica gerada pelo capitalismo, tema que domina obsessivamente a consciência de Dostoiévski, sobretudo no último período. Como vimos, para Dostoiévski o capitalismo sempre é uma força destrutiva. Desta feita, o escritor personificou os mais importantes processos histórico-sociais de sua época na imagem de uma febre impetuosa, de uma epidemia psicossocial que toma o país inteiro. Cabe observar que essa imagem — a imagem de uma epidemia psíquica total, que abrange uma infinidade de pessoas — já ocorrera em *Crime e castigo*, nas alucinações de Raskólnikov quando este se encontrava no hospital da prisão de trabalhos forçados.

Temos diante de nós a alta sociedade da província representada pelo escritor, a qual se agrupa em torno da mulher do governador, Yúlia Mikháilovna.

A ironia e a sátira de Dostoiévski na elucidação dessa sociedade assumem as formas mais agudas. No capítulo "Antes da festa" são descritos os divertimentos da turma que gravita em torno de Yúlia Mikháilovna. É uma turma que percorre a cidade em caleches e montada em cavalos cossacos, como se saísse especialmente para procurar escândalos. Ficam sabendo da jovem mulher de um tenente, que perdera quinze rublos num jogo de cartas: "O tenente, que, vivendo só do soldo, realmente levava uma vida pobre, conduziu a mulher para casa e surrou-a até fartar-se, apesar dos gemidos, dos gritos e pedidos de perdão feitos de joelhos".[305] O narrador informa em seguida que "essa história revoltante susci-

---

[305] *Idem*, pp. 314-5.

Romance-sátira e romance-tragédia: *Os demônios*

tou apenas riso em todas as partes da cidade".[306] A turma de Yúlia Mikháilovna vai à casa da vítima, leva-a consigo, instiga-a a abrir um processo contra o marido, deixa-a aos cuidados de uma "senhora esperta", até que, enfim, a própria vítima foge para a companhia do marido. E tudo isso é feito por mero divertimento.

Dostoiévski delineia um certo transporte de curiosidade, uma sede incontida de escândalos. Um pequeno funcionário público casara-se com uma beldade jovenzinha de dezessete anos. Mas de repente "soube-se que na primeira noite do casamento o jovem esposo tratou a beldade com muita descortesia, vingando-se dela porque era desonrada".[307] Quando, no dia seguinte após a primeira noite do casamento, os jovens saíram para as habituais visitas matrimoniais, a cavalgada de Yúlia Mikháilovna cercou a carroça em que o jovem casal viajava. "Toda a cidade começou a falar disso. É claro que todos gargalhavam."[308] O público se diverte até com o fato de Liámkin pôr na sacola de uma vendedora de livros, mulher temente a Deus que vendia o Evangelho, "um maço inteiro de fotografias lascivas e abjetas". Além disso, verificou-se que essas fotografias haviam sido trazidas do estrangeiro "por um velhote muito respeitável cujo nome omitimos, homem que usava uma medalha importante no peito e, segundo sua própria expressão, gostava de um 'riso sadio' e de 'brincadeira divertida'".[309] Esse mesmo Liámkin enfia um rato vivo pelo buraco do vidro do nicho de um ícone da capela local.

Essa desvairada sede de espetáculos, de espetáculos a qualquer custo e a qualquer preço, chega ao ponto em que a turma de Yúlia Mikháilovna se precipita para o hotel onde um jovem, quase um menino, suicidara-se depois de esbanjar o dinheiro dado pelos pais para comprar o enxoval da irmã.

"Pelo visto a morte fora instantânea; não se notava nenhum sinal da agonia da morte no rosto. A expressão era serena, quase

---

[306] *Idem*, p. 315.

[307] *Ibidem*.

[308] *Idem*, p. 316.

[309] *Ibidem*.

feliz, faltava pouco para estar vivo. Todos os nossos o examinaram com uma curiosidade ávida. De um modo geral, em toda desgraça do próximo há sempre algo que alegra o olho estranho — não importa de quem seja."[310]

Aqui o escritor torna a revelar o obscuro, o instintivo e o antissocial no homem, já ressaltado em *Escritos da casa morta* e repetido em cada um de seus romances. Adiante ele observa que, depois desse espetáculo da morte, "o divertimento geral, o riso e o murmúrio alegre quase dobraram na metade restante do caminho".[311]

O escritor toca em um fenômeno característico das classes superiores da Rússia tsarista, particularmente nos períodos de crise — o interesse pelos mentecaptos que fazem profecias, por toda sorte de *stárietz*.[312] A turma de Yúlia Mikháilovna visita um tal de Semión Yákovlievitch, "beato e profeta" local. Chama a atenção toda a natureza e o tom dessa cena. Tanto a figura do *stárietz* quanto o cenário são coloridos pelo humor cáustico do autor. O caráter absurdo de todas as ações e disposições de Semión Yákovlievitch manifesta-se com nitidez. De repente o "beato" dá ordens de distribuir açúcar em cubos a uns, torrões de açúcar a outros, faz um beber xarope, outro, água, usando de um critério absolutamente desconhecido e incompreensível. Depois manda de repente dar pãezinhos de açúcar inteiros a uma pobre senhora. Ela é cercada de açúcar por todos os lados, mas súbito Semión Yákovlievitch a expulsa do quarto aos gritos: "Tome um pão, tome-o!".[313] Uma dama esplêndida, da turma de Yúlia Mikháilovna, pede ao velho para dizer alguma coisa: "Vai se..., vai se... — súbito Semión

---

[310] *Idem*, p. 321.

[311] *Idem*, p. 322.

[312] Na antiga Rússia, os mentecaptos, ou *iuródivi*, ficavam em torno das igrejas e faziam prédicas filosóficas, profecias e outras coisas que mexiam com a mente de pessoas religiosas impressionáveis e tendentes ao misticismo. Eram muito apreciados e respeitados pelas senhoras de boa condição social. Os *stárietz* eram os superiores hierárquicos dos mosteiros, onde moravam por toda a vida, como o *stárietz* Zossima do romance *Os irmãos Karamázov*.

[313] *Os demônios*, *op. cit.*, p. 325.

Romance-sátira e romance-tragédia: *Os demônios*

Yákovlievitch pronunciou uma palavra extremamente obscena dirigida a ela. A palavra foi dita em tom furioso e com uma nitidez estarrecedora".[314]

Não é só sobre a figura de Semión Yákovlievitch que recaem luzes irônico-grotescas. Dessa mesma maneira é delineada a figura do monge que recolhe doações para o mosteiro: descontente por ter ficado sem chá, Semión Yákovlievitch faz um latifundiário beber um copo de chá no qual foram postos vários cubos de açúcar.

"Primeiro deve adoçar o coração com sua bondade e com a clemência e depois vir aqui queixar-se dos próprios filhos, sangue do seu sangue, é isso que deve supor que significa esse emblema — pronunciou em voz baixa, porém cheio de si, o monge do mosteiro, gordo mas privado do chá, assumindo a explicação num ataque de irritado amor-próprio."[315]

Como já foi dito, toda a administração provinciana, os poderosos da província, também é apresentada sob luzes irônicas e satíricas. Nesse aspecto é digna de nota a figura do governador Lembke, a história de sua carreira e todo o seu destino. Em sua história não se pode deixar de ver um traço da história da administração tsarista e, mais ainda, um reflexo dos destinos da dinastia dos tsares. A nosso ver, essa figura é profundamente simbólica. Na terceira parte do capítulo "Todos na expectativa", Dostoiévski assim começa a biografia do governador Lembke:

"Andriêi Antónovitch von Lembke pertencia àquela tribo favorecida (pela natureza), cuja composição chega na Rússia a várias centenas de milhares, e que talvez desconheça ela mesma que sua massa constitui nesse país uma liga rigorosamente organizada. E, é claro, uma liga não premeditada nem inventada, mas existente por si só no conjunto da tribo, sem palavras nem tratado, como algo moralmente obrigatório e constituído do apoio mútuo de todos os membros dessa tribo, um ao outro e sempre, em toda parte e em quaisquer circunstâncias."[316]

---

[314] *Idem*, p. 327.

[315] *Idem*, p. 325.

[316] *Idem*, p. 304.

Usando como disfarce a figura do narrador, o escritor dispara a arma da sua ironia contra a cidadela da alta administração tsarista e da alta sociedade. A opinião do escritor sobre a profunda penetração de alemães, que conheciam mal a Rússia, nas esferas dirigentes da Rússia tsarista, é ilustrado satiricamente com o Corpo Pajevski, uma renomada escola superior. Foi justamente nessa escola que estudou Andriêi Antónovitch von Lembke. Referindo-se aos pupilos desse estabelecimento, o narrador diz que eles "aprendiam a discutir sobre questões bastante elevadas da atualidade e com tal ar que mal esperavam a diplomação para resolver todas as questões".[317] Para uma correta compreensão do ponto de vista de Dostoiévski em *Os demônios*, é necessário considerar uma peculiaridade da maneira de narrar. O narrador apresenta o problema de tal forma que a carreira e o destino de Lembke parecem fortuitos, mas isso é mera aparência, uma vez que toda a cadeia de fatos que ele comunica dão indícios justamente do contrário, de que a carreira e o destino desse governador são profundamente típicos. É impressionante e ao mesmo tempo profundamente típica a própria situação da inesperada promoção de Lembke com o auxílio da esposa, Yúlia Mikháilovna, assim como a situação de a província ser de fato dirigida por uma mulher ambiciosa e mimada até os limites da insensatez.

As palavras do narrador delineiam, com todo o veneno da sua ironia, essa governadora ambiciosa: "Não se sabe se por excesso de poesia ou por causa dos longos e tristes reveses da primeira mocidade, mal seu destino mudou, por alguma razão sentiu-se tomada de uma vocação excessiva e especial, quase que ungida, uma pessoa 'sobre quem súbito se projetou essa linguagem', e era nessa linguagem que estava o mal; seja como for, essa linguagem não é uma peruca capaz de cobrir todas as cabeças femininas".[318] Mas o leitor, particularmente o contemporâneo, não pode deixar de interpretar a figura de Yúlia Mikháilovna contra o pano de fundo dos reiterados acontecimentos da história russa, quando mu-

---

[317] *Idem*, p. 305.

[318] *Idem*, p. 336.

lheres de semelhante tipo governavam não só províncias, mas o Estado todo. E o mais surpreendente é que o último desses casos tenha ocorrido no momento da mais profunda crise na história da Rússia tsarista.

Na biografia de Lembke, Dostoiévski ressalta o total descompasso entre suas qualidades pessoais e o papel de grande administrador que lhe coube. É assombrosa a infantilidade desse homem. Desde os bancos escolares ele revelava a paixão pela arte de colar complicadas coisinhas de brinquedo em papelão, e chegou a montar um verdadeiro trem de passageiros, um teatro, um templo protestante com o pastor fazendo sermão etc. Ao representar todos os passos posteriores da carreira de Andriêi Antónovitch, o narrador ressalta ironicamente suas permanentes recaídas à paixão por montar toda sorte de coisinhas e a incongruência de tais ocupações com a posição de administrador e a gravidade de sua situação.

O romance destaca a bagunça e a confusão extremas que reinam nos conceitos políticos de Lembke e sua esposa. As concepções políticas de Yúlia Mikháilovna assim se caracterizam:

"Ela gostava da grande propriedade da terra, e do elemento aristocrático, e do reforço do poder do governador, e do elemento democrático, e das novas instituições, e da ordem, e do livre-pensar, e das ideiazinhas sociais, e do tom rigoroso do salão aristocrático, e da sem-cerimônia quase de botequim dos jovens que a cercavam. Ela sonhava *dar a felicidade* e conciliar o inconciliável, ou melhor, unir todos e tudo na adoração a sua própria pessoa."[319] Mas o próprio Lembke, como político, pouco se distanciava de sua esposa. Em diálogo com Piotr Vierkhoviénski, que o lisonjeia grosseiramente e o leva no bico, Lembke desenvolve as seguintes "ideias": "Meus senhores, para o equilíbrio e o florescimento de todas as instituições provinciais, é necessária uma coisa: o reforço do poder dos governadores. Veja, é preciso que todas essas instituições — do *ziemstvo* ou jurídicas — tenham, por assim dizer, uma vida dupla, ou seja, é preciso que elas existam (concordo

---

[319] *Ibidem.*

O estilo de Dostoiévski

que seja necessário) mas, por outro lado, é preciso que elas não existam".[320]

Nesse projetos de Lembke não se pode deixar de perceber uma paródia que Dostoiévski faz de todos os projetos políticos do reinado de Alexandre II, até a famigerada constituição de Lorís-Miélikov.[321] Essa constituição apareceu depois da publicação de *Os demônios*, mas suas premissas políticas surgiram bem antes. A agudeza do ponto de vista político e da sátira política de Dostoiévski manifesta-se em particular no destaque ao caráter meramente ilusório das instituições mais representativas da Rússia autocrática: "é preciso que elas existam... mas, por outro lado, é preciso que elas não existam". O acerto das palavras de Dostoiévski permanece em vigor não apenas para a história dos projetos constitucionais do século XIX, mas em grande parte até para a história da Duma Estatal, nas suas quatro convocações.[322]

A sátira de Dostoiévski chega ao ápice na representação dos distúrbios da província e na repressão da administração provincial contra os operários. No capítulo "Piotr Stiepánovitch azafamado", o narrador destaca os distúrbios na fábrica dos Chpigúlin e vários outros fatos vinculados à "agitação de mentes". Pela boca do narrador o escritor constata toda a gravidade e seriedade das causas dos distúrbios entre os operários da fábrica. "Umas três semanas antes um operário adoecera e morrera ali de cólera asiático; depois mais alguns homens adoeceram. Todos na cidade ficaram com medo, porque o cólera avançava da província vizinha."[323] Quando, por exigência da administração, passaram a adotar medidas sanitárias, "a fábrica dos Chpigúlin, milionários e homens de relações,

---

[320] *Idem*, pp. 310-1. O *ziemstvo* era um órgão público de autogestão local na Rússia anterior a 1917.

[321] Projeto de constituição apresentado por governador-geral Mikhail Lorís-Miélikov ao tsar Alexandre II em 1881, no dia do assassinato do tsar.

[322] As Dumas eram assembleias com funções legislativas, instauradas pelo tsar Nicolau I após a Revolução de 1905.

[323] *Os demônios, op. cit.*, p. 338.

de certo modo foi deixada de lado".[324] Depois, "eis que de repente todos começaram a ganir que era nela que se escondiam a raiz e o broto da doença, que na própria fábrica e particularmente nos compartimentos dos operários havia uma arraigada falta de higiene, e que, mesmo que ali não houvesse cólera nenhum, este teria de surgir por si só".[325] Após a insistência do governo para que a fábrica fosse higienizada, os proprietários declararam *lockout*. "O administrador fez o pagamento dos operários e, como agora se verifica, roubou-os descaradamente."[326] Nas palavras do narrador percebe-se a hostilidade de Dostoiévski ao capital e à grande burguesia, expressa nas referidas passagens assim como nos seus outros grandes romances.

As ações da administração provincial para reprimir os distúrbios entre os operários são mostradas, em primeiro lugar, em todo o seu absurdo. Começam pela revista na casa do inofensivo Stiepan Trofímovitch. Uma luz irônica recai sobre a figura do chefe de polícia.

"É um disparate dizer que ele, Iliá Ilitch, chegou a toda brida numa troica e já ensaiando briga ao descer. Ele realmente voava e gostava de voar pela cidade em sua *drojki* de traseira amarela, e à medida que os 'cavalos pervertidos' iam ficando cada vez mais loucos, deixando em êxtase todos os comerciantes do Gostíni Riad, punha-se em pé na *drojki*, de corpo inteiro, segurando-se numa correia especialmente colocada de um lado, esticava o braço direito para o ar como um monumento e assim percorria a cidade com o olhar."[327]

O narrador refuta o boato segundo o qual o chefe de polícia começou uma briga numa carruagem, mas é necessário considerar a maneira de narrar: o aspecto categórico de suas afirmações e refutações amiúde demonstra justamente o contrário. Em seguida o narrador refuta o boato de que no momento em que a execução

---

[324] *Ibidem.*

[325] *Ibidem.*

[326] *Ibidem.*

[327] *Idem*, pp. 426-7.

de operários ocorria na praça, "uma senhora pobre, porém nobre, que passava por ali, foi agarrada e imediatamente açoitada".[328] O narrador também refuta o boato sobre Tarapíguina, moradora de um "asilo para velhos anexo ao cemitério", segundo o qual, ao passar ao lado da execução ela "teria exclamado: 'Que vergonha!', e dado uma cuspida".[329] Por isso ela teria sido agarrada e também "recebido uma lição". Contudo, ao refutar esses boatos, o narrador afirma que por pouco não aconteceu com Stiepan Trofímovitch o mesmo que acontecera com ela.

A sátira do escritor se transforma em tragédia com a execução dos operários. O narrador destaca toda a inocência das intenções dos operários, retratados como "rebeldes" pela polícia. "Uma vez que os operários das fábricas estavam numa situação difícil — e a polícia a quem recorreram não queria tomar suas dores —, o que poderia ser mais natural que a ideia de irem juntos ao 'próprio general', se possível até levando um documento, enfileirarem-se cerimoniosamente diante do seu alpendre e, mal ele aparecesse, ajoelharem-se todos, rogando em altos brados como se roga à própria providência? A meu ver, nesse caso não há necessidade nem de rebelião nem mesmo de representantes eleitos, pois esse recurso é velho, histórico."[330] E eis que em vez de dar atenção aos justos pedidos dos operários, o general lhes deu chicotadas! Pela boca do narrador, Dostoiévski procura apresentar essa história como um acaso, um mal-entendido trágico. Mas toda a história da Rússia tsarista está repleta de semelhantes acasos. O "caso excepcional" de Dostoiévski, a despeito de quais sejam as intenções reais do escritor, torna-se profundamente típico, até simbólico. Nosso leitor atual não pode deixar de ver nele um protótipo do dia 9 de janeiro de 1905 e dos acontecimentos nas lavras de ouro do rio Lena.[331]

---

[328] *Idem*, p. 434.

[329] *Ibidem*.

[330] *Idem*, pp. 425-6.

[331] O dia 9 de janeiro de 1905 é conhecido na Rússia como "domingo sangrento". Nessa data, uma manifestação pacífica saiu pelas ruas de Petersburgo pedindo auxílio do governo para minorar as terríveis dificuldades em

O encontro de Lembke com a multidão de operários é um símbolo da relação entre o poder absoluto e as massas populares na Rússia tsarista. O lado trágico desse encontro é aprofundado pela figura de Lembke. É uma figura profundamente cômica e absurda em sua incapacidade, em sua impotência de resistir à influência da mulher mimada e ambiciosa e do tolo funcionário Blum, em sua total incapacidade de orientar-se numa situação política complexa, em sua infantilidade. Mas ele é obcecado por um sentimento confuso e forte da gravidade trágica das coisas. Esse sentimento já irrompe na explicação cômica e tartamuda com Yúlia Mikháilovna, na noite anterior à "manhã fatal": "Não estamos numa saleta de mulher faceira, mas somos como que dois seres abstratos que se encontraram em um balão para dizer a verdade. [...] Dois centros não podem existir".[332] Mas a fatalidade dessa figura e de todas as suas ações intensificam-se no momento seguinte da ação, no capítulo "Os flibusteiros — Manhã fatal". Lembke manda o cocheiro ir a Skvoriéchniki, mas a caminho resolve de repente retornar à cidade. "Antes que chegassem ao aterro — narra o cocheiro —, ele mandou que eu tornasse a parar, desceu da carruagem e atravessou a estrada em direção ao campo; pensei que fosse alguma fraqueza, mas ele parou e ficou examinando umas florzinhas, e assim ficou algum tempo, de um jeito esquisito; palavra, fiquei totalmente confuso."[333] A seguir aparece em cena o comissário de polícia Flibustiêrov, que informa sobre a revolta na cidade. Aliás, o fel da sátira da administração tsarista irrompe na representação dessa figura. "Esse delegado, Vassili Ivánovitch Flibustiêrov, entusiasta da administração, era pessoa ainda recente em nossa cidade, mas que já se destacara e ganhara fama por seu zelo desmesurado, seus gestos meio impensados em todos os pro-

---

que se encontrava a população e foi metralhada pela polícia. Em 1912, um movimento reivindicativo dos trabalhadores das lavras de ouro às margens do rio Lena, na Sibéria, foi também massacrado pela polícia, no maior banho de sangue até então visto na Rússia.

[332] *Os demônios*, *op. cit.*, pp. 428-9.

[333] *Idem*, pp. 431-2.

cedimentos usados no desempenho da função e pelo congênito estado de embriaguez."[334]

Todas as medidas tomadas por Lembke a partir desse momento já são marcadas por um notório sinal de loucura. O governador confunde o sobrenome Flibustiêrov com o substantivo comum "flibusteiros" e voa para a cidade com o intuito de dar a ordem de execução dos operários. Em toda a representação da Rússia tsarista por Dostoiévski é profundamente sintomática a combinação da loucura de um chefe superior com o zelo dos pequenos executores, que se empenham de forma irracional. Por último, o papel de Lembke, em todo o seu fatal descomedimento e sua gravidade trágica, se manifesta na cena da festa em proveito das governantas e no incêndio de Zariétchie. Na conferência anterior à festa, em casa de Yúlia Mikháilovna, à queixa de Stiepan Trofímovitch contra a revista em sua casa, Lembke de repente responde com a seguinte entonação emocional: "Isso... isso, é claro, é muito engraçado... — Lembke deu um sorriso amarelo — porém... porém será que o senhor não percebe como eu mesmo sou infeliz? — Quase deu um grito e... e parece que quis cobrir o rosto com as mãos".[335] A representação das instruções de Lembke para o baile e durante o incêndio é grotesca, como quase tudo em *Os demônios*. Mas nesse grotesco fundem-se, num só conjunto, o absurdamente cômico e trágico, o satírico e o simbólico-social. Reagindo à famigerada "quadrilha da literatura" e à caminhada de Liámchin de ponta-cabeça, "Lembke ficou furioso e pôs-se a tremer. — Patife! — gritou, apontando para Liámchin. — Agarrem o canalha, virem... virem-no de pernas... de cabeça... de cabeça para cima... para cima!".[336] O absurdo das ações do chefe superior só aumenta. Quando se ouvem os gritos "Incêndio! Toda Zariétchie está em chamas!"[337] e a multidão em pânico se lança para a saída, Lembke ordena, inesperadamente: "Parem todo mundo! Não deixem nin-

---

[334] *Idem*, p. 432.

[335] *Idem*, p. 437.

[336] *Idem*, p. 499.

[337] *Ibidem*.

Romance-sátira e romance-tragédia: *Os demônios*

guém sair! — bradou Lembke, estendendo ameaçadoramente a mão para as pessoas aglomeradas. — Revistem todo mundo com o maior rigor, imediatamente!".[338] Por fim vemos Lembke no incêndio, diante de uma ala em chamas. Ouvimos os seus gritos: "É incrível. O incêndio está nas mentes e não nos telhados das casas".[339] Na loucura das falas e ações de Lembke sente-se, não obstante, um pânico, que parte do próprio autor. Ao mesmo tempo, nas palavras "Larguem tudo. É melhor largar",[340] percebe-se a confusa compreensão do descontrole do processo social, da profunda crise ideológica que surge em face da tempestuosa transformação capitalista da Rússia pós-1861, que tanto inquietava o escritor. Através das concepções delirantes de Lembke transparece a confusa ideia de que é impossível deter a história.

Os demônios, sendo um romance acusador, um panfleto político contra o movimento social e revolucionário das décadas de 1860 e 1870, implica ao mesmo tempo uma sátira aguda dos círculos superiores e do regime sociopolítico da Rússia tsarista daquele tempo. A sátira do escritor transforma-se impetuosamente numa narração sobre os destinos trágicos do país e de seu povo. Os motivos sociais do romance se entrelaçam de forma inseparável com suas concepções filosóficas.

Já havíamos observado que em *Os demônios* o desvario, em suas diferentes formas e modalidades, torna-se como que o objeto mais importante e mais específico da investigação ficcional. Trata-se de um romance sobre pessoas possessas, obcecadas. É interessante como as imagens contidas nas duas epígrafes do romance foram coerentemente aplicadas através de toda a obra, em suas diferentes situações e planos literários. Na epígrafe tomada ao Evangelho encontramos a seguinte imagem: "Tendo os demônios saído do homem, entraram nos porcos, e a manada precipitou-se despenhadeiro abaixo, para dentro do lago, e se afogou".[341] Essa

---

[338] *Idem*, p. 500.

[339] *Idem*, p. 504.

[340] *Ibidem*.

[341] *Idem*, p. 11.

imagem da disrupção e da queda despenhadeiro abaixo repete-se em reiteradas variações ao longo da tessitura da ação do romance, que se divide em três partes: a primeira é a exposição e o enlace da ação; a segunda, a intensificação da ação; a terceira, a culminação e o desenlace da ação.

No capítulo "Antes da festa", na segunda parte do romance, onde a tensão se intensifica notoriamente na véspera de sua culminação, o autor descreve a sede febril de espetáculos e escândalos que se apossou da alta sociedade provinciana e cita a pergunta de uma personagem a respeito do suicídio de um jovenzinho, quase um menino, ocorrido num hotel: "Por que em nosso país as pessoas andam se enforcando e se suicidando a tiro, como se houvessem se desprendido das raízes, como se tivesse faltado o chão debaixo dos seus pés?".[342] No capítulo "Os flibusteiros — Manhã fatal", que descreve os trágicos acontecimentos da passeata dos operários, Dostoiévski fala do desvario de Lembke ao encontrar-se com os operários:

"Tirar os chapéus! — pronunciou com voz que mal se ouvia e arquejando. — De joelhos! — ganiu inesperadamente, inesperadamente para si mesmo, e esse inesperado talvez contivesse todo o desfecho subsequente do caso. O mesmo acontece nas montanhas durante o inverno; contudo, trenós que voam montanha abaixo podem parar no meio? Como por azar, Andriêi Antónovitch se distinguira em toda a sua vida pela lucidez e jamais gritara nem batera os pés com ninguém; e com gente como aquela era mais perigoso, pois podia acontecer que por alguma razão seus trenós despencassem montanha abaixo. Tudo girou em volta dele."[343]

Mais uma vez temos diante de nós a imagem da disrupção e da queda desfiladeiro abaixo. Sendo que, e isso é o mais importante, essa imagem-comparação não se apresenta esporadicamente, como pode acontecer com qualquer comparação ou metáfora, mas em vínculo orgânico com o modelo nodal dramático da ação do romance. Ela, essa imagem, não poderia ser mais adequada a tal

---

[342] *Idem*, p. 321.

[343] *Idem*, pp. 432-3.

Romance-sátira e romance-tragédia: *Os demônios*   165

situação do enredo: toda a atividade de Lembke serve de símbolo à administração tsarista e ao regime político, representando mais uma disrupção e mais uma catástrofe. Por isso não é casual que a mesma imagem-comparação se repita mais duas vezes no mesmo capítulo.

O momento representado nesse capítulo não é decisivo apenas para Lembke e sua esposa; ele é igualmente decisivo no destino de Stiepan Trofímovitch, no destino de Lise e de várias outras personagens. Stiepan Trofímovitch é um representante da geração dos anos 1840 e quer fazer frente aos representantes da geração atual. Pretende fazê-lo numa palestra sobre literatura em proveito das governantas. Stiepan Trofímovitch se precipita para a casa do governador com o intuito de participar da reunião dos organizadores da festa do dia seguinte e cai em pleno seio dos acontecimentos na praça. O narrador observa: "Por instinto, precipitei-me imediatamente a procurá-lo no lugar mais perigoso; por alguma razão pressenti que seus trenós haviam rolado montanha abaixo".[344]

Desse modo, temos mais uma vez ressaltada diante de nós a repetição daquela mesma comparação, agora aplicada a outra figura e outro destino. Bem no final do capítulo passa-se a falar de Lise Túchina. Os momentos representados são também os mais decisivos em seu destino, são uma crise em sua vida. Em público e à queima-roupa, ela pergunta a Stavróguin se ele está mesmo casado com a Coxa. A resposta, direta e tranquilamente afirmativa, é o que decidirá o destino dela. Ao descrever esse passo de Lise, o narrador insere a seguinte comparação: "Um terrível desafio se fez ouvir nessas palavras, todos o compreenderam. A acusação era notória, embora talvez fosse repentina para ela mesma. Parecia com aquela situação em que, de cenho franzido, uma pessoa se atira de um telhado".[345]

A terceira parte, que representa a catástrofe definitiva, narra o destino trágico de Lise. Ela, que correra desvairada para o incêndio com o fim de olhar para os Lebiádkin degolados, foi morta

---

[344] *Idem*, p. 434.

[345] *Idem*, p. 445.

pela multidão que se encontrava, então, no cume da agitação. Mas o primeiro a lhe desferir um golpe foi um comerciante pobre. "Todos o conheciam como pessoa até serena, mas de repente parecia perder as estribeiras e saía precipitadamente sem destino se algo o afetasse de alguma forma."[346] Assim, temos a imagem da disrupção e da queda aplicada a uma nova situação do enredo, mas novamente num momento de máxima tensão da ação. Com essa imagem ressalta-se de todos os modos, em *Os demônios*, o desvario em suas diversas formas, o desvario que leva os protagonistas ao desfecho fatídico. Dostoiévski traça dois planos de aplicação da referida imagem. No plano sociopolítico, o desvario está notoriamente personificado antes de tudo em Lembke, representante da Rússia oficial, representante do poder absoluto. No plano íntimo-privado, o desvario é representado nitidamente na figura de Lise, possessa e obcecada por sua paixão por Stavróguin, que voa direto para a destruição. Mas Dostoiévski mostra que o desvario não envolve apenas os representantes do poder tsarista e as figuras do poder supremo da sociedade, mas também as massas. É expressiva e simbólica a figura do comerciante que assassinou Lise.

Em *Os demônios*, passa diante de nós toda uma legião de possessos e desvairados. Aqui surge, indiscutivelmente em primeiro lugar, Piotr Stiepánovitch Vierkhoviénski. Os contemporâneos buscaram nele um retrato político, uma charge de Nietcháiev.[347] Se abordarmos essa figura do ponto de vista de sua "retratabilidade" no referido sentido, então, naturalmente, ela se manifestará em todo o seu aspecto incoerente e caricaturesco. Contudo, se a examinarmos no contexto geral do romance e da obra inteira de Dostoiévski, ela se projeta em todo o seu significado socialmente agourento.

Isso se verifica antes de tudo no famoso capítulo "Ivan Tsariêvitch", que fornece o maior volume de material para caracterizar a plataforma política de Piotr Vierkhoviénski, que duas vezes negou-se a se reconhecer socialista. "Sou um vigarista e não um

---

[346] *Idem*, p. 525.

[347] Serguei Gennádievitch Nietcháiev (1847-1882), líder do movimento Justiça Sumária do Povo e autor de *Catecismo do revolucionário*.

socialista",[348] declara ele a Stavróguin. Por sua vez, Stavróguin observa a respeito da teoria de Vierkhoviénski: "Bem, Vierkhoviénski, é a primeira vez que o ouço, e ouço com surpresa — pronunciou Nikolai Vsievolódovitch —, quer dizer que você não é francamente um socialista, mas um político... egoísta?".[349] A plataforma política de Piotr Vierkhoviénski consiste num golpe de Estado imediato. Mas em nome de quê? Como Vierkhoviénski pensa a organização de uma nova sociedade? Ele concebe a "nova sociedade" à base de uma ideia peculiar de igualdade. Elogia o projeto social de Chigalióv: "Cada um pertence a todos, e todos a cada um. Todos são escravos e iguais na escravidão".[350] Não obstante, o traço mais substancial do ideal social de Vierkhoviénski é um aristocratismo coerente, à sua maneira. Em sua sociedade existem hierarquias, uma acentuada divisão em cúpula aristocrática — os governantes — e escravos. Vierkhoviénski projeta um acordo com o papa de Roma. "O papa na cúpula, nós ao redor, e abaixo de nós o chigaliovismo."[351] Na cena da explicação de Stavróguin, no capítulo "Ivan Tsariêvitch", num momento de plena sinceridade, Vierkhoviénski enuncia sua admiração pelo aristocratismo de Stavróguin. "Sou niilista", declara, "mas amo a beleza."[352] Ele gosta do aristocrata moderado que há em Stavróguin. A ideia de Vierkhoviénski é uma combinação peculiar de um extremo aristocratismo formado por minoria de eleitos com uma democracia que se manifesta na igualdade plena e absoluta, numa obediência servil e na despersonalização da maioria. "Quando o aristocrata caminha para a democracia ele é encantador!"[353]

O regime político, a "nova ordem", que é o programa de Vierkhoviénski, é um regime autoritário coerente. Nisto reside a

---

[348] *Idem*, p. 409.

[349] *Idem*, p. 410.

[350] *Idem*, p. 407.

[351] *Idem*, p. 408.

[352] *Ibidem*.

[353] *Ibidem*.

ideia do "Ivan Tsariêvitch". Vierkhoviénski ressalta a necessidade de um "ídolo" para as pessoas — a massa, que, à diferença dos niilistas, e segundo suas próprias palavras, "ama o ídolo". Vierkhoviénski difere nitidamente dos socialistas de diferentes matizes por sua exigência de descer o nível da educação e da cultura para as massas, de afastar as massas da ciência. "A sede de educação já é uma sede aristocrática. [...] O nível elevado das ciências e das aptidões só é acessível aos talentos superiores, e os talentos superiores são dispensáveis! Os talentos superiores sempre tomaram o poder e foram déspotas."[354] Mas o regime político de Vierkhoviénski é o próprio despotismo em sua forma mais extremada, que não tolera adversários. Segundo sua teoria, na sociedade que ele projeta a educação e a ciência, em toda a sua dimensão, só podem ser acessíveis a uma cúpula aristocrática. O acesso à ciência deve ser vetado às massas. Por força disso, Vierkhoviénski admite, de modo coerente consigo, a superstição das massas e a especulação política a ser feita com base nessa superstição. O "Ivan Tsariêvitch", representado por Stavróguin como chefe supremo de todo o empreendimento de Vierkhoviénski, será cercado de mistério; não o mostrarão a ninguém, ou mostrarão a um ou dois. Acerca dele será criada uma lenda.

Segundo Vierkhoviénski, o caminho para conquistar um novo regime sociopolítico é o caminho da demagogia extrema, de um novíssimo e desvairado maquiavelismo, o caminho da destruição generalizada. O que impressiona no programa desse maníaco é o fato de ele operar com lemas que se contrapõem nitidamente, a depender do sabor da conjuntura: por um lado, exigir que as massas, em caso de necessidade, suportem uma privação extrema; por outro, pregar a liberdade extrema das paixões e dos instintos.

"Quando a coisa estiver em nossas mãos, talvez os curemos... Se for necessário, nós os mandaremos para o deserto por quarenta anos... Mas hoje precisamos da depravação por uma ou duas gerações; de uma depravação inaudita, torpe, daquela em que o homem se transforma num traste abjeto, covarde, cruel, egoísta

---

[354] *Idem*, p. 407.

— eis de que precisamos! E de mais um 'sanguinho fresco' para que se acostumem."[355]

O caminho de Vierkhoviénski para seus objetivos políticos é o caminho da criação de pequenos grupos, extremamente conspirativos, que apoiem o movimento — os "quintetos", ligados fortemente pelo sangue de alguma vítima, em cujo assassinato se envolvem todos os membros do grupo. O país inteiro será coberto por uma ramificada rede desses "quintetos". Na organização dirigida por Vierkhoviénski, bem como em toda a sua "futura sociedade", está prevista a espionagem obrigatória. Ao expor a teoria de Chigalióv, Vierkhoviénski defende apaixonadamente as teses nele contidas, que ele inclui em seu "sistema" político. "O caderno dele tem boas coisas escritas — continuou Vierkhoviénski —, tem espionagem. No esquema dele cada membro da sociedade vigia o outro e é obrigado a delatar."[356] O que salta acentuadamente à vista no sistema de Vierkhoviénski é sua visão da massa apenas como um meio, como um "rebanho" obediente, como um instrumento nas mãos dos chefes. Uma extrema arrogância distingue Vierkhoviénski na comunicação com as outras pessoas, como é o caso de Fiedka Kátorjni. A arrogância e a atitude extremamente desdenhosa distingue o convívio de Vierkhoviénski até com os membros do "quinteto" e com todos os "simpatizantes". Vale a pena lembrar a cena da festinha em casa dos Virguinski.

Por último, não se pode passar à margem de um outro traço do sistema de Vierkhoviénski: este afirma, por um lado, a necessidade de obediência incondicional e de completa despersonalização das massas; por outro, reconhece a necessidade de um abalo geral. "Só o indispensável é indispensável — eis a divisa do globo terrestre daqui para a frente. Mas precisamos também da convulsão; disso cuidaremos nós, os governantes. Os escravos devem ter governantes. Plena obediência, ausência total de personalidade, mas uma vez a cada trinta anos Chigalióv lançará mão também da con-

---

[355] *Idem*, p. 410.

[356] *Idem*, p. 407.

vulsão, e de repente todos começam a devorar uns aos outros, até um certo limite, unicamente para não se cair no tédio."[357]

A leitura de tais pensamentos lembra involuntariamente as posteriores teorias fascistas que justificavam a guerra como uma saída das dificuldades internas e promoviam a política de incitação seletiva de pessoas e povos uns contra os outros.

Resumindo tudo o que foi dito por Vierkhoviénski, devemos reconhecer que, se observarmos essa imagem como um protótipo de Nietcháiev, vemos que sua figura é totalmente fantástica. Mas ela contém algo de "típico" num sentido diferente e mais geral. Seria uma vulgarização e uma modernização extremas ver em Vierkhoviénski um protótipo imediato dos fascistas. Dostoiévski viveu numa época em que ainda não havia premissas histórico-sociais para o fascismo. Mas é indiscutível a surpreendente clarividência de Dostoiévski, que lhe permitiu imaginar a possibilidade do surgimento de semelhantes "políticos", nos quais manifestam-se traços essenciais das futuras teorias e práticas fascistas.

Na imagem de Vierkhoviénski vemos uma das formas mais extremadas de encarnação da antinomia do social e do antissocial, que atravessa toda a obra de Dostoiévski. As reflexões de Vierkhoviénski, particularmente no capítulo "Ivan Tsariêvitch", parecem um delírio, mas boa parte desse "delírio" surgirá, bem mais tarde, na arena histórica. Vierkhoviénski é uma nítida encarnação do antissocial, e ademais de um antissocial agressivo, o que se manifesta no seu extremo desprezo pela chamada "gente simples", pela massa popular. Ao expor seus pensamentos íntimos a sós com Stavróguin, Vierkhoviénski renega o socialismo. Em suas concepções, que lembram em parte os traços conhecidos do Vautrin de Balzac (a divisão das pessoas entre "senhores" e "escravos"), percebe-se com clareza uma antecipação de concepções de Nietzsche. Contudo, merece destaque o fato de Vierkhoviénski querer se aproximar dos revolucionários e dos socialistas. Ele não tem como aplicar suas ideias ultra-aristocráticas sem esse disfarce. Nisso também se manifestou a notável clarividência de Dostoiévski. Não faz muito tempo que o mundo viu com os próprios olhos esse antissocial

---

[357] *Idem*, pp. 407-8.

extremado travestido de social no chamado nacional-socialismo alemão.

No sistema de Vierkhoviénski falta apenas uma ideia para sua semelhança total com o fascismo: a ideia de nação exclusiva. Essa ideia se revela nas reflexões de outra personagem: Ivan Chátov. Aqui é necessário fazer algumas ressalvas. Chátov é uma figura indiscutivelmente simpática ao autor. Como homem, ele é o oposto total de Vierkhoviénski. À torpeza de Piotr Vierkhoviénski Dostoiévski contrapõe nitidamente a integridade moral e todo o encanto humano de Chátov. Além disso, Chátov se assemelha ao escritor em seu amor ardente pela Rússia. Muitas ideias de Chátov são próximas das ideias de Dostoiévski. Mas de forma alguma isso significa que todo o sistema de concepções de Chátov possa ser identificado com as concepções do escritor, e isso tampouco faz de Chátov um porta-voz das ideias de Dostoiévski, no sentido em que Karl Moor é um porta-voz das ideias de Friedrich Schiller.

Chátov, como Vierkhoviénski, caracteriza-se também pelo desvario, pela peculiar obsessão com a ideia de nação, neste caso a Rússia.

Chátov leva essa ideia às mais extremadas conclusões, a paradoxos.

Nas reflexões de Chátov voltam a se repetir os pensamentos de Míchkin, segundo os quais o socialismo e o ateísmo são o desenvolvimento subsequente e lógico das ideias do catolicismo romano e o próprio catolicismo é uma continuação das ideias do Império Romano do Ocidente. Mas a especificidade de Chátov está em outro ponto: na extrema aproximação das ideias nacional e religiosa. Chátov lança em primeiro lugar a tese da força primária vital, basilar e motora dos povos, força essa que, em seu fundamento, é inexplicável, irracional.

"Os povos se constituem e são movidos por outra força que impele e domina, mas cuja origem é desconhecida e inexplicável. Essa força é a força do desejo insaciável de ir até o fim e que ao mesmo tempo nega o fim. É a força da confirmação constante e incansável do seu ser e da negação da morte."[358]

---

[358] *Idem*, p. 250.

Chátov desdobra e aguça ao extremo essa ideia. A autodeterminação nacional dos povos é inseparável da autoafirmação nacional e de todo o seu caráter exclusivista.

"Todo povo só tem sido povo até hoje enquanto teve o seu Deus particular e excluiu todos os outros deuses no mundo sem qualquer conciliação; enquanto acredita que com seu Deus vence e expulsa do mundo todos os outros deuses. [...] Se um grande povo não crê que só nele está a verdade (precisamente só e exclusivamente nele), se não crê que só ele é capaz e está chamado a ressuscitar e salvar a todos com sua verdade, então deixa imediatamente de ser um grande povo e logo se transforma em material etnográfico, mas não em um grande povo. Um verdadeiro grande povo nunca pode se conformar com um papel secundário na sociedade humana e nem sequer com um papel primacial, mas forçosa e exclusivamente com o primeiro papel. Quando perde essa fé, já não é povo."[359]

Portanto, o que Chátov afirma é a "ideia nacional", um "Deus nacional", em toda a sua exclusividade, ele afirma a superioridade de um "grande povo" sobre todos os outros.

Essa linha de pensamento, se levada à sua conclusão lógica, implica necessariamente na justificação de toda agressão que um povo possa cometer contra outros povos. Parece-nos que se pegarmos o "sistema" político de Vierkhoviénski e o juntarmos ao "sistema" de Chátov teremos justamente o "sistema" do fascismo. Nesse sentido, não há dúvida de que Chátov complementa Vierkhoviénski. O "sistema" de Chátov é demagógico e linear. A ele o autor contrapõe o seguinte comentário crítico de Stavróguin: "Você rebaixou Deus a um simples atributo do povo...".[360] É digno de nota que nas conclusões extremadas de Chátov, em sua visível inquietação, sinta-se a insegurança interior dessa personagem em sua posição. Ele procura apoio moral da parte de Stavróguin, mas não o recebe. Ao dogmatismo nacionalista de Chátov contrapõe-se em Dostoiévski toda uma série de outros pontos de vista. O pensa-

---

[359] *Idem*, pp. 251-2.

[360] *Idem*, p. 251.

Romance-sátira e romance-tragédia: *Os demônios*

mento do autor é, no fundo, profundamente antidogmático, ele passa pelo "sistema" de concepções de Chátov como por uma fase, e não vai além.

Dostoiévski introduz uma nova forma de desvario na personagem Kiríllov. O tema de Kiríllov é uma nova variante do tema de Raskólnikov e Hippolit, uma continuação direta de sua linha, de sua revolta. Na imagem de Kiríllov vemos nitidamente o tema do "isolamento do homem", tema que vinha inquietando Dostoiévski desde *A senhoria*. Kiríllov é um homem que se afastou do movimento revolucionário, fechou-se em si mesmo e em sua carapaça, vive como um anacoreta em meio ao frenesi geral, ele é um homem "devorado por uma ideia".

Kiríllov é um ateu que proclama o advento de uma nova era da humanidade, na qual "a história será dividida em duas partes: do gorila à destruição de Deus e da destruição de Deus... à mudança física da terra e do homem",[361] à sua transformação em homem-Deus. Ele se encontra em cheio diante de uma questão e um tema que são fundamentais para Dostoiévski: a vida em suas contradições primárias interiores. Kiríllov é obcecado pela ideia do enigma radical da vida e da necessidade de decifrá-lo. A imagem de Kiríllov é atravessada pelo motivo do amor desvairado à vida. Em diversas passagens o autor destaca esse amor que o "niilista" tem à vida e a toda sua beleza. No capítulo "A noite", Stavróguin visita Kiríllov em seu apartamento; este está brincando embevecido com uma bola, como se fosse uma criança de um ano e meio. Dostoiévski destaca a proximidade de Kiríllov com as crianças: nele há algo de infantil, algo sinceramente ingênuo.

Mas nessa mesma cena o amor de Kiríllov à vida manifesta-se de outra forma. Ele diz a Stavróguin: "Você já viu uma folha, uma folha de árvore? Há poucos dias vi uma amarela, meio verde, com as bordas podres. Arrastada pelo vento. Quando eu tinha dez anos fechava os olhos de propósito no inverno e imaginava uma folha — verde, viva, com as nervuras, e o sol brilhando. Eu abria

---

[361] *Idem*, p. 120.

os olhos e não acreditava porque era muito bonito, e tornava a fechá-los".[362]

Um dos polos do pensamento de Kiríllov reconhece a vida e o mundo como eles realmente são: belos. Assim como Míchkin e outras personagens de Dostoiévski, Kiríllov aspira ao máximo de vida. Como Míchkin, ele encontra esse máximo no êxtase, no vivenciamento da harmonia de tudo o que existe. No capítulo "A viajante", ele comunica seus pensamentos a Chátov:

"Existem segundos — apenas uns cinco ou seis simultâneos — em que você sente de chofre a presença de uma harmonia eterna plenamente atingida. Isso não é da terra; não estou dizendo que seja do céu, mas que o homem não consegue suportá-lo em sua forma terrestre. Precisa mudar fisicamente ou morrer. É um sentimento claro e indiscutível. É como se de súbito você sentisse toda a natureza e dissesse: sim, isso é verdade! Deus, quando estava criando o mundo, no fim de cada dia da criação dizia: 'É, isso é verdade, isso é bom'. Isso... isso não é enternecimento, mas algo assim... uma alegria. Você não perdoa nada porque já não há o que perdoar. Não é que você ame — oh, a coisa está acima do amor! O mais terrível é que é extraordinariamente claro e há essa alegria. Se passar de cinco segundos a alma não suportará e deverá desaparecer. Nesses cinco segundos eu vivo uma existência e por eles dou toda a minha vida porque vale a pena. Para suportar dez segundos é preciso mudar fisicamente."[363]

Mas ainda antes, no encontro com Stavróguin, no referido capítulo "A noite", Kiríllov lança esse ponto de vista da justificação de tudo, do reconhecimento de que tudo o que existe é belo, ou seja, o ponto de vista do otimismo incondicional, absoluto. Depois de suas palavras sobre a beleza da folha de uma árvore, Kiríllov diz: "A folha é bonita. Tudo é bonito. Tudo. O homem é infeliz porque não sabe que é feliz; só por isso. Isso é tudo, tudo! Quem o souber no mesmo instante se tornará feliz, no mesmo instante. Aquela nora vai morrer, mas a menininha vai ficar — tudo

---

[362] *Idem*, p. 238.

[363] *Idem*, pp. 571-2.

Romance-sátira e romance-tragédia: *Os demônios*

é bom. Eu o descobri de repente. Se alguém estoura os miolos por causa de uma criança, isso também é bom; e se alguém não estoura, também é bom. Tudo é bom, tudo. É bom para todos aqueles que sabem que tudo é bom".[364]

Essa justificação de tudo — uma teodiceia, a seu modo — suscita em Kiríllov uma atitude contemplativa e devocional em relação a tudo, inclusive ao que há de mais disforme e repelente. "Rezo por tudo. Veja, aquela aranha está subindo pela parede; olho agradecido por estar subindo."[365]

Contudo, outro polo do pensamento de Kiríllov é o reconhecimento da contradição trágica primordial da vida, de sua antinomia fundamental. A intensidade do amor e o apego do homem à vida baseiam-se no medo da morte e na ideia da infinitude. Um é condicionado pelo outro. Kiríllov declara ao narrador:

"Isso é vil e aí está todo o engano! — os olhos dele brilharam. — A vida é dor, a vida é medo, e o homem é um infeliz. Hoje tudo é dor e medo. Hoje o homem ama a vida porque ama a dor e o medo. E foi assim que fizeram. Agora a vida se apresenta como dor e medo, e nisso está todo o engano. Hoje o homem ainda não é aquele homem. Haverá um novo homem, feliz e altivo. Aquele para quem for indiferente viver ou não viver será o novo homem. Quem vencer a dor e o medo, esse mesmo será Deus. E o outro Deus não existirá."[366]

Em contraposição à prédica de tudo aceitar e tudo justificar, Kiríllov lança justamente a ideia de "não aceitação do mundo", prega uma sublevação contra os antigos fundamentos primários e sagrados da vida, contra a sua própria essência. Da ideia da justificação de tudo decorre necessariamente a negação do bem e do mal e até mesmo da própria distinção entre esses dois conceitos. No capítulo "Uma noite pesadíssima", depois do assassinato de Chátov, ao concordar com o juízo mordaz de Kiríllov, segundo o qual "todos são uns patifes", Vierkhoviénski declara: "Até que

---

[364] *Idem*, pp. 238-9.

[365] *Idem*, p. 240.

[366] *Idem*, p. 120.

enfim adivinhou. Será que até hoje o senhor não compreendeu, Kiríllov, com a sua inteligência, que todos são iguais, que não existem nem melhores nem piores, apenas mais inteligentes e mais tolos, e que se todos são patifes (o que, pensando bem, é um absurdo), então quer dizer que não deve haver não-patifes?".[367]

Contudo, ao amoralismo coerente e consciente de Vierkhoviénski contrapõem-se a elevação da consciência moral de Kiríllov, seu idealismo moral. Também nesse ponto ele se aproxima de Raskólnikov. À declaração de Vierkhoviénski de que não existem nem patifes nem "não-patifes", que tudo são "palavras", Kiríllov responde: "Durante toda a vida eu não quis que fossem apenas palavras. Tenho vivido justamente porque nunca quis. Também agora, cada dia, quero que não sejam palavras".[368]

As ideias de Kiríllov no capítulo "Uma noite pesadíssima" são a amarração dos principais motivos de Dostoiévski. Aqui são repetidos, em novas formulações, os pensamentos de Hippolit. "Ouve uma grande ideia: um dia, no centro da terra havia três cruzes. Um dos crucificados cria tanto que disse ao outro: 'Hoje estarás comigo no paraíso'. Terminou o dia, ambos morreram, foram-se e não encontraram nem paraíso nem ressurreição. A sentença não se justificou. Ouve: aquele homem era superior em toda a terra, era aquilo para o que ela teria de viver. Todo o planeta, com tudo o que há nele, sem aquele homem é uma loucura. Não houve uma pessoa assim nem antes nem depois *Dele*, e nunca haverá, nem por milagre. Nisso está o milagre de nunca ter havido e não haver jamais outro igual. E se é assim, se as leis da natureza não pouparam nem *Aquele*, não pouparam nem o seu milagre, mas obrigaram até *Ele* a viver no meio da mentira e morrer pela mentira, então quer dizer que todo o planeta é uma mentira e se sustenta na mentira e em um escárnio tolo. Portanto, as próprias leis do planeta são uma mentira e um *vaudeville* dos diabos."[369]

---

[367] *Idem*, p. 595.

[368] *Idem*, p. 596.

[369] *Idem*, p. 599.

Assim, por um lado "tudo é bom", mas, por outro, as "próprias leis do planeta" são uma "mentira e um *vaudeville*". Assim como Raskólnikov e Hippolit, Kiríllov aceita o assassinato e a destruição, a negação da vida em si, de suas mais altas conquistas segundo a lei suprema do mundo. Por isso Kiríllov acha que a única via de saída para o homem é uma revolução cósmica, uma renovação geológica, a declaração do seu próprio livre-arbítrio: o suicídio. Mas não se trata do suicídio por força de alguma causa ou motivo concreto, e sim de um suicídio por princípio, um suicídio em nome de uma ideia: trata-se de uma espécie de negação consciente da vida em si. Segundo Kiríllov, o suicídio por princípio significa a plena libertação do homem, a afirmação do homem-Deus, que provoca a mudança inevitável do homem, física e espiritualmente. Contudo, a despeito dessa negação por princípio, aquele mesmo apego frenético à vida ressoa na cena do suicídio de Kiríllov.

Abordemos as figuras centrais do romance. Na imagem de Stavróguin reaparece diante do leitor o problema do "homem-universo", que ocupa apaixonadamente Dostoiévski desde *Escritos da casa morta*. Antes de *Os demônios*, a personificação artística do "homem-universo" eram o "homem do subsolo", Stavróguin e o príncipe Míchkin. A cada vez Dostoiévski forneceu uma nova variante do "homem-universo", colocando-o ora sob o signo da negação (o "homem do subsolo", Svidrigáilov), ora sob o signo da desvairada afirmação (Míchkin). Que Stavróguin representa a justaposição dos opostos é fato evidente. Para ele voltam-se pessoas de convicções, gostos e interesses de vida diferentes e opostos — Chátov e Vierkhoviénski, Lise Túchina e a Coxa —, como se ele fosse um centro. Ele serve de estímulo e inspiração aos pensamentos de pessoas cujas convicções são diametralmente opostas, como é o caso de Chátov e Kiríllov. Ele é, no pleno sentido do termo, o centro e o eixo da intriga do romance. Ele compreende todos, e tanto as pessoas firmes e severas quanto outras, nitidamente opostas, como Chátov e Vierkhoviénski, fazem-lhe confissões. Nele, como em Míchkin e Alióquia, não se vê nem sombra de condenação dos outros. Não deixa dúvidas a "multifacetação das sensações" de Stavróguin.

Entretanto, em que consiste a originalidade da personificação do "homem-universo" nessa personagem de Dostoiévski? A maior proximidade de Stavróguin é com a imagem de Svidrigáilov. No protagonista de *Os demônios*, como em Svidrigáilov, surge mais uma vez em destaque o aristocratismo, a fidalguice. Tanto em Stavróguin como em Svidrigáilov é peculiar a amplitude do convívio social com segmentos opostos da sociedade. Na biografia de Stavróguin, narrada no capítulo "O príncipe Harry — Pedido de casamento", informa-se que, depois de suas diversas aventuras na alta sociedade, de seu rebaixamento a soldado e de sua nova promoção a oficial, "descobriram que morava com uma estranha companhia, que estava ligado a uma certa escória da população de Petersburgo, a uns funcionários descalços, a militares reformados que pediam esmola com dignidade, a bêbados; que frequentava as suas famílias imundas, passava dias e noites em favelas escuras e sabe Deus em que vielas, tornara-se desleixado, andava esfarrapado, logo, gostava disso".[370] Em Stavróguin, assim como em Svidrigáilov e no príncipe Valkóvski, destacam-se traços do nobre decaído, do "ex-homem". Também neste caso, nessa figura, ressoa em Dostoiévski o motivo, já abordado, da degradação social e moral da nobreza.

Stavróguin aproxima-se de Svidrigáilov por sua lascívia, sua voluptuosidade. Além das mulheres mencionadas na "pré-história" de Stavróguin, também são vítimas de sua voluptuosidade Lise Túchina e Mária Chátova. Se considerarmos a confissão do herói, que foi omitida,[371] veremos que Stavróguin, como Svidrigáilov, é culpado pelo defloramento de uma menina. Porém, à diferença de Svidrigáilov, em Stavróguin é maior a amplitude das paixões e dos instintos cruéis. Sobre a vida de Stavróguin na alta sociedade, o narrador registra: "O jovem havia caído na pândega de um modo meio louco e repentino. Não é que jogasse ou bebesse muito; contavam apenas sobre alguma libertinagem desenfreada, sobre pes-

---

[370] *Idem*, p. 51.

[371] Dostoiévski não viu a publicação do capítulo "Com Tíkhon", que narra a confissão de Stavróguin. Só em 1922, portanto, já na União Soviética, ele foi publicado pela primeira vez.

soas esmagadas por cavalos trotões, sobre uma atitude selvagem com uma dama da boa sociedade, com quem mantinha relações e depois ofendeu publicamente. Nesse caso havia algo francamente sórdido, até demais. Acrescentavam, além disso, que ele era um duelista obcecado, que implicava e ofendia pelo prazer de ofender".[372] O escritor está se referindo a uma maldade infinita que às vezes se apoderava de Stavróguin, ele torna a lembrar que "na raiva, é claro, revelava um progresso em comparação com L-n, até com Liérmontov. Talvez em Nikolai Vsievolódovitch houvesse mais raiva do que nesses dois juntos".[373] Em comparação com Svidrigáilov, vemos em Stavróguin uma profundidade incomensuravelmente superior da degradação moral. Em Svidrigáilov a agressividade é provocada pela intensidade, pelo arrebatamento de sua voluptuosidade. Em Stavróguin não podemos falar de uma voluptuosidade incontida e desvairada como causa imediata de seus atos extremamente agressivos. A razão, pelo contrário, é antes sua extrema curiosidade por toda sorte de atos e sensações extravagantes: sua atitude com a menina Matriócha, sua ofensa totalmente imotivada ao dirigente do clube Gagánov, seu casamento extravagante com a coxa Lebiádkina, seu arremesso inesperado de um maço de notas para Fiedka Kátorjni, compreendendo claramente que com esse gesto dava pretexto para o assassinato da Coxa, seu romance com Lise sem ter um sentimento sério por ela etc. etc.

Mas, por outro lado, em comparação com Svidrigáilov, há em Stavróguin uma força moral incomensuravelmente mais forte, uma capacidade de triunfar sobre si mesmo (embora, como já vimos, um traço dessa força também se manifeste em Svidrigáilov na cena do quarto com Dúnia).

Stavróguin é um homem infinitamente altivo que, segundo as palavras do escritor, "mataria um ofensor sem nenhuma vacilação", mas suporta com tranquilidade a ofensa pública de Chátov e nada faz contra ele. Durante um duelo, permanece calmo sob os disparos de Gagánov, filho do dirigente do clube a quem outrora

---

[372] *Os demônios, op. cit.*, p. 50.

[373] *Idem*, p. 207.

ofendera, e dispara para o alto depois que o outro falha. Stavróguin também difere muitíssimo de Svidrigáilov pelo fato de ser o centro de atração de pessoas tão diferentes e opostas, pelo fato de que essas pessoas procuram nele seu melhor "eu", seu ideal, sua "melhor metade" — segundo a expressão de Vierkhoviénski —, e desejam ver nele um homem que realiza façanhas. De fato, Stavróguin traz em si potencialidades para façanhas que ele acaba não realizando. Nele, porém, sente-se a agudeza do sentimento moral, em consequência da capacidade de concentrar em si, a um só tempo, dois polos moralmente opostos. Stavróguin não é capaz apenas de cometer atos agressivos e amorais, mas também de assumir com destemor todas as consequências desses atos.

Para a compreensão da imagem de Stavróguin é de enorme importância a sua genealogia literária. Assim como a figura do "homem do subsolo", a figura de Stavróguin tem um vínculo genealógico-literário com o tipo byroniano, através de sua refração nas condições histórico-sociais da Rússia e da literatura russa do século XIX. Em particular, achamos que o elo mediador entre os heróis byronianos e Stavróguin é Pietchórin. Não é por acaso que o nome de Liérmontov aparece vinculado à caracterização de Stavróguin. Lembremos que num artigo publicado na revista *Vriêmia*, Dostoiévski fala de Gógol e Liérmontov com sendo os dois "demônios" da literatura russa do início do século XIX. Pietchórin e Stavróguin são, acima de tudo, personagens unidas pelo terreno comum daquele meio social onde cresceram, ou seja, o terreno da nobreza russa, e ambos são simultaneamente renegados por esse meio.

O que torna esses dois protagonistas ainda mais familiares é sua organização psíquica. Em sua carta à Dária Pávlovna, escrita pouco antes de morrer, Stavróguin fala de si: "Meus desejos são fracos demais; não conseguem me dirigir. Num tronco pode-se atravessar um rio, num cavaco, não".[374] De fato, diante da amplitude e da força das paixões, faltam em Stavróguin intensidade no desejo e objetivos claros na vontade. Não é à toa que Chátov o chama de "o último fidalgo", e Piotr Stiepánovitch Vierkhoviénski

---

[374] *Idem*, p. 651.

o chama de "fidalgote reles, lascivo, estragado". Stavróguin não sustenta nem justifica as esperanças e expectativas que são depositadas apaixonadamente em sua pessoa por daqueles que se sentem desvairadamente atraídos por ele.

O jogo de Stavróguin com Lise Túchina lembra o jogo de Pietchórin com a princesinha Mary, loucamente apaixonada por ele. Pietchórin confessa em seu diário: "Eu mesmo não sou mais capaz de fazer loucuras sob o impacto da paixão".[375] À sua pergunta "O que é a felicidade?", o próprio Pietchórin responde: "Um orgulho satisfeito".[376] Essas palavras de Pietchórin poderiam ser inteiramente atribuídas também a Stavróguin. Pietchórin continua desenvolvendo suas reflexões sobre o papel da paixão na vida do homem: "As paixões não passam de ideias em sua primeira evolução... Mal gera mal; o primeiro sofrimento sugere a ideia do prazer de atormentar o outro: a ideia do mal não pode penetrar a cabeça do homem sem que ele queira aplicá-la à realidade".[377] Pietchórin fala do autoconhecimento como um estado supremo do homem: "Só nesse estado supremo de autoconhecimento o homem pode julgar a justiça divina".[378] Essas ideias de Pietchórin também podem ser atribuídas a Stavróguin. Este atinge aquele "estado supremo do autoconhecimento" referido por Pietchórin. Stavróguin é a tranquilidade e o autodomínio personificados. Toda a sua vida é experimentação contínua, o desejo de conhecer todas as sensações em suas tendências moralmente antípodas, o desejo de experimentar os limites das próprias forças. "Tanto quanto antes — confessa ele a Dária Pávlovna —, sempre posso desejar fazer o bem e sinto prazer com isso; ao mesmo tempo, desejo o mal e também sinto prazer."[379] É curioso comparar essa passagem com a seguinte confissão de Pietchórin: "Há, não obstante, um imenso prazer

---

[375] Mikhail Liérmontov, *O herói do nosso tempo*, tradução de Paulo Bezerra, Rio de Janeiro, Guanabara, 1988, p. 101.

[376] *Ibidem*.

[377] *Ibidem*.

[378] *Ibidem*.

[379] *Os demônios*, *op. cit.*, p. 651.

em nos apoderarmos de uma alma jovem que mal acaba de desabrochar. Ela é como uma flor que exala sua melhor fragrância ao contato com o primeiro raio do sol; devemos arrancá-la nesse instante e, depois de saciados com a sua fragrância, abandoná-la no meio do caminho; pode ser que alguém a apanhe. Sinto em mim essa avidez insaciável que devora tudo o que encontra no seu caminho; olho para os sofrimentos e alegrias dos demais somente naquilo que me diz respeito, como para um alimento que sustenta as minhas energias espirituais".[380] Pietchórin considera que o estímulo oculto das nossas paixões é a sede de poder: "Despertar por si sentimentos de amor, fidelidade e pavor não será o primeiro sinal e o maior triunfo do poder? Servir de motivo para os sofrimentos e alegrias de alguém sem ter para tanto qualquer direito real não será o sustento mais doce do nosso orgulho?".[381] A posição de Stavróguin, como é mostrada no romance, é um índice notório do seu desmedido poder sobre os outros, uma ilustração às palavras de Pietchórin que acabamos de citar.

A questão do autoconhecimento, do autoconhecimento que passa por uma severa experiência de vida, pela degradação e pela luta, é um dos temas determinantes em Dostoiévski desde *Escritos da casa morta*. Esse tema também se verifica em *Os demônios*, e em maior medida através da imagem de Stavróguin. Como vimos, com essa imagem, e num corte desse tema, Dostoiévski faz eco a seus grandes predecessores. É característico que todos os experimentos de Stavróguin, assim como os de Pietchórin, resultem no completo ceticismo corrosivo, no niilismo, na ausência de qualquer programa, ideal ou objetivo de vida. É surpreendente a coincidência das conclusões de Stavróguin e Pietchórin sobre si mesmos: "Em toda parte experimentei minha força — confessa Stavróguin a Dária Pávlovna. — Nos testes que fiz para mim [...] ela se revelou ilimitada".[382] Fazendo um resumo de sua vida, Pietchórin confessa: "Com que fim nasci?... Mas deve haver algum fim e alguma

---

[380] Mikhail Liérmontov, *O herói do nosso tempo, op. cit.*, p. 101.

[381] *Ibidem*.

[382] *Os demônios, op. cit.*, p. 651.

alta missão, e na certa ela existiu, e na certa me fora destinada uma missão elevada, porque sinto em mim forças imensuráveis".[383] Contudo, o que verificamos em Dostoiévski — em comparação com a auréola romântica com que Liérmontov reveste seu herói, e apesar de um certo destronamento que ele aplica ao super-homem byroniano — é o extremo rebaixamento de Stavróguin. "Oh, que demônio o meu! É simplesmente um demoninho pequeno, torpezinho, escrofuloso, gripado, daqueles fracassados."[384] Naquela mesma carta endereçada a Dária Pávlovna, ao falar do seu prazer tanto no mal quanto no bem, Stavróguin confessa: "Tanto um quanto outro sentimento continuam mesquinhos demais como sempre foram, fortes nunca são".[385] Comparando Stavróguin com o dezembrista L-n e Liérmontov, o narrador afirma: "Talvez em Nikolai Vsievolódovitch houvesse mais raiva do que nesses dois juntos, mas essa raiva era fria, tranquila, e, se é lícita a expressão, *sensata*, logo, a mais repugnante e a mais terrível que pode haver".[386] Mas em Stavróguin é ao mesmo tempo significativo no mais alto grau não só um autoconhecimento consistente e implacável, a ausência de quaisquer ilusões a respeito de si mesmo, como também uma consistente autonegação. Essa linha de autonegação do herói liga Stavróguin às personagens precedentes de Dostoiévski, começando pelo "homem do subsolo". Em Stavróguin, o "homem-universo" se torna objeto da negação do autor. O universalismo da consciência desse protagonista e a justaposição dos opostos nele presente confinam com sua total indiferença a tudo, com a perda de um ponto de apoio no mundo, com a perda da distinção entre o bem e o mal. "Pode-se discutir eternamente sobre tudo, mas só consegui extravasar uma negação desprovida de qualquer magnanimidade e de qualquer força. Nem negação como tal consegui extravasar."[387] As seguintes palavras evidenciam o extre-

---

[383] Mikhail Liérmontov, *O herói do nosso tempo, op. cit.*, p. 124.

[384] *Os demônios, op. cit.*, p. 291.

[385] *Idem*, p. 651.

[386] *Idem*, p. 207.

[387] *Idem*, p. 651.

mo grau de autodesprezo de Stavróguin: "Sei que preciso me matar, varrer-me da face da terra como um inseto torpe; mas tenho medo do suicídio porque temo mostrar magnanimidade".[388] É verdade que mais tarde ele refutará essas palavras com a ação: porá fim à própria vida, se suicidará. Mas mesmo assim Stavróguin é uma paródia de herói. Centro de atração de todas as personagens do romance, ele mesmo é um falso centro, assim como na óptica existe o falso foco dos raios, que é diferente do foco real. O autor indica com clareza a causa central da completa inconsistência do herói. Merece destaque o fato de que, entre as diferentes personagens desvairadas e obcecadas do romance, só Stavróguin seja isento de qualquer tipo de desvario. Ele "não é frio nem quente". Stiepan Trofímovitch, em cujos lábios o autor pôs a chave ideológica do romance, cita uma sentença do Apocalipse: "Conheço as tuas obras, que nem és frio nem quente. Quem dera fosses frio ou quente!/ Assim, porque és morno, e nem és quente nem frio, estou a ponto de vomitar-te da minha boca;/ Pois dizes: estou rico e abastado, e não preciso de cousa alguma, e nem sabes que tu és infeliz, sim, miserável, pobre, cego e nu".[389]

Stiepan Trofímovitch, ao lançar, no limiar da morte, um olhar sobre toda a sua vida, identifica-se com essas palavras. No entanto, e em grau bem maior, tais palavras se referem à figura central do romance. A indiferença afetuosa-moral de Stavróguin, seu desinteresse por tudo, a justaposição dos opostos e a perda da distinção entre o bem e o mal estão vinculados, no romance, ao divórcio da terra natal e do povo. No capítulo "A noite", Chátov diz a Stavróguin: "Você perdeu a capacidade de distinguir o mal do bem porque deixou de reconhecer o seu povo".[390] Na carta endereçada a Dária Pávlovna, no limiar da morte, Stavróguin confessa: "Na Rússia não estou preso a nada — nela tudo me é tão estranho quanto em qualquer lugar. É verdade que nela, mais do que em qualquer outro lugar, não gostei de viver; mas nela não

---

[388] *Idem*, p. 652.

[389] *Idem*, p. 662.

[390] *Idem*, p. 255.

consegui sequer odiar nada!".[391] Neste momento Dostoiévski cerra fileira com uma das linhas centrais da literatura russa do século XIX. Como se evidencia em seus artigos do *Diário de um escritor* e no seu discurso em honra de Púchkin, ele se inquietava profundamente com o tema do "errante russo", que, segundo seu pensamento, fora personificado pela primeira vez na imagem de Ievguiêni Oniéguin. Dostoiévski vivenciou e sofreu esse tema de maneira profunda e vinculou geneticamente as imagens centrais dos seus romances às imagens de Oniéguin, Pietchórin e outras imagens dessa série, permanecendo ao mesmo tempo profundamente original. Na galeria de imagens de Dostoiévski, Stavróguin continua a linha do homem isolado e altivo do "período petersburguense", linha inaugurada por Ordínov e continuada pelo "homem do subsolo", por Raskólnikov e Svidrigáilov. Mas em Stavróguin há pontos em comum também com Aleksiêi Ivânovitch de *Um jogador* e com o príncipe Míchkin. Esses pontos em comum estão na "errância" dessas personagens. Tanto Aleksiêi Ivânovitch quanto Míchkin e Stavróguin são pessoas afastadas do solo natal, renegados da terra russa e do povo russo. O divórcio da terra natal e do povo é acentuado com intensidade especial em Stavróguin. De fato, como já vem informado em sua biografia no capítulo "O príncipe Harry — Pedido de casamento", ainda na juventude Stavróguin se afastara do solo natal, fora embora da Rússia. Tornou-se um verdadeiro "errante", um vagabundo que não se acomoda em nenhum lugar por muito tempo. "Nosso príncipe viajou três anos e pouco, de sorte que quase havia sido esquecido na nossa cidade. Através de Stiepan Trofímovitch, sabíamos que ele percorrera toda a Europa, estivera até no Egito e fora inclusive a Jerusalém; depois se juntara a alguma expedição científica à Islândia."[392] Ele voltou para a Rússia, mas aqui, segundo suas palavras, não gostava de viver.

Ao fim e ao cabo o pensamento de Stavróguin se fixa na Suíça, no cantão de Uri, onde deseja passar o resto de sua vida ao la-

---

[391] *Idem*, p. 650.

[392] *Idem*, p. 61.

do da "auxiliar de enfermagem" Dacha, a quem informa em carta sobre esse seu plano.

"No ano passado, como Herzen, me registrei como cidadão do cantão de Uri, e ninguém sabe disso."[393] Aqui não é casual a menção a Herzen, sobretudo se compararmos com isso algumas manifestações de Dostoiévski no *Diário de um escritor*. Essa menção é uma nova prova de como o tema do "errante russo" preocupava Dostoiévski. Mas Stavróguin, sendo um renegado, é colocado em nítido contraste com o príncipe Míchkin, também um renegado e "errante", mas que ama com paixão e desvario a terra natal e a cidade natal. À diferença de Míchkin, Stavróguin permanece até o fim um estranho à sua terra natal e ao seu povo. Contudo, não é só em sua terra natal russa que ele é incapaz de se radicar: Stavróguin não está destinado a encontrar casa em terra alguma. É significativo o fato de ele não conseguir chegar ao cantão de Uri. "O cidadão do cantão de Uri estava pendurado ali mesmo atrás da porta. Em uma mesinha havia um pequeno pedaço de papel com estas palavras escritas a lápis: 'Não culpem ninguém, fui eu mesmo'."[394] Na imagem de Stavróguin retorna, numa personificação absolutamente nova e imersa na atmosfera do romance realista e politicamente aguçado, o tema de Ahasverus, que liga Dostoiévski ao romantismo.

Tem um importante significado temático no romance a antítese Stavróguin-Mária Timofêievna Lebiádkina. A imagem de Lebiádkina, coxa e *iuród*,[395] tem um profundo sentido simbólico. Estamos diante de uma nova personagem possessa e obcecada, e através de suas visões, de seus devaneios delirantes e discursos loucos irrompem como raios clarividências proféticas. Dostoiévski atribui à imagem da mentecapta realisticamente delineada o aspecto de uma nova Pitonisa. Nas falas da coxa soa antes de tudo a

---

[393] *Idem*, p. 650.

[394] *Idem*, p. 653.

[395] O *iuród* era um tipo de mentecapto dotado de capacidade adivinhatória e tiradas filosóficas que aparecia às portas das igrejas, e que depois acabou se tornando figura popular na cultura russa.

voz da terra. Ela conta a Chátov de sua antiga vida no mosteiro: "Enquanto isso, ao sair da igreja uma velha, que vivia entre nós em penitência por umas profecias que andara fazendo, me cochicha: 'Quem é a Mãe de Deus, o que achas?' — 'É a grande mãe, respondo, é o enlevo da espécie humana.' — 'Então, diz ela, a Mãe de Deus é a grande mãe terra úmida, e grande porque encerra a alegria para o homem'".[396] Ainda antes a coxa afirmara: "A meu ver, digo eu, Deus e a natureza são a mesma coisa".[397] Essas manifestações da heroína, nitidamente heréticas do ponto de vista da religião ortodoxa, são notáveis como manifestações das concepções de Dostoiévski sobre a terra como o autêntico centro vivo de atração física e espiritual dos homens, em contraposição à "errância" de pessoas como Stavróguin, que perderam esse centro. A coxa, sendo obcecada a seu modo, contrapõe-se ao desvario e à obsessão das outras personagens. A coxa é serena e alegre em relação à sua deficiência, contrastando com as vis obsessões das outras personagens.

Em Mária Timofêievna manifesta-se com toda a força o amor e a ternura do potencial materno. Reencontramos aqui um dos motivos capitais da obra de Dostoiévski: o motivo da infantilidade e da imagem do infantil. No *Diário de um escritor* há um artigo intitulado "A terra e as crianças", que mostra o quão estreitamente esses dois conjuntos de sentidos estão vinculados na consciência do autor. Mas no contexto de toda a obra de Dostoiévski, e em particular no contexto do romance *Os demônios*, a terra é inseparável do tema da pátria, do tema da Rússia. Já a Rússia, na consciência do escritor, é acima de tudo o povo russo. A cura para os "endemoniados" está na reunião com o todo vivo inseparável da terra — o povo russo —, nisto reside a ideia basilar do romance *Os demônios*. Todos os "endemoniados" são desvairados que se agrupam e gravitam em torno de Stavróguin. Todos eles são, em certa medida, um fruto indiscutível do espírito de Stavróguin, de suas emanações. Mas o próprio Stavróguin, como vimos, é o exem-

---

[396] *Os demônios, op. cit.*, p. 152.

[397] *Ibidem.*

plo extremo de desarraigamento da terra e do povo, de extremo individualismo e isolamento, que confinam com a morte espiritual. O romance aponta o único caminho da cura — em direção ao povo e à terra, por meio do trabalho de mujique. O motivo do trabalho de mujique reencontraremos mais tarde, em *Os irmãos Karamázov*. Mas para Stavróguin esse único caminho da cura é impossível, e ele naufraga inevitavelmente.

Em Dostoiévski, o tema da pátria, do povo russo e do trabalho de mujique está fundido com seu tema capital, fundamental — o tema da vida. Nesse tema se entrelaça organicamente a imagem da criança. O capítulo "A viajante", que antecede o capítulo "Uma noite pesadíssima" e suas trágicas catástrofes, nos apresenta a mulher de Chátov, Mária, que retorna do exterior grávida de um filho de Stavróguin. Esse episódio tem uma importância cardinal. A coxa deseja apaixonadamente ter um filho. Mas não está destinada a tê-lo. O filho do seu marido nasce de outra mulher. Chátov, que com um amor ardente recebe a esposa pródiga, saúda extasiado o nascimento da criança, embora essa criança não seja sua, mas de Stavróguin. "Eram duas pessoas, e de repente uma terceira, um espírito novo, inteiro, acabado, como não acontece quando feito por mãos humanas; um novo pensamento e um novo amor, até dá medo... E não há nada superior no mundo!"[398]

Esse pensamento é tão importante para Dostoiévski que ele o destaca várias vezes no romance. No capítulo "A viajante", em particular, o romancista compara o nascimento da criança da mulher de Chátov com os pensamentos de Kiríllov, obcecado pela ideia do mistério radical da vida. Ao comunicar a Chátov sobre a experiência da vida, Kiríllov observa, em estado de êxtase: "Acho que o homem deve deixar de procriar. Para que filhos, para que desenvolvimento se o objetivo foi alcançado? No Evangelho está escrito que na ressurreição não haverá partos, serão como os anjos de Deus. Uma alusão. Sua mulher está dando à luz?".[399] As personagens de *Os demônios* podem ser agrupadas segundo o grau

---

[398] *Idem*, p. 574.

[399] *Idem*, p. 572.

de sua proximidade com a essência infantil. Essa imagem está presente em maior grau na Coxa. Eis por que em alguns momentos ela aparece completamente feliz e capaz de vivenciar um estado de pleno bem-estar. Stavróguin é totalmente desprovido de infantilidade; Chátov se revela em toda a pureza e inocência infantil no momento da chegada da esposa. Em Kiríllov, como já observamos, existe um elemento de infantilidade etc.

Depois da Coxa, a personagem que em maior grau se aproxima de uma criança é Stiepan Trofímovitch Vierkhoviénski. Essa imagem é de importância especial para a revelação do sentido central do romance. Não é por acaso que o romance começa pela descrição da vida desse homem, como não é por acaso que ao término do romance o escritor novamente retorna a ele no capítulo "A última errância de Stiepan Trofímovitch". A imagem dessa personagem é, em Dostoiévski, uma nova personificação original do tema de Dom Quixote, pelo qual o escritor sentia uma atração tão profunda. No plano do romance político-atual, do romance-folhetim, do romance-panfleto, a imagem de Stiepan Trofímovitch sofre um extremo rebaixamento. Nesses casos, o narrador ridiculariza Stiepan Trofímovitch o tempo todo como sendo um fingidor. Mas acontece que Dom Quixote está sempre fingindo. Contudo, *Os demônios* não é só um romance-folhetim. Em Stiepan Trofímovitch importa outra coisa. Nele há o sonho ardente e sincero com um ideal. Ele é cômico como Dom Quixote, mas por trás desse cômico percebemos sua sede de um ideal, personificado na imagem da Madonna Sistina. No entanto, o mais essencial em Stiepan Trofímovitch é precisamente o lado infantil, no melhor sentido do termo. O segredo disto, como explica o narrador, está no fato de que ele mesmo era uma criança. Assombrado pela ideia de sua vida parasitária, no fim do romance ele abandona o seu lugar habitual e torna-se um verdadeiro "errante". Essa "errância", contudo, diferente da de Stavróguin, o leva a ganhar a terra natal e o povo, a ganhar a Rússia. Nos instantes que antecedem sua morte, Stiepan Trofímovitch passa pela fase de autojulgamento, pela autocondenação. Ele supera seu divórcio interior do todo vivo e adquire uma fé profunda na Rússia e em seu futuro.

10.

O tema da desagregação moral da "vida viva": *O adolescente*

O adolescente [1875] recria consideravelmente a atmosfera do romance *Um jogador*, a atmosfera da febre capitalista. Aqui, assim como em outros romances, Dostoiévski é até o fim fiel a si mesmo: o capitalismo se apresenta diante de nós em sua feição rapinante, como uma força destruidora e desumana. Outra vez a ação é transferida para Petersburgo, que é o centro dos acontecimentos em muitos dos romances de Dostoiévski.

O frenesi capitalista já se faz sentir fortemente na primeira parte, na representação de um fenômeno tão característico da vida de uma grande cidade como o mercado de ações, onde Arkadi faz seu "teste", ao revender uma mercadoriazinha.

Na primeira parte também aparece para o leitor o sórdido especulador Stebielkóv, conhecedor dos segredos e intrigas da alta sociedade, que lucra com ágios enormes sobre empréstimos em dinheiro para gente da "alta sociedade" que enfrenta dificuldades materiais. Na segunda parte, abre-se para o leitor o quadro da roleta, o desvairado jogo de azar. Os ânimos do jogo transbordam em toda parte. O narrador descreve diversos antros de jogo, que atraem para sua órbita diferentes segmentos sociais, a começar pela alta sociedade. "Numa dessas casas jogava-se bacará e as apostas eram muito altas. Mas não gostei desses lugares: eu notava que o bom ali eram as apostas de grandes quantias e, além disso, o lugar era frequentado por um número excessivo de tipos descarados e jovens 'barulhentos' oriundos da alta sociedade."[400] "Assim, logo abandonei esses lugares e peguei o costume de frequentar ape-

---

[400] Fiódor Dostoiévski, *O adolescente*, tradução de Paulo Bezerra, São Paulo, Editora 34, 2015, p. 297.

nas uma cloaca — de outro modo não consigo denominá-la. Era uma roleta bastante reles, pequena, mantida por uma concubina, embora ela mesma não aparecesse na sala. Ali as pessoas se sentiam muitíssimo à vontade, e embora também aparecessem tanto oficiais como comerciantes ricos, tudo transcorria de modo descontraído, que era o que, aliás, atraía tanta gente."[401] Por fim, Arkadi descreve o último antro de jogo — a roleta de Ziérschikov. O próprio Ziérschikov "era um capitão da cavalaria reformado e o estilo que imprimia às noites em sua casa era breve e prático, bastante sofrível, militar, delicadamente irritante quanto à observância das formas de honra. Por exemplo, lá não apareciam brincalhões e grandes pândegos. Além disso, o jogo era bastante sério. Jogava-se bacará e roleta".[402]

Todas as camadas da sociedade, da cúpula à arraia-miúda, estão assim dominadas pela febre: pela sede de ouro, de lucro, pelo empenho de ganhar logo uma enorme bolada, pelo jogo em apostas grandes e pequenas, pela usura, pela especulação sob todas as formas. Na terceira parte do romance aparece Lambert, um aventureiro e chantagista. De seus lábios ouvimos a palavra "sabedoria do século", expressa com um cinismo extremamente definido. "Sabes que aquele velho príncipe nutre total simpatia por ti; sabes que relações podes estabelecer usando a proteção dele; e quanto ao fato de não teres nome, hoje em dia não se precisa de nada disso: é só meteres a mão na bolada que vais crescer, crescer, e dentro de dez anos serás tamanho milionário que deixarás toda a Rússia em polvorosa; então, para que precisarias de nome? Na Áustria pode-se comprar um título de barão."[403]

Uma manifestação peculiar e ainda mais ignóbil da febre capitalista é descrita na terceira parte: aqui, segredos íntimos de família se tornam objeto de especulação, lucro e fonte de rendas. O que há de mais secreto no homem entra no processo de circulação monetária. A febre do lucro cresce em íntima imbricação com a

---

[401] *Ibidem.*

[402] *Idem*, p. 298.

[403] *Idem*, p. 468.

febre dos sentimentos. O romance *O adolescente* é interessante pela construção de sua intriga. No fim das contas, todos os acontecimentos se concentram em torno do famigerado "documento" — a carta de Akhmákova a Andrónikov. Esse documento se torna um símbolo patente da encarniçada concorrência entre interesses opostos e que se chocam. O escritor revela como as mais complexas relações e vivências morais de Akhmákova, Viersílov, Arkadi e outros se entrelaçam fatalmente com os interesses materiais grosseiros e inabaláveis de Akhmákova, Anna Andrêievna, Lambert etc., na luta pela herança do velho Sokólski. De fato, em face do "documento" como que se materializam todos os sentimentos intensos e contraditórios que inquietam e devoram as personagens.

Independentemente de como o autor descreve os processos isolados da sociedade capitalista, em cada ponto dessa descrição ele reproduz o clima psicológico e moral dessa sociedade e, principalmente, a desvairada aceleração dos ritmos de sua vida. Em *O adolescente* destaca-se ainda um motivo especial — a "ideia" de Arkadi de tornar-se um Rothschild. Para o herói, o dinheiro é um meio de conquista do poderio e do isolamento.

"Sim, em toda a minha vida tive sede de poderio, de poderio e isolamento."[404] Mas o objetivo desse poderio e isolamento, a serem obtidos através dos milhões de um Rothschild, é a liberdade pessoal. "Não preciso de dinheiro, ou melhor, não é de dinheiro que preciso; e nem mesmo de poderio; preciso apenas do que se conquista com o poderio e sem poderio não se pode conquistar: a consciência solitária e tranquila da força! Eis a mais plena definição de liberdade, pela qual tanto se bate o mundo!"[405]

A ideia de tornar-se um Rothschild, não simplesmente um capitalista, mas o primeiro capitalista, é uma forma de extrema autoafirmação do herói. Porém é característico que o caminho dessa autoafirmação se situe, para ele, na acumulação, na extrema concentração do dinheiro nas mesmas mãos. Nas reflexões de Arkadi

---

[404] *Idem*, p. 95.

[405] *Idem*, p. 97.

O tema da desagregação moral da "vida viva": *O adolescente*

encontramos toda uma filosofia do dinheiro. "O dinheiro nivela todas as desigualdades!"[406]

Arkadi tenta, pela persistência e a continuidade da acumulação, concretizar essa sua "ideia". O próprio herói-narrador menciona alguns protótipos literários de acumuladores: Harpagon, Pliúchkin,[407] o cavaleiro avaro de Púchkin. Este é justamente o seu protótipo. Não há dúvida de que nos sonhos apaixonados de Arkadi são recriadas as aspirações dos acumuladores de Balzac, sobretudo do agiota parisiense Gobseck. Mas os sonhos de Arkadi de tornar-se o primeiro ricaço não só refletem a sua atualidade, ou seja, os anos 1870, como ainda antecipam o futuro imediato da Europa capitalista, antecipam as imagens dos milionários (na literatura, imagens dos romances de Émile Zola, Theodore Dreiser, Sinclair Lewis e vários outros escritores). Outro tema ligado por sucessão aos romances anteriores é o tema da desagregação social, que em Dostoiévski é inseparável da exposição do capitalismo. "Desordem" — eis a palavra que se repete em diferentes variantes de sentido e em sua aplicação a diversas linhas e situações do enredo ao longo de toda a obra. Encontramos essa mesma palavra, como uma chave ideológica do romance, na carta de Nikolai Semiónovitch, na "Conclusão", na qual ele comenta os acontecimentos descritos no texto do romance. O motivo da nobreza russa e dos seus destinos sociais ocupa um lugar particularmente significativo nesse romance. Assim como em suas obras anteriores, Dostoiévski descreve o processo de degradação da nobreza russa em face do movimento tempestuoso do capitalismo. Mais de uma vez o escritor destaca a ruína econômica da nobreza. Assim, acerca de Viersílov, bem no início do romance o leitor toma conhecimento de que ele "tinha esbanjado três heranças em sua vida".[408] No início da ação, sabemos que Viersílov se encontra em circunstâncias materiais extremamente difíceis. E assim ele permanece até o fim

---

[406] *Idem*, p. 96.

[407] Personagens, respectivamente, de *O avarento*, de Molière, e *Almas mortas*, de Gógol.

[408] *O adolescente, op. cit.*, p. 24.

do romance, em circunstâncias materiais extremamente difíceis. A posição social de Viersílov é a do nobre arruinado, que vive dos restos de sua fortuna. O processo de degradação econômica da nobreza está representado de modo ainda mais saliente no destino do jovem príncipe Sokólski e sua família. A história do príncipe Seriója é uma importante linha do enredo.

Entretanto, no romance não se trata apenas da ruína econômica da nobreza, mas também de sua degradação sociocultural como um todo. Na já referida carta de Nikolai Semiónovitch, no fim do romance, é ressaltado o acabamento que as formas culturais da vida da nobreza tiveram no passado. "Pelo menos tudo o que havia entre nós com um mínimo de acabamento. Não digo isso por já estar incondicionalmente de acordo com a exatidão e a veracidade dessa beleza; mas aí, por exemplo, já havia formas consumadas de honra e dever, o que, a não ser na nobreza, não só inexiste em forma consumada em toda a Rússia como sequer teve início em nenhuma de suas partes."[409] Viersílov chega a lançar toda uma utopia social relacionada com a nobreza. Essa utopia é uma repetição e um desenvolvimento posterior dos pensamentos do príncipe Míchkin, emitidos no jantar em casa dos Iepántchin. Segundo as ideias de Viersílov, o princípio da honra é o suporte moral da nobreza, o princípio supremo em que se sustenta o vínculo interno de toda a casta. Na concepção de Viersílov, a ideia de honra equivale à ideia de dever. "A palavra honra significa dever. Quando num Estado domina uma casta superior, a terra é forte. A casta superior sempre tem sua honra e sua profissão de honra, que pode até ser falsa, mas quase sempre serve como liga e consolida a terra; é útil em termos morais, porém o é mais em termos políticos."[410] Viersílov sonha com uma situação no país em que a casta superior, guiando-se pelos princípios do dever e da honra, venha a se tornar a casta cultural superior, no autêntico sentido da palavra. Viersílov pensa numa nobreza intelectual, num governo dos melhores. "Ainda hoje, e tendo perdido direitos, nossa nobre-

---

[409] *Idem*, p. 586.

[410] *Idem*, p. 233.

O tema da desagregação moral da "vida viva": *O adolescente*

za poderia continuar sendo uma casta superior enquanto preservadora da honra, da luz, da ciência e de uma ideia superior e, o mais importante, sem mais se fechar numa casta isolada, o que seria a morte das ideias."[411]

Entretanto, os quadros que se desenvolvem no romance testemunham que são plenamente ilusórios os sonhos de Viersílov. E ele mesmo confessa: "Bem, se é isso o que o senhor quer muito ouvir, então é possível que a nobreza nunca tenha existido em nosso país".[412] É claro que, neste caso, o que Viersílov subentende por nobreza é aquela nobreza ideal de que fala a utopia social. Em sua carta final a Arkadi, Nikolai Semiónovitch fala da dificuldade da situação do romancista atual. Se um romancista se propusesse a representar formas acabadas, um belo tipo acabado de homem, "ele não poderia escrever em outro gênero a não ser no histórico, pois em nossa época não existe mais o tipo belo, e, se deixaram remanescentes, estes não mantiveram a beleza segundo a opinião hoje dominante".[413] Em caso de êxito artístico, "semelhante obra já não pertenceria tanto à literatura russa quanto à história russa. Seria um panorama artisticamente acabado de uma miragem russa, porém que existiu na realidade, até que adivinharam que se tratava de uma miragem".[414]

O tema da desagregação social e moral, da "desordem", do caos no seio da nobreza russa, soa alto na história de Viersílov e de suas duas famílias. Um importante motivo do romance é o motivo da "família casual", também ressaltado na carta final de Nikolai Semiónovitch. Nesse romance Dostoiévski descreve o modo como o movimento irrefreável do desenvolvimento social mina por dentro os limites das castas, em primeiro lugar da "casta superior", e as dissonâncias vitais angustiantes que brotam desse processo. Essas dissonâncias se fazem ouvir com maior intensidade nas vivências de Arkadi, que tem o sobrenome principesco de Dolgorúki,

---

[411] *Idem*, p. 234.

[412] *Idem*, p. 235.

[413] *Idem*, p. 587.

[414] *Ibidem*.

é filho ilegítimo do senhor de terras Viersílov; ele é reconhecido por este como filho e ao mesmo tempo não tem os direitos de filho, não usa o sobrenome do pai, sendo, aos olhos da lei, filho do camponês Makar Dolgorúki. Toda a farsa e a confusão da posição social de Arkadi — filho de uma "família casual", são duas das causas da humilhação do seu "eu", o que se manifesta nas contínuas repetições da mesma situação ao longo de todo o romance, com insignificantes variações. "Príncipe Dolgorúki? — Não, simplesmente Dolgorúki, filho do ex-servo Makar Dolgorúki e filho ilegítimo de meu ex-senhor Viersílov."[415] A complexidade e a confusão das relações familiares de Viersílov, que tem duas famílias e ao mesmo tempo cuida da educação do filho da falecida Lídia Akhmákova, é reflexo do processo generalizado de ruptura social vivido pela Rússia. Em sua carta a Arkadi, Nikolai Semiónovitch aponta o acabamento das formas da Rússia do passado sob o aspecto da honra e do dever nobre, e observa:

"Se essa honra é boa e esse dever é verdadeiro, já é uma questão secundária; contudo, o essencial para mim é exatamente o caráter consumado dessas formas e ao menos alguma ordem, e não mais prescrita, porém uma ordem enfim vivenciada por nós mesmos. Meu Deus, ao menos alguma ordem finalmente nossa é justo o mais importante. Era nisso que consistia a esperança e, por assim dizer, o repouso. Que tenhamos enfim ao menos alguma coisa construída e não essa eterna ruptura, e não esses cavacos voando para todos os lados, não esse lixo e esses detritos que há duzentos anos não têm dado em nada."[416]

Dostoiévski observa a "desordem" e o caos primordialmente nos representantes da classe nobre. O escritor descreve diversas formas de "desordem", de desagregação moral. Aparece diante de nós o caquético velhote príncipe Sokólski, um ricaço que serve como ponto de atração para muitos que desejam pôr em ordem seus recursos materiais. Ele é o mais bondoso de todo o grupo de nobres que povoa o romance e traz em si, nitidamente expresso, o

---

[415] *Idem*, p. 65.

[416] *Idem*, p. 586.

princípio de infantilidade. Também nessa figura o caótico ganha uma viva representação. O velho já tivera um acesso de demência. "Haviam notado (mas eu, não) que, depois do ataque, ele fora tomado por uma propensão especial para casar-se o mais depressa possível, e que mais de uma vez tentara realizar essa ideia naquele ano e meio. Isso teria chegado ao conhecimento da alta sociedade e interessado as pessoas certas."[417] E de fato, posteriormente veremos que o príncipe se envolve num projeto de casamento com a jovenzinha Anna Andrêievna, filha de Viersílov. Os temas das conversas do velhote com Arkadi eram sobre "Deus e sua existência, ou seja, se ele existe ou não [...]. Contudo, o que mais o encantava era falar de mulheres, e como eu, por ter aversão a esse tema, não podia ser um bom interlocutor, às vezes ele chegava a ficar amargurado".[418] Até o rosto do príncipe refletia toda a sua frouxidão de alma e de moral, seu amolecimento interior. "Mas seu rosto tinha a particularidade quase desagradável, quase indecente, de num átimo passar de extraordinariamente sério a demasiado brejeiro, de sorte que quem o visse pela primeira vez nunca esperaria tal coisa."[419]

A "desordem" que se manifesta na vida de Viersílov se reflete também em sua primeira família, oriunda do casamento com Fanariótova. Aqui ocupa o primeiro plano a figura de Anna Andrêievna, uma bela moça aristocrática que tem algo de velho, de quase monástico em sua imagem física e mental. E eis que essa moça-Minerva, essa moça-monja, é incendiada pelo sonho de casar-se com uma ruína de príncipe (motivo de *O sonho do titio*) e apoderar-se de sua riqueza. Ela mobiliza todos os recursos para a luta encarniçada com sua principal inimiga, Akhmákova, faz uma aliança com o vigarista Lambert e leva o príncipe para o apartamento de Arkadi. O sentido social dessa figura é, mais uma vez, elucidado na carta de Nikolai Semiónovitch: "Mas veja sua filha Anna Andrêievna — como não dizer que é uma moça de caráter?

---

[417] *Idem*, p. 29.

[418] *Idem*, p. 33.

[419] *Ibidem*.

Seu rosto tem as dimensões do da mãe, a abadessa Mitrofânia — subentende-se que sem lhe profetizar nada de criminoso, o que seria injusto de minha parte. Agora me diga, Arkadi Makárovitch, que essa família é um fenômeno casual e deixará minha alma em júbilo. Ao contrário, porém, não seria talvez mais justo concluir que inúmeras dessas famílias russas, sem dúvida de linhagem, se convertem em massa, com uma força irresistível, em famílias *casuais* e se fundem com elas na desordem geral e no caos?".[420] Por si só, essa confrontação das personagens do romance com uma pessoa historicamente real, como a abadessa Mitrofânia, é uma nítida prova de que, para o escritor, as figuras do seu romance são uma expressão dos famosos processos sociais que se desenvolviam na sociedade russa da segunda metade do século XIX.

Ao lado de Anna Andrêievna está seu irmão ajudante de campo, filho de Viersílov com Fanariótova. Toda a essência moral desse almofadinha aristocrático, um esnobe da alta sociedade, que ofende intencionalmente e sem nenhum motivo seu meio-irmão Arkadi e o saúda amistosamente quando precisa dele para atacar o príncipe Nikolai Ivánovitch, é, por sua vez, avaliada na carta de Nikolai Semiónovitch: "Nem vou falar de seu filho; aliás, ele não merece essa honra. Quem tem olhos sabe de antemão até onde em nosso país vão semelhantes diabretes, e ainda arrastarão outros".[421] Esse filho de Viersílov é, no romance, uma das mais nítidas manifestações do caos moral que se desenvolve na sociedade russa e que afeta no mais intenso grau a cúpula da aristocracia. O processo de desagregação moral encontra sua mais notória representação na figura e no destino do jovem príncipe Seriója Sokólski. Descendente de uma antiga linhagem de príncipes, o jovem príncipe Seriója é um esbanjador e jogador que entrelaçou até o extremo seus próprios negócios com os negócios da família. Em tentativas desesperadas de reparar sua situação material por meio do jogo na roleta, ele resvala para o crime. O passado do jovem príncipe Sokólski se resume a uma história, transcorrida no regi-

---

[420] *Idem*, p. 588.

[421] *Ibidem*.

mento onde ele serviu. Há o boato de que ele ofendeu uma moça. Nisso ele revelara uma extrema covardia. Seduzira uma moça louca — Lídia Akhmákova. A extrema friabilidade moral do príncipe impede-o de definir sua situação, de dar o passo decisivo em sua relação com Lise, a quem ama sinceramente. O príncipe se mete em relações com negocistas sórdidos, como Stebielkóv. Acaba arrastado a um processo criminal sobre falsificação de ações e é preso. O final do príncipe é a total prostração moral e a loucura. Por ciúme de Lise com Vássin, o príncipe se degrada até o ponto de delatar a turma de Diergátchev. Não longe do príncipe, entra na desagregação moral todo o entorno deste, como Darzan e diabretes similares da alta sociedade, que frequentam a roleta. "Nós dois fomos atingidos pelo destino comum dos russos, Arkadi Makárovitch: você não sabe o que fazer e eu também não sei o que fazer. Basta um russo escapar um mínimo da bitola estereotipada e legitimada para ele pelos costumes que logo fica sem saber o que fazer. Na bitola tudo é claro: a renda, o título, a posição social, a carruagem, as visitas, o serviço público, a esposa, mas é só acontecer uma coisinha à toa que lhe vem a dúvida: o que sou eu? Uma folha levada pelo vento. Não sei o que fazer!"[422]

Essas palavras do príncipe são significativas. Dostoiévski descreve em seu romance a destruição do padrão histórico, das formas sociais de vida criadas historicamente na Rússia tsarista de castas, destruição essa provocada pela transformação capitalista do país e traduzida em diversas formas de desagregação moral.

A desagregação moral, relacionada à ruptura das formas sociais de vida e provocada pela transformação capitalista da Rússia, é retratada por Dostoiévski inclusive através de figuras episódicas e secundárias do romance. Entre estas, são particularmente notáveis dois jovens, agentes de Lambert: um tal de Andrêiev, tipo alto e esgrouviado que armava escândalo nos restaurantes na rua Morskaia; o outro era Trichátov, ainda jovenzinho, quase um menino. Oriundos do segmento culto, os dois revelam indícios de boa educação: conhecimento da língua francesa, de literatura. Trichátov é

---

[422] *Idem*, p. 321.

200   O estilo de Dostoiévski

um fino apreciador de música. Pelos fragmentos da autobiografia de Trichátov, narrados por ele a Arkadi no restaurante, tomamos conhecimento da degradação econômica de sua família. "Sabe, tenho uma irmã no campo que é apenas um ano mais velha do que eu... Oh, hoje tudo lá já foi vendido e não temos mais nada!"[423] De qualquer maneira, no momento da ação do romance esses dois jovens cultos estão "a serviço" do vigarista Lambert. Com a degradação econômica, transcorre de modo constante e implacável o processo de desagregação moral. Dão testemunho dessa desagregação as confissões de Trichátov sobre seu amigo Andrêiev: "Tem umas ideias estranhíssimas: num instante ele lhe diz que o canalha e o honesto são a mesma coisa e que entre os dois não há diferença; que não é necessário fazer nada, nem de bom, nem de mau, e que é a mesma coisa fazer tanto o bem quanto o mal, e que o melhor de tudo é ficar deitado sem trocar de roupa o mês inteiro, beber, comer e dormir — e só".[424] Mas essa desagregação moral afetou até o amável e sincero rapazinho Trichátov. Este mesmo diz o seguinte a seu respeito: "Em mim isso não faz mais efeito e eu, não sei se acredita, não tenho como me controlar. Diga-me que não devo mais almoçar nos restaurantes e estarei disposto a tudo só para jantar. Oh, desejamos sinceramente ser honestos, asseguro-lhe, só que sempre o adiamos".[425]

Contra o pano de fundo dessa desagregação destaca-se no romance o tema da nova geração, que passa por todos os romances de Dostoiévski. O isolamento do homem, algo que sempre foi de grande interesse para o escritor, é observado não só no destino de Arkadi Dolgorúki. Ao lado de Arkadi o autor põe Kraft e Ólia. O destino desses dois é o suicídio, um destino impensável para o próprio Arkadi. Kraft, um homem "devorado por uma ideia", é mostrado em toda a sua profunda solidão. Ele chegou à conclusão de que o povo russo é um povo secundário e, considerando-se sinceramente russo, apela para o suicídio. Dostoiévski mostra seu

---

[423] *Idem*, p. 461.

[424] *Idem*, pp. 458-9.

[425] *Idem*, p. 459.

O tema da desagregação moral da "vida viva": *O adolescente*   201

pleno divórcio das raízes sociais e nacionais. Kraft faz um nítido paralelo com Arkadi. Como ele, este também tem sua "ideia". Mas há uma total "barafunda" nas "ideias" esses dois jovens. O romancista mostra a total encruzilhada diante da qual a juventude se encontra.

Outra personagem que faz um paralelo com Arkadi é Ólia. Um extremo isolamento, uma profunda solidão como destino inevitável do homem na sociedade capitalista nunca aparecera em Dostoiévski de forma tão intensa e evidente como na história trágica de Ólia, que tanto impressionara Nekrássov. O mais terrível nessa história não é o impasse da situação material dessa moça, e sim a sua solidão na cidade grande. Tendo se tornado objeto de caça e acossamento, ela de tal modo se encaramujou e compenetrou-se, tomada pela desconfiança, que não acredita nem mesmo na compaixão sincera que Viersílov demonstra ter por ela.

Na representação da juventude ocupa lugar importante a turma de Diergátchev. Como mostra Dostoiévski, o caminho tomado por essa turma é um dos caminhos da juventude russa. O tema da desagregação moral e da "desordem" gerados pela transformação capitalista da Rússia, o tema das encruzilhadas da juventude russa, é apenas o pano de fundo sobre o qual se revela a questão central — a questão do homem positivo, que vinha inquietando infatigavelmente Dostoiévski, desde *O idiota*. Em *O adolescente*, a originalidade dessa questão consiste em que aqui o homem positivo não é algo realizado, atingido e encontrado: sua concepção é criada na busca por tal homem, na busca por um "eu" melhor.

O adolescente traz sua novidade também nas peculiaridades de gênero do romance de Dostoiévski. Esse romance oferece um peculiar colorido ao gênero ao introduzir a estreita união do elemento psicossocial com o filosófico, algo que se tornaria estável na obra do autor. Nesse sentido, *O adolescente* junta-se, por um lado, ao romance europeu que trata da juventude. Sente-se aqui alguma influência dos romances de Balzac que abordam o tema. Um jovem chega numa metrópole, vindo da província. Encontra-se diante da sedução da riqueza, do poder vigoroso do dinheiro, e decide conquistar o mundo por meio do dinheiro. A cidade o atrai e o suga, envolve-o no poder do vício. Jogando desvairadamente na roleta, Arkadi lembra Rafael, Lucien e outras personagens de Balzac. A história de Arkadi lembra também outros romances sobre jovens na literatura ocidental do século XIX. Em *O adolescente* pode-se notar uma certa proximidade com *David Copperfield* de Charles Dickens. Na literatura russa, esse romance poderia ser comparado com *Infância, Adolescência e Juventude*, de Lev Tolstói, sendo ambos romances de recordações, histórias da formação de um jovem adulto, de suas primeiras impressões, de seus sentimentos frescos e fortes, de perguntas, dúvidas e conflitos com a vida. Essa comparação, em face de uma evidente semelhança do tema, mostra mais uma vez toda a diferença que existe entre Tolstói e Dostoiévski. Contudo, o romance de Dostoiévski, mais do que qualquer outro romance sobre esse tema no século XIX, tende ainda para o "romance de formação" do século XVIII (*Émile* de Jean-Jacques Rousseau, *Agathon* de Wieland, *Os anos de aprendizagem de Wilhelm Meister* de Goethe, *Titan* de Jean Paul Richter etc.).

O romance *O adolescente* é construído de tal forma que a revelação do mundo interior de Arkadi, de sua luta moral, é inseparável da representação do seu pai, Viersílov, e das relações deste com Sófia Andrêievna, mãe de Arkadi, e Catierina Nikoláievna Akhmákova. Arkadi e Viersílov complementam-se um ao outro. São dois protagonistas que estão ligados, que se completam por meio da contraposição, que confessam e confiam um ao outro os seus pensamentos mais recônditos. Isto é algo que surge reiteradamente nas páginas dos romances de Dostoiévski: assim são Ivan Pietróvitch e o príncipe Valkóvski em *Humilhados e ofendidos*, Raskólnikov e Svidrigáilov em *Crime e castigo*, Míchkin e Rogójin em *O idiota* etc. Em *O adolescente*, a ligação de Arkadi e Viersílov é particularmente íntima e estreita. Arkadi procura Viersílov com todo o ardor de uma alma juvenil que necessita intensamente de amor e que em sua infância não conhecera o calor paterno.

Depois do rompimento com Viersílov, Arkadi observa de si para si: "Mas será que não estava fazendo fita e era de fato incapaz de adivinhar que não era da nobreza de Viersílov que eu precisava, que não era meu nascimento que eu não lhe podia perdoar, mas que eu precisava do próprio Viersílov por toda a minha vida, do homem inteiro, do pai, e que esse pensamento já penetrara em meu sangue?".[426]

A aspereza e a crueldade de Arkadi em relação a Viersílov e as ofensas que ele lhe dirige são apenas uma expressão das exigências morais extremamente elevadas e quase desmedidas que o filho faz ao pai. A evidente hostilidade de Arkadi se converte em profundo entusiasmo e infinita alegria quando ele toma conhecimento de que Viersílov abrira mão da herança em proveito dos príncipes Sokólski. E, por fim, certa vez, depois de Arkadi reconciliar-se e aproximar-se do pai, enquanto se despedia dele e lhe beijava a mão, Viersílov reagiu da seguinte maneira: "Meu querido menino, por que me amas tanto? — proferiu ele, mas com uma voz já bem diferente. Sua voz tremeu e nela soou algo inteiramente novo, como se não fosse ele que estivesse falando".[427]

Assim, pois, Arkadi não tem pai em sentido físico ou jurídico, mas o tem no sentido mais profundo, humano. Ele deseja encontrar e conquistar Viersílov como pai. Contudo, encontrar o pai significa para ele encontrar o homem: um homem melhor, ideal. Daí decorrem as exigências desmedidas que Arkadi faz a Viersílov. Sua luta por Viersílov, por seu Viersílov ideal, é a luta do adolescente por si mesmo, por seu melhor "eu", por seu modelo ideal.

Mas essa luta ganha uma complexidade extrema porque pai e filho estão dominados por uma paixão pela mesma mulher, situação que mais tarde se repetirá em *Os irmãos Karamázov*. É precisamente essa circunstância que serve como fonte dos repetidos tombos e fracassos de Viersílov, os quais, por sua vez, encontram correspondência nos tombos e fracassos de Arkadi. Este chega a Petersburgo disposto a odiar "aquela mulher", munido de um documento que pode condená-la. Ao encontrá-la, Arkadi fica ofuscado por sua beleza. Essa paixão serve reiteradamente como motivo dos fracassos do protagonista na luta por encontrar o seu melhor "eu". Assim, é peculiar que, depois de testemunhar involuntariamente um encontro de Viersílov com Akhmákova, Arkadi vá

---

[426] *Idem*, p. 144.

[427] *Idem*, p. 221.

direto à casa de Lambert, embebede-se em companhia deste e caia em sua rede, a despeito de antes disso ter decifrado as intenções desse aventureiro e tê-las rebatido com sucesso.

O tema da "desordem" e do caos no plano social, que, como vimos, serve de campo central no romance, é desenvolvido, no plano da psicologia individual, através da relação entre Arkadi e Viersílov. A causa principal que afasta Arkadi do caminho da aspiração por um ideal é a extrema "desordem" moral que habita a alma do pai e se reflete na alma do filho. Ademais, reflete-se na forma mais intensa, na confusão dos conceitos de bem e mal, chegando por vezes à perda do próprio critério de bem e mal. Os malogros, os renascimentos e as ressurreições para uma nova vida de Arkadi e Viersílov ainda estão vinculados à relação que estes têm com Sófia Andrêievna — a "mamãe". Os impulsos de Viersílov para o renascimento e a renovação moral estão contínua e invariavelmente ligados ao seu retorno à "mamãe". Lembranças dela aparecem amiúde em Arkadi como uma dor secreta da consciência, como uma censura que soa continuamente nas profundezas da alma e fazem menção à necessidade de arrependimento e renascimento. Arkadi deseja romper com seus familiares, abandonar todos, fechar-se de vez em sua carapaça. Mas eis que numa taberna lotada Arkadi é assombrado pelo olhar da mãe: "Eu sempre tinha a sensação de estar vendo o olhar sereno de minha mãe, seus olhos amáveis, que há um mês inteiro tão timidamente me fitavam".[428] Arkadi está vivendo o momento mais duro de sua vida. Fora expulso da casa de jogos sob uma acusação injusta de roubo. Sente-se desmoralizado para sempre. Está congelando, grudado no canto do portão de um galpão de madeira. E mais lhe vem a lembrança da sua "mamãe" num dos momentos mais vergonhosos do seu passado, quando, em Moscou, no internato de Touchard, ele renegara a mãe que o viera visitar em trajes de simples camponesa, diante dos "filhos de condes e senadores". Numa solidão e numa tristeza desesperadoras, Arkadi sente um remorso angustiante. Esse sentimento se reveste de lamentos líricos: "Mãezinha, mamãe, uma vez na vida me visitaste... mãezinha, por onde andarás, minha vi-

---

[428] *Idem*, pp. 80-1.

sitante? Será que agora te lembras de teu pobre menino a quem vieste visitar... Ah, se tu me aparecesses uma vezinha agora, se me aparecesses ainda que fosse em sonho, unicamente para que eu te dissesse como te amo, só para eu te abraçar e beijar teus olhos azuizinhos, te dizer que agora já não me envergonho nem um pouco de ti e que naquele momento eu te amava, e que o coração me doía mas eu me limitava a ser um lacaio!".[429]

Cada um dos romances de Dostoiévski, sendo um romance social, é simultaneamente um romance da autoconsciência. *O adolescente* é um romance desse tipo no máximo grau. Aqui a forma da confissão, a narrativa em primeira pessoa, converteu-se na forma basilar da narração. A história da degradação moral, na perspectiva do renascimento moral de Arkadi, é correlacionada com a história moral de Viersílov e apresenta dois polos. Um deles é representado pelo aventureiro Lambert, polo extremo da degradação, até o qual decaem tanto Arkadi como Viersílov. O outro polo é ocupado pelo errante Makar Dolgorúki, polo da "beleza", ao qual Arkadi anseia apaixonadamente e que povoa também a alma de Viersílov.

O tema de Lambert é de suma importância no romance e ecoa como um de seus *leitmotive* essenciais. Lambert só aparece no final da segunda parte. Mas esse "tema" já se fazia presente no segundo capítulo da primeira parte, na conversa de Arkadi com o velho príncipe Sokólski. Arkadi narra um episódio de sua infância. Lambert, seu colega do internato de Touchard, batia em Arkadi, fazia-o de criado, forçava-o a lhe tirar as botas. Certa vez, depois da morte do seu pai e de sua saída do internato, Lambert procurou Arkadi com quinhentos rublos no bolso e o levou à ponte Kuzniétski. Lá "ele comprou uma espingarda de dois canos, uma bolsa de caçador, cartuchos, uma chibata e ainda uma libra de bombons. Fomos atirar fora da cidade e a caminho encontramos um passarinheiro com gaiolas; Lambert comprou-lhe um canário".[430] "Num subúrbio, para onde tinham ido, "com uma linha amarrou o ca-

---

[429] *Idem*, p. 356.

[430] *Idem*, p. 37.

nário em um ramo e à queima-roupa, a uns cinco centímetros de distância, deu-lhe duas descargas com a espingarda de dois canos e ele se desmanchou em cem peninhas".[431] Em seguida vem outro episódio. "Depois voltamos, fomos a um hotel, alugamos um quarto e começamos a comer e beber champanha; apareceu uma dama... Lembro-me de que fiquei impressionado com a elegância do seu traje, um vestido de seda verde. E então vi tudo... o que lhe falei... Depois, quando voltamos a beber, ele passou a provocá-la e insultá-la; estava sentada sem roupa; ele lhe tirara a roupa, e quando ela começou a insultá-lo e pedir o vestido de volta para vestir-se, ele começou a lhe dar chibatadas com toda a força nos ombros nus."[432]

Em Lambert, a volúpia e a crueldade se combinam de maneira francamente animalesca, feroz. Mas nele essas peculiaridades não existem apenas "de forma objetiva"; em certa medida, existem também "de forma subjetiva" como potencial das almas de Arkadi e de Viersílov, o que torna possível a aliança posterior que os dois farão com Lambert, levando a uma explosão de caos num homem que ansiava pela "decência". O motivo de Lambert também se faz presente no terceiro capítulo, desta feita num novo enriquecimento temático. No apartamento de Diergátchev, Arkadi polemiza apaixonadamente com aqueles que defendem a ação em nome da sociedade e da humanidade. Ele levanta a seguinte questão: seria possível encontrarmos uma força motriz interior, capaz de forçar o indivíduo a trabalhar pelo bem comum da humanidade, quando perdemos um estímulo tão forte como o sentimento da importância da nossa própria personalidade? Nesse sentido, manifesta-se a ideia, já presente em *Escritos da casa morta*, da profundidade e a insuperabilidade do egoísmo humano, do instinto antissocial no homem. "Permita-me que lhe conte: tive como colega o Lambert, que já aos dezesseis anos me dizia que, quando fosse rico, seu maior prazer seria alimentar os cachorros com pão e carne enquanto os filhos dos pobres morressem de fome; que,

---

[431] *Ibidem.*

[432] *Idem*, p. 38.

O tema da desagregação moral da "vida viva": *O adolescente*   207

quando eles não tivessem nada com que aquecer a casa, compraria um pátio inteiro de lenha, o empilharia no campo, lhe atearia fogo e não daria nenhuma acha aos pobres. Eis os seus sentimentos! Agora me diga o que eu teria de responder se esse patife puro-sangue me perguntasse: 'Por que é forçosamente necessário ser decente?'."[433]

Dostoiévski torna a levantar a questão — que tanto o atormentava — da antinomia do social e do antissocial no homem. Lambert é a possibilidade do antissocial na alma do próprio Arkadi. E este, em seu pensamento, leva o antissocial até as últimas consequências, e alcançando assim as conclusões mais extremadas de sua "ideia".

Em *O adolescente*, é característico que as conclusões antissociais mais extremas a que chegam a "ideia" de Arkadi — tornar-se um Rothschild — sejam mostradas a um só tempo e como resultado inevitável do destino pessoal do herói, de todas as humilhações de sua infância e adolescência, como resultado de sua reclusão e consequência lógica e necessária de uma estrutura social específica, isto é, do capitalismo.

Essa antinomia do social e do antissocial como controvérsia interior que habita a alma do próprio Arkadi soa ainda num episódio que o herói narra ao falar de sua "ideia". Esse episódio decorre de um encontro em Moscou com um certo jovem, "ex-estudante", personificação de um espírito primitivo que, em estado de embriaguez, "dava risinhos contínuos com a boca cheia de saliva e de vez em quando, mas sempre de modo imprevisto, emitia um som, algo como 'tur-lu-lu!', e então, num gesto caricatural, levantava um dedo na direção do próprio nariz".[434] Por alguma razão Arkadi se junta a esse rapaz. Juntos, à noite, nas passagens mais desertas de um bulevar, os dois se põem a seguir uma moça ou mulher jovem que andava apressada. "Sem trocar nenhuma palavra com ela, nós nos distribuímos, ele por um lado e eu pelo outro, e com o ar mais tranquilo do mundo, como se nem a notássemos,

---

[433] *Idem*, pp. 63-4.

[434] *Idem*, p. 101.

começamos entre nós a mais escabrosa das conversas. Chamávamos as coisas por seus verdadeiros nomes com o ar mais plácido e, como se agíssemos segundo a praxe, explicando indecências e porcarias várias, entrávamos em detalhes tais que a imaginação mais sórdida do mais sórdido depravado jamais teria pensado."[435]

Esse "estudante", a quem Arkadi se juntara por um breve tempo para depois romperem bruscamente, no fundo é uma nova encarnação de Lambert, o surgimento, no próprio Arkadi, de uma possibilidade de degradação moral, de caos e "desordem". A segunda parte do romance contém essa degradação de Arkadi. O protagonista adia o cumprimento do seu projeto de acumulação tenaz e contínua e se entrega ao jogo de azar na roleta. Segundo suas palavras, "naquela época eu já estava depravado; já me era difícil abrir mão de uma refeição de sete pratos num restaurante, de Matviêi, da loja inglesa, da opinião do meu perfumista, bem, de tudo isso".[436] O fim da segunda parte traz a primeira catástrofe que atinge Arkadi. Ele é expulso de uma casa de jogos sob uma falsa acusação de roubo. Nesse momento, a possibilidade de caos e "desordem" extremos, que habita sua alma, aproxima-se ao máximo de se realizar. Surge um tema extremamente típico de Dostoiévski — o tema de um possível crime e das premissas psicológicas para esse crime. É nesse momento que, assim como Raskólnikov, Arkadi atinge a extrema solidão, um isolamento da sociedade e a manifestação mais aguda do seu instinto antissocial. A primeira ideia que vem à mente de Arkadi é a ideia do suicídio: ir para a estrada de ferro Nikoláievskaia e pôr a cabeça nos trilhos. Mas no mesmo instante essa ideia é substituída pela seguinte decisão. "Ponho a cabeça nos trilhos e morro, mas amanhã dirão: ele fez isso porque roubou, fez por vergonha — não, de maneira nenhuma! Pois foi então, disto eu me lembro, que senti um instante de terrível maldade. O que fazer? — passou-me como um raio pela mente. — Justificar-me já não há mais como, começar uma nova vida também é impossível — então é o caso de resignar-me, tornar-me

---

[435] *Ibidem.*

[436] *Idem*, p. 299.

O tema da desagregação moral da "vida viva": *O adolescente*   209

um lacaio, um cão, um inseto, um delator, um verdadeiro delator, e enquanto isso ir me preparando devagarzinho e um dia mandar tudo de repente para o espaço, destruir tudo, todos, culpados e inocentes, para que todos saibam que sou o mesmo que foi chamado de ladrão... e então me matar."[437] Arkadi observa: "Sim, o crime me rondava naquela noite e só por acaso não se consumou".[438] O herói corre para um beco ao lado do bulevar Konogvardêiski, sobe num muro alto, atrás do qual havia madeira, e deseja atear fogo nela. No entanto, ele cai do muro.

Merece destaque o fato de que Lambert aparece justamente num instante de extremo isolamento e de arroubo antissocial do herói. E isso é profundamente natural. Em sua expressão mais extrema, o interiormente antissocial encontra sua personificação externa, sua materialização objetiva. Na terceira parte do romance, Lambert será uma figura importante no desenvolvimento da intriga. Mas continuará sendo mencionado pelo autor na mais estreita correlação com os mundos interiores de Arkadi e Viersílov. A terceira parte traz a culminação da paixão de Arkadi e Viersílov por Akhmákova e o momento da catástrofe definitiva. A segunda parte descreve o afluxo do amor de Arkadi por Viersílov e, ao mesmo tempo, o inebriamento de Arkadi em seu amor a Akhmákova, amor que ele mesmo teme reconhecer para si próprio. A complexidade, a luta e a confusão dos sentimentos de Arkadi, que caracterizam a "desordem" de sua alma, se exprimem no fato de que o inebriamento com o amor ao pai e com a paixão por Akhmákova coincide com sua degradação moral — com a sua fatuidade e com o jogo de azar. No início da segunda parte o próprio Arkadi constata em si mesmo essa mistura caótica de sentimentos, impulsos e pensamentos opostos. "Fui feliz demais! E a tal ponto que a consciência da desonra, que por alguns minutos (minutos frequentes!) eu vislumbrava e que me fazia a alma tremer, essa mesma consciência — será que acreditam? — deixava-me ainda mais embriagado: 'E daí, se é para cair, então caio; e se não cair, saio dessa!

---

[437] *Idem*, p. 349.

[438] *Idem*, p. 348.

Tenho estrela!'. Eu caminhava por uma pontezinha estreita feita de cavacos, sem corrimão, sobre um abismo, e me sentia alegre por estar assim; chegava até a olhar para o abismo."[439]

É esse caos de sentimentos de Arkadi que o leva inevitavelmente para a aliança com Lambert, na terceira parte do romance. É curioso que Arkadi conserve consigo o "documento", a despeito de toda a sua paixão arrebatada por Akhmákova e de todas as suas sinceras promessas juvenis de que o destruirá, até que Lambert e sua Alfonsinka lhe roubam o tal "documento" do bolso do casaco.

O amor-ódio, que constitui a essência da paixão de Viersílov por Akhmákova, é também o que move Arkadi em sua relação com ela. Nesse plano, um elemento particularmente importante é, na terceira parte, o sonho de Arkadi durante a reincidência da doença. "Olho para ela e não acredito; é como se de estalo ela tivesse tirado a máscara do rosto: os mesmos traços, mas é como se cada tracinho do rosto tivesse sido deformado por uma desmedida desfaçatez. 'É o resgate, senhorita, o resgate!' — grita Lambert, e os dois gargalham ainda mais, enquanto fico com o coração na mão: 'Oh, será que essa desavergonhada é a mesma de quem um simples olhar deixava meu coração ardendo de virtude?'"[440] Arkadi assim descreve posteriormente suas emoções no sonho: "Assalta-me um novo sentimento, intraduzível, que eu desconhecia totalmente, e é forte como o mundo inteiro... Oh, agora já não tenho condições de ir embora por nada! Oh, como me agrada que isso seja tão desavergonhado! Seguro-a pelas mãos, o contato com suas mãos me dá um tremor angustiante e aproximo meus lábios dos seus lábios impudentes, rubros, que tremem com o riso e me convidam".[441] Recordando posteriormente esse sonho, Arkadi confessa que nele havia uma "alma de aranha".[442] Mas sua aliança com Lambert na luta por Akhmákova não transcorre apenas em

---

[439] *Idem*, p. 214.

[440] *Idem*, p. 400.

[441] *Ibidem.*

[442] *Ibidem.*

sonho; ela é efetivada na realidade. Arkadi é atraído por Lambert, embora nutra por ele um ódio infinito. A esse respeito ele mesmo diz o seguinte: "Pois bem, era para esse homem que eu me atirava, sabendo perfeitamente quem era e pressentindo até os detalhes! E por que eu me atirava? Imagine: agora, neste mesmo instante em que escrevo, parece-me que já então eu sabia em todos os detalhes por que me atirava a ele, apesar de mais uma vez não saber de nada".[443]

Nesse plano, é ainda significativo o diálogo de Arkadi e Lambert depois do almoço no porãozinho de um restaurante diante de uma garrafa de champanhe. Nesse diálogo o assunto chega obrigatoriamente a Akhmákova. Lambert e Arkadi trocam as seguintes réplicas:

"— *Très belle*; tens gosto.

— Sei que a viste; no entanto, não te atreveste a conversar com ela e quero que também não te atrevas a falar sobre ela.

— Ainda és um menino e ela zomba de ti; essa é a questão. Em Moscou nós tivemos uma virtuosa assim: ah, como empinava o nariz! Mas começava a tremer quando ameaçávamos contar tudo e no mesmo instante obedecia; e nós usufruíamos das duas coisas: do dinheiro e daquilo, compreendes de quê? Hoje ela está novamente inacessível na sociedade, fu, diabos, como voa alto! e que carruagem usa, ah se tu soubesses em que espelunca morava! Ainda não viveste a vida; se soubesses que espeluncas não lhe metem medo...

— Era o que eu pensava — balbuciei sem me conter."[444]

Em seguida Arkadi confessa que uma "sede doce" o impelia a conduzir essa conversa com Lambert.

Assim, Arkadi vai até o fim no caminho da degradação. E tendo saído duas vezes bêbado da casa de Lambert, volta para lá uma terceira vez, depois de testemunhar a conversa entre Viersílov e Akhmákova. Arkadi experimenta as sensações mais agressivas e lascivas em sua paixão por Akhmákova. Nele também habita um

---

[443] *Idem*, p. 427.

[444] *Idem*, p. 466.

Lambert. Contudo, ao longo do romance também se observam aspirações opostas no herói: seu entusiasmo por um ideal, seu agudo sentimento do princípio social, sua sede de "beleza". É peculiar que Arkadi, tendo exposto sua famigerada "ideia" de tornar-se um Rothschild e falado de seu embevecimento com o poderio por intermédio dos milhões, finalize, não obstante, a exposição de sua "ideia" com um acorde totalmente distinto — com a total renúncia à tal "ideia". "Então, nem por tédio nem por uma inútil melancolia, mas por querer infinitamente mais, daria todos os meus milhões às pessoas: que a sociedade distribua toda a minha riqueza, enquanto eu — eu torno a me confundir com a nulidade!"[445] Ainda antes, numa acalorada discussão em casa de Diergátchev, Arkadi havia declarado: "Eu [...] talvez ame a humanidade mil vezes mais do que todos os senhores juntos!".[446]

Tendo exposto sua "ideia" e depois relatado o episódio da perseguição de uma mulher com o "ex-estudante", Arkadi cita outro episódio de sua vida em Moscou. É a história de Arínotchka, um bebê abandonado. Arkadi participa de modo inflamado no destino dessa menininha. Sua morte provoca nele uma dor ardente. Já não se trata de uma declaração vazia sobre o destino da humanidade, não é apenas a fantasia de renunciar à imensa riqueza, mas um ato concreto de amor por uma pessoa concreta. Logo, já na primeira parte do romance não habita em seu herói apenas Lambert, mas também Makar Dolgorúki, e nele a "desordem" convive com a ideia de "decência". Na segunda parte, essa sede de decência se manifesta em Arkadi no engrandecimento de Viersílov e Akhmákova e no inaudito sentimento de culpa perante a mãe, o qual desperta na forma mais aguda depois da catástrofe no jogo da roleta. O próprio processo de degradação de Arkadi leva-o a sentir a necessidade de um ideal. Na terceira parte, essa intensa sede de decência conduz Arkadi a Makar Dolgorúki. Arkadi faz confissões a ele, tomado de profunda agitação. "Estou contente com o senhor. Eu o esperava talvez há muito tempo. Não gosto de

---

[445] *Idem*, p. 99.

[446] *Idem*, p. 64.

O tema da desagregação moral da "vida viva": *O adolescente*   213

nenhum deles: neles não há beleza...[447] Não vou segui-los, não sei para onde vou, vou com o senhor..."[448] Essa desvairada necessidade de um ideal, essa ardente sede de "beleza", leva Arkadi à perspectiva indicada na "Conclusão", a um renascimento definitivo.

Então, a história de Arkadi é a epopeia da procura do homem positivo, da luta apaixonada por ele e pela "beleza" da vida. Mas Dostoiévski situa essa epopeia no terreno da extrema humilhação da personalidade do herói (a história de todas as suas duras humilhações no internato de Touchard, da "desonra" ligada ao jogo na roleta, da acusação pública de roubo). Essa epopeia é ainda situada no terreno do extremo isolamento do homem, da antinomia do social e do antissocial presente nele. Por último, é igualmente mostrada em face da história da degradação do herói, da sua "desordem" moral, da manifestação do seu caos psíquico-moral. E tudo representado numa luta por um homem positivo, belo, na luta por um ideal.

Chegamos à figura de Viersílov. A importância dessa figura reside antes de tudo no fato de estarmos diante de uma nova encarnação artística do "homem-universo", cuja ideia esteve irresistivelmente na consciência de Dostoiévski desde *Escritos da casa morta*, nos seus tempos de trabalhos forçados. Mais de uma vez Arkadi fala da "largueza" da consciência referindo-se a si mesmo. Mas essa "largueza" da consciência é a mesma "multifacetação das sensações" do homem do subsolo, representada com clareza ainda maior em Viersílov e correlacionada no mais essencial com Arkadi. A profunda semelhança interna dessas personagens é ressaltada no romance. A diferença de Arkadi em relação a Viersílov manifesta-se na maior inquietação e ao mesmo tempo no maior frescor das vivências, na novidade das sensações, na agudeza das percepções, características da idade juvenil. Viersílov é representado em grande parte através de suas opiniões gerais, das confissões que faz a Arkadi. Em sua consciência, assim como na cons-

---

[447] No discurso de Arkadi, o substantivo russo *blagoobrázie* tem o sentido ora de beleza, ora de decência.

[448] *O adolescente, op. cit.*, p. 380.

ciência de várias personagens de Dostoiévski, coincidem opostos, cruzam-se polos. Ele é uma nova personificação do "homem-universo". "Sou capaz de experimentar, da maneira mais cômoda, dois sentimentos opostos ao mesmo tempo — e, é claro, independente da minha vontade."[449] Na terceira parte, já diante da catástrofe final, Viersílov confessa quão obsessiva e irresistível, quão esmagadora é a lei da polaridade das coisas para a sua consciência. Depois da morte de Makar Dolgorúki, ele traz um buquê de rosas para a "mamãe" — Sófia Andrêievna. "O que há no mundo mais bonito do que uma flor? Eu o trazia rodeado por neve e frio. Nosso frio e flores, que opostos!"[450] Viersílov diz que, enquanto levava o buquê de rosas para casa, foi tomado de uma vontade de pisoteá-las e amassá-las. A agudeza da sensação de beleza das rosas é justamente o que suscita nele a ideia de destruí-las.

Em suas confissões íntimas a Arkadi, Viersílov ressalta: "Por sua natureza as pessoas são mesquinhas e gostam de amar por medo; não te deixes levar por esse tipo de amor e nem deixes de desprezar".[451] O extremo isolamento, a repulsa aos outros, a arrogância em relação a eles é o que distingue Viersílov. Ele afirma a impossibilidade do amor ao próximo, do amor à humanidade, a inconsistência desses conceitos. "Amar o seu próximo e não desprezá-lo é impossível. A meu ver, o homem foi criado com a impossibilidade física de amar o seu próximo. Nisso existe certo erro nas palavras que vem desde o princípio, e 'o amor pela humanidade' deve ser entendido apenas como amor por aquela humanidade que tu mesmo criaste em tua alma (noutras palavras, criaste a ti mesmo e amas a ti mesmo), e por isso nunca acontecerá em realidade."[452] Mas nessa mesma conversa Viersílov ressalta que todos esses juízos foram por ele destacados de sua autoconsciência, de sua auto-observação. Em Viersílov, a relação com o próximo ema-

---

[449] *Idem*, p. 224.

[450] *Idem*, p. 529.

[451] *Idem*, p. 228.

[452] *Idem*, pp. 228-30.

na inevitavelmente da relação consigo mesmo. "Quem não é minimamente tolo não pode viver sem desprezar a si próprio, seja honesto ou não — tanto faz."[453]

A par com o isolamento e a arrogância, em Viersílov é evidente a autodeterminação, a autonegação. Aqui tornam a repetir-se de forma mais aprofundada os motivos das emoções do "homem do subsolo" e de Stavróguin. Contudo, simultaneamente a uma aguda tomada de consciência do antissocial em si mesmo, há em Viersílov uma consciência viva e aguda da necessidade do amor ao homem e à humanidade. O desprezo pelas pessoas em Viersílov chega ao extremo. "Procura saber desprezar — diz ele a Arkadi — até quando elas são boas, pois o mais das vezes são ao mesmo tempo ruins." E mesmo assim Viersílov constata: "Meu amigo, amar as pessoas como são é impossível. E no entanto é necessário. E por isso faz o bem a elas reprimindo teus sentimentos, apertando o nariz e fechando os olhos (o último é indispensável). Suporta o mal da parte delas sem te zangares com elas na medida do possível, 'lembrando-te de que és homem'".[454]

O amor ao homem e à humanidade, como prega Viersílov, é algo como um esforço, algo que lembra a realização de um imperativo categórico contra a voz do coração, uma certa violência do homem sobre si mesmo. Mas Viersílov também conhece o sentimento vivo e sincero do amor à humanidade, do amor sem imposição, que envolve o homem por inteiro, ainda que por um curto período. Em sua última e mais profunda confissão a Arkadi, Viersílov narra sua impressão perante o quadro *Ácis e Galateia* e sua visão da Idade de Ouro. Referindo-se às suas emoções naquele momento, ele diz: "A sensação de uma felicidade que eu ainda desconhecia atravessou-me o coração a ponto de fazê-lo doer; era o amor de toda a humanidade".[455]

Viersílov também sente agudamente a antinomia entre o ateísmo coerente e a necessidade do sentimento religioso. Para a com-

---

[453] *Idem*, p. 228.

[454] *Ibidem*.

[455] *Idem*, p. 489.

preensão do ateísmo de Viersílov, é de particular importância uma cena no quarto de Makar Ivánovitch — a conversa entre este e Arkadi na presença do médico de Viersílov e outras pessoas. Makar Ivánovitch diz: "Nunca topei uma única vez com nenhum ateu".[456] Aqueles com quem ele topou eram "idólatras", e não ateus. "Há alguns que são de fato ateus, só que estes são muito mais terríveis que os outros porque trazem na boca o nome de Deus. Ouvi falar deles muitas vezes, mas nunca topei com nenhum. Eles existem, amigo, e penso que devem existir. — Existem, Makar Ivánovitch — de repente confirmou Viersílov —, existem e 'devem existir'."[457] O múltiplo significado do *páthos* interiormente emotivo, com o qual Viersílov repete as palavras "existem, Makar Ivánovitch, existem e 'devem existir'", leva a pensar que um desses "terríveis ateus" é o próprio Viersílov. Arkadi acentua ainda mais esse pensamento: "Sem dúvida existem e 'devem existir'! — deixei escapar de modo incontido e com ardor, não sei por quê; mas fora envolvido pelo tom de Viersílov e estava fascinado por uma ideia na expressão 'eles devem existir'".[458]

Em suas confissões a Arkadi, ainda no início da segunda parte do romance, Viersílov afirma que "nosso ateu russo, se é ateu de verdade e tem um mínimo de inteligência, é o melhor homem do mundo inteiro e sempre está disposto a afagar Deus".[459] Em sua confissão, Viersílov revela uma inevitável controvérsia na história da humanidade, na perspectiva do seu futuro. Reconhece a necessidade histórica de um período de ateísmo, ainda que muito breve. "Em certo período talvez seja possível... Para mim nem há dúvida de que esse período chegará."[460] Para Viersílov, a ideia de Deus é inseparável da ideia da imortalidade do indivíduo. Uma das possíveis consequências da recusa à ideia de Deus e de imortalida-

---

[456] *Idem*, p. 394.

[457] *Idem*, p. 395.

[458] *Ibidem*.

[459] *Idem*, p. 228.

[460] *Idem*, p. 492.

de é a transferência dessa energia liberada — a energia do sentimento e da ação de amar um objeto transcendente — para o próprio homem e para a humanidade. Viersílov constata que é indestrutível no homem o sonho com a Idade de Ouro. "A Idade de Ouro é o sonho mais inverossímil de todos os que houve, mas pela qual as pessoas davam toda a sua vida e todas as suas forças, pela qual os profetas morriam e se matavam, sem a qual os povos não querem viver e sequer podem morrer."[461] Tendo recusado a ideia de Deus e da imortalidade, "de repente as pessoas compreenderam que haviam ficado totalmente sós e no mesmo instante sentiram uma grande orfandade. Meu querido menino, nunca pude imaginar as pessoas ingratas e estupidificadas. Tornadas órfãs, no mesmo instante as pessoas grudariam mais estreita e afetivamente umas nas outras; segurariam as mãos umas das outras, compreendendo que agora só elas representavam tudo umas para as outras. A grande ideia da imortalidade desapareceria e teria de ser substituída; e todo o grande excedente do antigo amor por aquele que era a imortalidade se canalizaria em todos para a natureza, o mundo, as pessoas, para qualquer haste de erva".[462] Mas, por outro lado, Viersílov afirma que o homem não pode renunciar à ideia de Deus: "De quando em quando eu não podia deixar de imaginar como seria a vida de um homem sem Deus e se algum dia isso seria possível. Meu coração sempre decidia que era impossível".[463]

Viersílov é mostrado numa justaposição dos opostos não só em sua consciência, mas também no seu comportamento. Ele repete Arkadi, de formas mais complexas. Nos momentos críticos de sua vida, nele também irrompem com enorme força a "desordem" interior e o caos. Esse caos irrompe na carta a Akhmákova, repleta de ofensas indecentes dirigidas a ela. A erupção desse caos interior se manifesta igualmente na cena em que Viersílov quebra em duas partes o ícone — herança de Makar Ivánovitch —, apesar

---

[461] *Idem*, p. 489.

[462] *Idem*, p. 493.

[463] *Idem*, p. 492.

da decisão e da promessa solene de formalizar seu casamento com Sófia Andrêievna. E, por último, a última explosão desse caos é o ponto culminante da ação, quando Viersílov se une a Lambert na luta contra Akhmákova.

À diferença de Stavróguin, em grande medida tão semelhante a Viersílov, neste se apresentam a força e a tensão das emoções, particularmente no amor-ódio a Akhmákova (ao contrário do protagonista de Os demônios, que é indiferente a tudo). A angustiante luta que Viersílov trava consigo ganha relevo no curso da narrativa. "Tem pena de mim, Sônia"[464] — irrompe de seus lábios como um gemido antes da quebra do ícone. O "duplo" de Viersílov se volta contra aquilo que é reverenciado como o que há de mais elevado e sagrado, contra uma relíquia. "Conheci um médico — diz Viersílov — que durante o enterro de seu pai começou de repente a assobiar na igreja."[465] Viersílov confessa que teme assistir ao enterro de Makar Iványovitch por medo de agir como aquele médico.

À diferença de Stavróguin, na imagem de Viersílov, bem como na de Arkadi, está acentuada a sede de beleza, o sonho secreto com um homem belo, harmonioso, o que se concretiza em seu sonho com a "Idade de Ouro". Diferentemente da libertinagem de Stavróguin, de suas paixões animalescas, Viersílov revela generosidade e humanidade autênticas ao se preocupar com uma criança alheia (o filho do príncipe Seriója com Lídia Akhmákova), ao auxiliar a atormentada moça Ólia, ao renunciar voluntariamente à herança ganha. O escritor transmite a beleza das imagens tanto externa quanto interna de Viersílov. Assim como o príncipe Míchkin, Viersílov é caracterizado pela penetração profunda no mundo espiritual do outro, pela compreensão de tudo e pela mais ampla paciência, por sinais de uma elevada cultura intelectual e traços de uma imensa sabedoria de vida. À diferença de Svidrigáilov e Stavróguin, há nele uma encantadora sinceridade infantil. Arkadi

---

[464] *Idem*, p. 529.

[465] *Idem*, pp. 529-30.

O tema da desagregação moral da "vida viva": *O adolescente*

observa na "Conclusão": "Conosco ele é hoje simples e sincero como uma criança, sem, entretanto, perder a medida nem a discrição, nem falar demais".[466]

Não obstante, mesmo esse "homem-universo" mostra, ao fim e ao cabo, sua inconsistência. Em toda a imagem de Viersílov, bem como nas imagens de Svidrigáilov e Stavróguin, jaz a marca da fidalguice. Na "Conclusão" o escritor ressalta a mesma instabilidade extrema de Viersílov, sua falta de um ponto de apoio e de chão sob os pés. É peculiar o acorde final da vida e do destino de Viersílov: "Lamento — diz o narrador — não ter nem tempo nem espaço para falar mais sobre ele. Se bem que vou contar uma anedota recente (ah, elas existem em profusão): ao chegar a Páscoa ele já se havia recuperado e na sexta semana anunciou que iria jejuar. Já fazia uns trinta anos ou mais que não jejuava, acho eu. Mamãe estava contente; pôs-se a preparar os pratos de jejum, aliás, bastante caros e refinados. Às segundas e terças-feiras eu o ouvia do quarto ao lado cantar o 'O noivo está chegando' — e extasiava-se com o canto e o versículo. Durante esses dois dias, várias vezes ele falou muito bem sobre religião; mas na quarta-feira o jejum cessou de repente. Algo o irritara de uma hora para outra, algum 'contraste engraçado', como se exprimiu sorrindo. Ele se desgostou com alguma coisa da aparência do padre, do ambiente; tão logo retornou, porém, disse com um sorriso baixinho: 'Meus amigos, amo muito Deus, mas não tenho capacidade para isso'. No mesmo dia já foi servido rosbife no almoço".[467] Segundo a ideia de Dostoiévski, à diferença de Viersílov, Arkadi encontra um ponto de apoio na verdade proclamada pelo velho Makar Ivánovitch. Por isso, no final do romance, abre-se para Arkadi a perspectiva de uma nova vida, mas não para Viersílov.

No destino de Viersílov reaparece o tema da "errância russa", que tanto preocupava Dostoiévski. A longa vida de Viersílov no exterior como um importante momento do seu destino já fora mencionada em sua "ficha", apresentada nos capítulos iniciais do

---

[466] *Idem*, p. 577.

[467] *Idem*, pp. 577-8.

O estilo de Dostoiévski

romance. Na confissão presente na terceira parte, a "errância" de Viersílov aparece como um refrão. No início dessa confissão ele declara: "Parti com a finalidade de permanecer na Europa, meu querido, e nunca mais voltar. Eu emigrara".[468] Um pouco adiante, ao falar das impressões colhidas da Europa, Viersílov observa: "Eu deambulava, meu amigo, deambulava".[469] Depois de relatar seu sonho com a "Idade de Ouro", o herói torna a repetir: "Eu deambulava, meu amigo, deambulava e sabia com certeza que precisava calar e deambular".[470] Em Viersílov, nobre russo, sobressai fortemente seu europeísmo, mas sem qualquer colorido político. Ele explica assim sua partida da Rússia, sua emigração: "Eu simplesmente parti naquele momento levado pelo tédio, por um inesperado tédio. Era o tédio do nobre russo; palavra que não consigo me exprimir melhor, era o tédio da nobreza e nada mais".[471]

Ao mesmo tempo, na consciência de Viersílov sua "errância" aparece como a suprema missão histórico-cultural dos melhores homens progressistas russos, daquele "milhar de homens" entre os quais Viersílov se inclui. "Só eu, como russo, era então o único europeu na Europa."[472] Viersílov aponta a extrema limitação nacional dos europeus. "Na Europa reinavam os desaforos e a lógica; lá o francês era apenas um francês, o alemão, apenas um alemão, e isso ocorria com a maior tensão já vista em toda a história; logo, o francês nunca prejudicara tanto a França e o alemão, a sua Alemanha, como justamente naquele tempo! [...] Só o russo, inclusive em nossa época, isto é, ainda bem antes de se haver tirado uma conclusão geral da situação, já adquiriu a capacidade de tornar-se mais russo só e precisamente quando é mais europeu."[473] A grande vocação dos russos na Europa, segundo Viersílov, é a con-

---

[468] *Idem*, p. 486.

[469] *Idem*, p. 488.

[470] *Idem*, p. 490.

[471] *Idem*, p. 487.

[472] *Idem*, p. 490.

[473] *Idem*, pp. 489-91.

ciliação dos opostos: "O superior pensamento russo é uma conciliação universal de ideias".[474] A Europa, ao contrário, é incapaz de encontrar uma saída de suas contradições inconciliáveis. "A Rússia é a única que não vive apenas para si, mas para o pensamento, e convém tu, meu amigo, que é notável o fato de já fazer quase um século que a Rússia decididamente não vive para si, mas apenas para a Europa! E eles? Oh, eles estão condenados a terríveis tormentos antes de conquistar o reino de Deus."[475] O russo, segundo Viersílov, é o portador de um "pensamento cultural superior" capaz de colocar-se acima tanto das dilacerantes contradições das nações europeias como das insolúveis contradições dos partidos políticos europeus. "Só eu, entre todos os incendiários, podia dizer na cara deles que as suas Tulherias eram um equívoco; e só eu, entre todos aqueles conservadores vingativos, podia dizer aos vingadores que as Tulherias, mesmo sendo um crime, eram a lógica."[476]

Como portador do "pensamento cultural superior" russo, Viersílov combina em si tanto o amor à Rússia como o amor à Europa. "É impossível amar mais a Rússia do que eu amo, mas nunca me censurei porque Veneza, Roma, Paris, os tesouros de suas ciências e sua arte, toda a sua história me são mais queridos que a Rússia. Oh, para os russos são caras essas velhas pedras alheias, essas maravilhas do Velho Mundo de Deus, esses remanescentes dos milagres dos santos; e isto é até mais caro para nós do que para eles mesmos!"[477] Desse modo, Viersílov propõe um sentido universal da "errância" russa e do "tédio russo". Ao longo dos séculos criou-se entre nós um tipo superior de cultura que não existe no mundo inteiro: um tipo de sofrimento universal por todos, universalmente humano, da "errância" russa e do "tédio russo". Viersílov diz: "Ao longo dos séculos criou-se entre nós um tipo superior

---

[474] *Idem*, p. 489.

[475] *Idem*, pp. 491-2.

[476] *Idem*, pp. 489-90.

[477] *Idem*, p. 491.

de cultura que não existe no mundo inteiro: um tipo de sofrimento universal por todos".[478]

Vista pelo aspecto do "errante russo", a figura de Viersílov é importante no sentido de sua genealogia literária, seja na linha da obra de Dostoiévski, seja na linha da literatura russa do século XIX. Viersílov representa uma nova transformação do "errante russo" na Europa. Já mencionamos predecessores de Viersílov, como Aleksiêi Ivânovitch, protagonista de *Um jogador*, o príncipe Míchkin e Stavróguin. Viersílov é uma das brilhantes personificações do "errante russo", cujo tema soará mais tarde no discurso de Dostoiévski em homenagem a Púchkin. Na imagem de Viersílov revela-se o rompimento inevitável dos melhores representantes da nobreza com a classe dos nobres, a inevitabilidade do "tédio nobre" desse tipo de gente na emigração.

Em Viersílov há ainda evidentes traços hereditários que o ligam às personagens Ievguêni Oniéguin, de Púchkin, e Pietchórin, de Liérmontov, primeiras imagens dos errantes russos em nossa literatura do século XIX. Na imagem de Viersílov manifestou-se com mais plenitude a relação do autor com o ocidentalismo e a eslavofilia e seus posteriores destinos na perspectiva do futuro da Rússia. O ocidentalismo de Viersílov é representado com bastante clareza. Viersílov insiste decididamente em seu europeísmo. Mas em suas reflexões transparecem ideias eslavófilas sobre os funerais da Europa. Ao pretender unir o amor à Europa e à Rússia, Viersílov tenta colocar-se acima das oposições entre o ocidentalismo e a eslavofilia.

As ideias de Viersílov são, em grande parte, ideias do próprio Dostoiévski, contidas no *Diário de um escritor*. Mas é peculiar que, no andamento do romance, a relação do autor com essa imagem — que é oscilante e contraditória — seja permeada pelo embate das duas tendências, que ora se projeta, ora se reduz. No fim das contas, ressalta-se em Viersílov não só o rompimento com a nobreza, mas um afastamento da Rússia e do povo russo, e assim a sua inconsistência como homem positivo. Nessa imagem vemos como, pelo prisma do pensamento artístico de Dostoiévski, reve-

---

[478] *Idem*, p. 490.

O tema da desagregação moral da "vida viva": *O adolescente*

lam-se originalmente não só o movimento e a luta do pensamento social na Rússia do século XIX, como também a atividade de representantes particulares desse pensamento social, como Herzen e Pietchérin.[479] É claro que seria ridículo e absurdo interpretar essa imagem como uma reprodução artística desses homens, juntos ou em separado. Todavia, é indiscutível que a atividade desses homens deu um poderoso impulso à fantasia artística de Dostoiévski para a criação da imagem profundamente original de Viersílov. O nome de Herzen é mencionado por Arkadi no início da confissão de Viersílov, e essa menção não é casual. Consideramos que, para a elucidação do sentido da imagem de Viersílov, é necessário comparar com ela as declarações de Dostoiévski sobre Herzen no artigo "Gente antiga", inserido no *Diário de um escritor* do ano de 1873. Aqui Dostoiévski contrapõe Herzen a Bielínski. "Herzen era bem diferente: foi um produto da nossa fidalguice, antes de tudo um *gentil-homme russe et citoyen du monde*, um tipo que surgiria apenas na Rússia e que não poderia surgir em nenhuma outra parte senão na Rússia." De uma forma ou de outra, esse traço que Dostoiévski ressalta em Herzen — a combinação da psicologia da nobreza russa com a cidadania universal, o europeísmo — foi transferido para a imagem de Viersílov, claro que em sua própria interpretação desse traço. Adiante, Dostoiévski destaca mais um traço da psicologia de Herzen: "Nele atingia o máximo grau de desenvolvimento uma reflexão capaz de fazer do seu sentimento mais profundo um objeto, colocá-lo à sua frente, reverenciá-lo e incontinente até rir dele".[480]

Mais uma vez não resta a mínima dúvida de que é precisamente esse referido traço de Herzen que Dostoiévski transformara

---

[479] Vladímir Sergueiévitch Pietchérin (1807-1885), professor da Universidade de Moscou, poeta, memorialista, crítico da monarquia russa.

[480] *Diário de um escritor*, 1873, capítulo II, p. 7. — O *Diário de um escritor* era uma revista mensal (de fato um livro) inserida no semanário *Grajdanín* (*O Cidadão*), revista conservadora dirigida por Dostoiévski, na qual o autor publicava artigos de cunho filosófico, histórico e crítico-literário. O *Diário* ainda foi publicado em edição independente nos anos de 1876-1877 e 1880-1881.

em traço essencial da psicologia de Viersílov. O escritor atribui a Herzen como pecado original o afastamento da terra natal e do seu povo: "Era como se a própria história tivesse destinado Herzen a expressar por si mesmo e no tipo mais brilhante esse afastamento do povo por parte da imensa maioria da nossa casta cultivada. Nesse sentido, esse tipo é histórico. Ao separar-se do povo, esses tipos naturalmente perderam Deus. Os intranquilos dentre eles se tornaram ateus; os indolentes e tranquilos, tornaram-se indiferentes".[481] Esse rompimento continua sendo o pecado original e insuperável de Viersílov. Por isso, do ponto do escritor, Viersílov é inconsistente. A comparação das declarações do Dostoiévski-publicista com as criações do Dostoiévski-artista é altamente instrutiva. No Dostoiévski-publicista, e ainda no referido artigo daquela revista reacionária, o enfoque de Herzen e a apreciação negativa do seu papel histórico aparecem de forma simplificada e patente. A obra de arte mostra que muita coisa em Herzen, como tipo político-histórico, era infinitamente mais próxima e mais cara a Dostoiévski: a ideia de conciliação entre os povos e da vocação da Rússia para essa conciliação.

Na imagem de Viersílov, como já observamos, entraram alguns traços da imagem de Pietchérin. É justamente essa personagem que Dostoiévski tem em vista no relato do poema de Stiepan Trofímovitch, em *Os demônios*. No destino de Pietchérin, o autor não podia deixar de ver tampouco os traços do "errante russo" que tanto o preocupavam. Nesse sentido, um detalhe merece ser mencionado. Pietchérin terminou suas errâncias convertendo-se ao catolicismo, ingressando num mosteiro católico. Durante a confissão de Viersílov a Arkadi, são trocadas as seguintes frases:

"— O senhor acabou de dizer 'reino de Deus'. Ouvi dizer que lá o senhor pregava Deus, usava cilícios.

— Quanto aos meus cilícios deixe para lá — sorriu —, isso é uma coisa bem diferente. Naquele tempo eu ainda não pregava nada, mas suspirava pelo Deus deles, isso é verdade."[482]

---

[481] *Diário de um escritor*, 1873, capítulo II, p. 7.

[482] *O adolescente*, *op. cit.*, p. 492.

Em seguida, Viersílov fala do embate que tivera consigo e de sua disciplina de monge. Mas ainda no início da obra o velhote príncipe Sokólski conta a Arkadi, em tom de ironia, que Viersílov "usava cilícios" e que lá (isto é, na Europa — N. Tch.), convertera--se ao "catolicismo", que andava "com uma conversa de medo, de salvação: 'Se és religioso, por que não vais para um mosteiro?'. Era quase isso que exigia".[483] De uma forma ou de outra, o destino de Pietchérin, que emigrara da Rússia ainda jovem, que fora "errante" e ateu na Europa e mais tarde entrara para um mosteiro católico, não pôde deixar de chamar a atenção de Dostoiévski durante a criação da imagem de Viersílov.

Por último, cabe ressaltar mais um elemento nessa imagem. Nela o escritor lança a combinação do cômico e o sublime. Também é forte um idealismo que lembra Stiepan Trofímovitch Vierkhoviénski. Como neste, em Viersílov a apaixonada aspiração por um ideal é acompanhada de uma impotência cômica. Na imagem de Viersílov não é difícil reconhecer traços do Cavaleiro de La Mancha, que constantemente Dostoiévski personifica com ternura em seus heróis.

O tema mais importante em *O adolescente*, como nos romances anteriores de Dostoiévski, é o tema da vida em sua tensão máxima e em suas contradições primárias. Esse tema atravessa o romance inteiro como um dos *leitmotive* cardinais. Já no fim da primeira explicação decisiva de Arkadi com Viersílov, depois do rompimento entre os dois, o último diz ao jovem rebelde: "Tens tanta vontade de viver e tanta sede de viver que, parece, se te dessem três vidas ainda seria pouco: está escrito em tua cara".[484] Bem no fim da primeira parte, após a morte de Ólia, e depois de Viersílov renunciar em benefício dos seus inimigos à herança que havia ganho, Arkadi exclama num estado de elevadíssimo arrebatamento com a atitude de Viersílov: "Que um dia venha a morte, mas por enquanto é viver, viver! Temos compaixão daquela infeliz, mas mes-

---

[483] *Idem*, p. 42.

[484] *Idem*, p. 143.

mo assim bendizemos a vida, não é? não é?".[485] Nessas entusiasmadas exclamações juvenis de Arkadi vê-se uma afirmação da vida como uma alegria infinita. Na segunda parte, numa conversa entre o príncipe Seriója, Viersílov e Arkadi no apartamento do príncipe, Viersílov emite sua ideia sobre a "vida viva", que posteriormente será repetida com variações. "Um grande pensamento é mais amiúde um sentimento que às vezes demora demais a ser definido. Sei apenas que sempre foi aquilo de onde emanou a vida viva, isto é, uma ideia não tirada da cabeça nem fictícia, mas, ao contrário, não enfadonha e sim alegre; assim sendo, a ideia superior, da qual emana esse pensamento, é absolutamente indispensável, claro que para o desgosto geral."[486] E em seguida Viersílov acrescenta que essa "vida viva" é, no fundo, indefinível como um fato primário: "Deve ser algo demasiado simples, o mais corriqueiro, que salta aos olhos todos os dias e todos os minutos, e simples a tal ponto que de modo algum conseguimos crer que possa ser tão simples e que há milhares de anos passamos diante dela com a maior naturalidade, sem notá-la nem reconhecê-la".[487] O *leitmotiv* da "vida viva" torna a vir à tona num diálogo de Viersílov com Arkadi, por motivo do murmúrio entusiasmado do adolescente sobre Akhmákova, pela qual pai e filho estão apaixonados. "Essa mulher é aquilo a que ainda há pouco, na casa daquele príncipe, o senhor se referiu como 'vida viva', está lembrado? O senhor disse que essa 'vida viva' é algo tão franco e simples, que nos fita de modo tão franco, que justo por essa franqueza e clareza é impossível acreditar que seja exatamente aquilo que a tanto custo procuramos a vida inteira!"[488] A "vida viva", que também desta vez assume o aspecto de uma entusiástica alegria, é personificada e como que simbolizada por uma mulher. "A mulher é um grande poder", afirma Viersílov em outra passagem. Num diálogo do velho príncipe Sokólski com Arkadi em face do suposto casamento

---

[485] *Idem*, p. 208.

[486] *Idem*, pp. 234-5.

[487] *Idem*, p. 235.

[488] *Idem*, p. 286.

do decrépito velhote com a jovenzinha Anna Andrêievna, filha de Viersílov, o príncipe emite os seguintes juízos:

"— Que isso seja um sonho, mas que não nos privem desse sonho.

— Como assim, um sonho, príncipe?

— Um sonho. Como sonho? Vamos que seja um sonho, mas que nos deixem morrer com esse sonho.

— Oh, príncipe, morrer por quê? Viver, agora é só viver!

— Mas é isso que eu digo! É só isso que afirmo. Terminantemente não sei por que a vida é tão curta. Claro, é para não entediar, pois a vida também é uma obra de arte do próprio Criador na forma definitiva e irreprochável de um poema de Púchkin."[489]

Portanto, mais uma vez temos o tema da vida em todo o seu poderio insuperável, da vida que não quer abrir mão de si mesma, não quer ceder e entregar-se nem mesmo na decrepitude e na desagregação de suas formas materiais concretas, no esgotamento das forças em suas encarnações individuais isoladas. A terceira parte do romance introduz mais uma personagem — o errante Makar Ivánovitch Dolgorúki. E eis que logo nos primeiros passos após ele entrar em cena torna a ecoar o tema da vida, da vida em sua inesgotável e infinita afirmação de si mesma, apesar da decrepitude e da desagregação de suas formas individuais de encarnação. O mais surpreendente é que a vida se afirma incansável e intensamente até mesmos em suas formas moribundas. "Oh!, é ruim ser um velho doente — diz Makar Ivánovitch —, porque parece que só a alma da gente está agarrada a alguma coisa mas ainda aguenta, continua contente com a luz; parece que se precisasse recomeçar a vida inteira de novo, nem disso minha alma teria medo; mas, pensando bem, pode ser pecado pensar assim."[490] A força da vida, a insaciabilidade da sede de viver que existe em Arkadi, é o que acaba levando-o a Makar Ivánovitch, ao ideal da "beleza". A tensão do impulso de vida conjuga-se inseparavelmente em Arkadi com a sede de um ideal, com a sede de aperfeiçoamento infinito.

---

[489] *Idem*, p. 333.

[490] *Idem*, p. 375.

Um dos aspectos da vida, segundo a expressão de Makar Ivánovitch, é a alegria, o "regozijo". No romance é ressaltado reiteradamente o estado permanente de alegria entusiástica desse peregrino, que decorre do seu amor inesgotável à vida e à sua "beleza inefável". Um dos polos da vida é a sua "beleza", a pureza infantil. Makar Ivánovitch é profundamente velho e ao mesmo tempo uma criança, pela pureza e a naturalidade dos seus pensamentos e desejos. Na segunda seção do primeiro capítulo da terceira parte segue-se algo como um estudo do riso humano e de seu significado cognitivo-psicológico. Pelos lábios do Arkadi-narrador, Dostoiévski faz amplas generalizações antropológicas. Uma das medidas de definição da pureza moral de um homem vem a ser a sua capacidade para uma alegria pura e sincera, que se revela num riso natural. "Há caracteres que demoramos a decifrar, mas é só um homem desatar a rir um riso bem franco que de repente todo o seu caráter se revela com nitidez."[491] E eis que Arkadi vê plenamente personificadas em Makar Ivánovitch essas qualidades da pureza da alma e do riso sincero e despreocupado como algo inseparável do amor à vida. "Uma criança chorona é repugnante para mim, mas a que ri e se alegra é um raio do paraíso, uma revelação do futuro, de quando o homem enfim se tornará puro e cândido como uma criancinha. Pois bem, algo de infantil e incrivelmente encantador fez-se entrever também no riso fugaz daquele velho."[492]

Em *O adolescente*, Dostoiévski já enuncia a ideia de um estado de espírito paradisíaco, que posteriormente será elaborada em *Os irmãos Karamázov*. O paraíso, segundo ele, é acima de tudo uma alegria estável decorrente de um amor à vida em sua "beleza inefável". Esse é um dos polos da vida — a sua "beleza", ao qual Arkadi aspira avidamente.

No romance *O adolescente* é lançado com intensidade também o aspecto oposto, um outro polo da vida. No início da terceira parte, é descrita a recuperação de Arkadi depois de uma doença grave. E eis que, à medida que vai se recuperando e restaurando

---

[491] *Idem*, p. 372.

[492] *Idem*, p. 374.

suas forças, ele é tomado de uma frenética sede de viver, daquela vida repleta de paixões e intrigas desvairadas, da qual participam Akhmákova, Viersílov, Anna Andrêievna e Lambert. Arkadi fala de sua sede "voluptuosa" de conhecimento. Esse polo da vida é coroado por Lambert em toda a volúpia e a agressividade de seu tipo biológico primitivo.

A "vida viva", personificada de modo patente em Akhmákova — "essa mulher de grande poder" — submete Viersílov ao desvario da paixão por ela e o afasta da "beleza" feminil de Sófia Andrêievna. Essa paixão de Viersílov é assim expressivamente referida no romance: "fatalidade". Ao apresentar seu esclarecimento à confissão de Viersílov, ao seu relato sobre o encontro com Catierina Nikoláievna, Arkadi observa: "Era uma fatalidade. Vale notar que agora, ao relembrar e fazer este registro, não me lembro de que ao menos uma vez ele tenha empregado em seu relato a palavra 'amor', nem dito que estivera 'apaixonado'. Da palavra 'fatalidade' eu me lembro".[493] E Arkadi acrescenta: "Ele recusava a fatalidade da vida; precisava de liberdade e não da escravidão da fatalidade; através da escravidão da fatalidade fora forçado a ofender mamãe, que o aguardava em Königsberg".[494]

Depois que Arkadi se tornou testemunha secreta do encontro de Akhmákova e Viersílov, ele correu para Lambert sob influência de um ímpeto forte e indomável e interpretou da seguinte maneira a paixão de Viersílov na conversa com o "colega de infância": "Se ela se casasse com ele, na manhã seguinte à primeira noite ele a expulsaria a pontapés... porque isso acontece. Porque esse tipo de amor violento e feroz age como um ataque, como um laço mortal, como uma doença e, mal atinge o prazer, no mesmo instante cai o véu e aparece o sentimento contrário: repulsa e ódio, vontade de exterminar, de esmagar".[495] A paixão de Viersílov por Akhmákova sujeita-o a um estado de loucura. Próximo desse mesmo estado

---

[493] *Idem*, p. 499.

[494] *Idem*, p. 504.

[495] *Idem*, p. 544.

está o próprio Arkadi em seu amor desvairado por Akhmákova, em seu sentimento complexo e contraditório por ela e pelo pai.

Em *O adolescente*, o autor retoma o tema da vida como fora formulado ainda no tempo de *Crime e castigo* — a vida em sua indestrutível contradição e seu movimento de acordo com dois princípios: o da vida-beleza e o da vida-fado. Dostoiévski vê a vida na fatalidade de sua desagregação entre esses dois lados opostos e ao mesmo tempo na necessidade do restabelecimento de sua unidade.

Uma análise do romance *O adolescente* não pode ser concluída sem se considerar o tema da Rússia. Nos juízos de Viersílov vemos uma permanente comparação da Rússia com a Europa. O capitalismo, que nesse romance é objeto da atenção fixa do autor, é, nas reflexões de Viersílov, apresentado em íntima associação com os destinos históricos, predominantemente os da Europa. O autor põe nos lábios de Viersílov os prognósticos do futuro social da Europa. O olhar de Viersílov registra um extremo agravamento das contradições sociais da Europa e a inevitabilidade de uma explosão social e uma reviravolta. Ele diz a Arkadi: "Começará uma luta e, depois de setenta e sete derrotas, os miseráveis aniquilarão os acionistas".[496] Um dos números do *Diário de um escritor* da década de 1870 contém pronunciamentos de Dostoiévski que se repetem invariavelmente e tratam de uma inevitável catástrofe social na Europa.

O tema da Rússia é tipicamente representado na figura de Kraft. Não é por acaso que essa personagem tem um sobrenome alemão. Kraft é um homem franco, honesto, sincero ao se considerar um russo, mas que não acredita na Rússia e em seu futuro e dá fim à própria vida com o suicídio. Esse homem "foi devorado por uma ideia", como está escrito no romance. Nas falas de Kraft soa uma profunda inquietação em relação à Rússia e ao seu destino. "Hoje em dia desmatam a Rússia, esgotam seu solo, transformam-no em estepes e o preparam para os calmucos. Apareça alguém com esperanças e plante uma árvore, e todo mundo cairá na

---

[496] *Idem*, p. 225.

risada: 'Por acaso viverás até que ela cresça?'. Por outro lado, aqueles que desejam o bem discutem o que acontecerá daqui a mil anos. A ideia consolidadora desapareceu por completo. É como se todos nós estivéssemos numa estalagem e amanhã nos preparássemos para deixar a Rússia; todos vivem como se estivessem fartos..."[497] Contudo, o mais fundamental na imagem de Kraft é o seu estreito vínculo com o tema do isolamento e do divórcio com a Rússia. Com toda a sua profunda honestidade subjetiva, Kraft é absolutamente só, vive em total isolamento das forças vivas do povo russo. Daí a sua profunda descrença no futuro da Rússia, daí a sua ruína. Seu destino no romance é profundamente simbólico.

Kraft é o oposto de Arkadi, que, tendo começado a sua vida em extremo isolamento, caminha para a reunificação com o todo vivo, com a terra, o povo e a Rússia. O ideal de "beleza", para Arkadi e para Dostoiévski, é inseparável do povo russo, da terra russa. Como já foi dito, o portador desse ideal é o pai legal de Arkadi — o camponês-peregrino Makar Ivánovitch Dolgorúki.

Na terceira parte do romance, o encontro de Arkadi com Makar Ivánovitch é representado como uma total revelação para o herói. Abre-se para ele um mundo novo nos relatos e lendas de Makar Ivánovitch. O movimento de Arkadi rumo ao ideal da "decência", sua nova história com Catierina Nikoláievna e suas novas relações com ela — tudo isso marca, segundo o pensamento de Dostoiévski, uma superação do seu isolamento e uma reunificação com o todo vivo, com o povo russo e a Rússia.

Mais um elemento. Viersílov aparece no romance como um "errante russo"; Makar Ivánovitch, como um peregrino, um "andarilho". O médico que cuida de Makar Ivánovitch considera esse traço dele como algo característico do povo. "Porque o senhor não é o que se chama de peregrino? Ora, em nosso povo a vida errante quase se transforma em paixão. Já notei isso mais de uma vez. Nosso povo é de preferência um povo errante."[498] A vida de andarilho e peregrinação de Makar Ivánovitch está em notória con-

---

[497] *Idem*, pp. 70-1.

[498] *Idem*, p. 392.

formidade com a "errância" de Viersílov. E mesmo assim, no romance há entre eles um limite preciso. Viersílov, a despeito de todo o seu amor à Rússia, continua sendo um europeu, um aristocrata e um intelectual divorciado do povo e da Rússia. Makar Ivánovitch é parte inseparável do seu povo.

11.

Prós e contras:
Os irmãos Karamázov

Os irmãos Karamázov [1880], último romance de Dostoiévski, é, em matéria de gênero, o mais complexo fenômeno entre todas as obras do escritor. Trata-se de um romance social que expõe um panorama completo da Rússia, o processo de sua transformação capitalista e a inevitável crise social que se aproximava. A riqueza de situações de enredo, fortemente ligadas por uma intriga única e intensamente dramática, permite ao escritor desenvolver em máximo grau a análise psicológica. Assim, Os irmãos Karamázov é, em Dostoiévski, a síntese mais completa do romance social e psicológico.

Os irmãos Karamázov é o que se chama de romance filosófico na mais plena acepção do termo. Nesse sentido, é característico que o próprio autor tenha posto seu romance numa certa perspectiva histórico-filosófica, muito importante para a definição do seu gênero. No livro V, "Pró e contra", ao antecipar a "Lenda do Grande Inquisidor", Ivan Karamázov se baseia nas peças de mistério da Idade Média, no "drama escolar" feito na Rússia, na literatura anterior a Pedro, o Grande, e no famoso apócrifo da literatura russa antiga O calvário da Virgem Maria. No tocante aos mistérios medievais, Dostoiévski menciona o nome de Dante e aproxima de tais mistérios a obra genial desse florentino, a Divina Comédia. Surgem ainda outras associações — com o Fausto de Goethe, o Caim de Byron e com outros, similares pelo gênero, como A tentação de Santo Antão, de Flaubert. Em "As sagradas escrituras na vida do padre Zossima", seção do livro "Um monge russo", Dostoiévski expõe a primeira impressão causada em Zossima pelo conteúdo do Livro de Jó. Esse livro bíblico é uma antiquíssima teodiceia. É notável que, no "Prólogo no céu", do Faus-

to, Goethe repita em nova variante a concepção do Livro de Jó. O espírito da luz dá liberdade de ação a Mefistófeles em relação a Fausto, assim como, no Livro de Jó, Deus dá liberdade de ação ao diabo em relação a Jó. O *Fausto* de Goethe oferece uma teodiceia e sua antítese na pessoa de Mefistófeles; em *Os irmãos Karamázov* também se desenvolve uma teodiceia, em "Um monge russo", e sua negação, na "Lenda do Grande Inquisidor" e no capítulo "O diabo. O pesadelo de Ivan Fiódorovitch".

De uma forma ou de outra, o romance *Os irmãos Karamázov* representa um renascimento original, em nova variante, da forma da peça de mistério. Contudo, o mais curioso é a desdobramento desse antigo gênero transformado junto à forma do romance realista social e psicológico europeu do século XIX. Temos diante de nós um símbolo literário da forma arcaica mais atualizada, que define a originalidade do gênero desse último romance de Dostoiévski.

Detenhamo-nos primeiro no amplo panorama social criado pelo escritor em *Os irmãos Karamázov*.

Fiódor Pávlovitch Karamázov, uma das personagens centrais do romance, costuma ser visto pelo lado da sua "lascívia", e muito menos pelo lado de sua biografia como negocista-empreendedor. Entretanto, essa biografia tem um significado extraordinário. O processo de degradação da nobreza nesse romance é bastante marcado. Fiódor Pávlovitch descende de nobres empobrecidos e é um parasita que corre de cozinha em cozinha. Anteriormente essa categoria social já atraíra Dostoiévski mais de uma vez. Contudo, no velho Karamázov está acentuadamente marcado o traço de uma adaptabilidade e de um oportunismo social incomuns. Com o espírito rapinante e o mercantilismo que lhe são inerentes, Fiódor Pávlovitch é um nítido exemplo do processo de adaptação da nobreza às condições capitalistas. Ademais, no velho Karamázov é apresentada com clareza a degeneração de um nobre num voraz negocista burguês. Nele Dostoiévski destaca uma desordem incomum e uma inaptidão para a vida — clara herança do meio nobre. Todavia, quase desde as primeiras linhas o escritor ressalta que Fiódor Pávlovitch é um tipo "daqueles broncos que, não obstante, sabem arranjar magistralmente seus negociozinhos com propriedades e, parece, só e unicamente estes".[499] Casara-se sem qualquer impressão especial, pelo "lado da paixão", com uma moça do ramo rico e nobre dos Miússov, com a finalidade de receber o dote dela e transferi-lo para o seu nome. Depois de aproveitar-se da total inexperiência de vida e da ingenuidade de Dmitri, o filho mais velho, explora-o de modo ostensivo e simplesmente se apropria de uma parte da herança que cabia ao filho. E Fiódor Pávlovitch não para nisso: lança-se numa desenfreada especulação, viaja a um certo lugar no sul, onde tem negócios com uns tipos obscuros. Tendo retornado do sul, "logo começou a abrir muitos botequins novos pelo distrito. Dava para perceber que possuía, talvez, uns cem mil rublos ou quiçá apenas um pouco menos. Muita gente da cidade e dos distritos foi logo contraindo dívidas com ele, sob as garantias mais seguras, é claro".[500]

Depois do choque mortal com o filho Mítia[501] por causa de Grúchenka e dos famigerados três mil rublos que este considerava seus, Fiódor Pávlovitch continua metido em suas negociatas, alistando uma variedade de pessoas como seus agentes especuladores, pessoas como Grúchenka, o capitão de infantaria Snieguiriév e o padre de Ilinski. Obcecado pelo sonho de ser visitado por Grúchenka, para quem prepara um pacote de dinheiro com a inscrição "para meu anjo Grúchenka, se ela resolver aparecer", à qual acrescenta "e franguinha",[502] mesmo assim Fiódor Pávlovitch não se esquece da venda lucrativa da mata de Tchermachniá ao comerciante Górstkin Liágavi. A sede frenética do velho Karamázov por dinheiro, que não é inferior à sua lascívia, manifesta-se em sua inesperada recusa de atender as justas pretensões de Mítia, pretensões que antes se dispusera a atender. Nesse sentido, declara peremptoriamente a Aliócha: "Não vou dar nada, nadinha de nada,

---

[499] Fiódor Dostoiévski, *Os irmãos Karamázov*, tradução de Paulo Bezerra, São Paulo, Editora 34, 2008, p. 17.

[500] *Idem*, p. 39.

[501] Hipocorístico de Dmitri.

[502] *Os irmãos Karamázov*, *op. cit.*, p. 602.

preciso de meu dinheirinho para mim mesmo".[503] O motivo do poder do dinheiro, que já ocupara tão relevante papel no romance anterior, manifesta-se em *Os irmãos Karamázov* com uma agudeza particular nesse entrelaçamento fatídico dos sentimentos íntimo--sensuais e ao mesmo tempo grosseiramente possessivos do pai e do filho em suas relações com Grúchenka.

O processo de degradação da nobreza em face da transformação capitalista da Rússia é apresentado na história de Dmitri Karamázov, em seu incontrolável esbanjamento, suas farras desvairadas, no esbanjamento do dinheiro do pai e de Catierina Ivánovna, em todas essas manifestações sociotípicas de um certo meio. A *karamázovschina*[504] no romance é acima de tudo uma categoria social. Rakítin diz com desprezo a Alióchta: "Ah... vocês... nobres!". Nessa conversa com Alióchta, o mesmo Rakítin acrescenta: "Lascivos, cobiçosos e *iuródivi*!".[505] No romance revela-se em ampla escala o tema da desagregação social. Na história da família Karamázov, ela ganha uma expressão peculiar.

Expõe-se antes de tudo como se rompem os vínculos de linhagem e familiares. Assim como em *O adolescente*, soa com toda a força e de forma ainda mais aguda o motivo da "família casual": no ódio e na luta entre pai e filho e na história de Smierdiakóv.

Do ponto de vista puramente social, é notável o conflito inconciliável de duas tendências na família Karamázov: o esbanjamento e a cobiça. A degeneração burguesa acentuadamente expressa de Fiódor Pávlovitch choca-se com a recidiva dos hábitos nobres em Dmitri Karamázov.

O extremo grau de desagregação moral na "família" Karamázov encontra a mais notória expressão na altercação pública e nas ofensas mútuas entre o velho Karamázov e Mítia na cela de mosteiro do *stárietz* Zossima, no espancamento do velho por Mí-

---

[503] *Idem*, p. 247.

[504] Substantivo derivado de Karamázov, que no romance alude ao grau mais extremado de irresponsabilidade moral, acompanhado de paixões incontidas e permanentes oscilações entre degradações da moralidade e elevados impulsos do espírito.

[505] *Os irmãos Karamázov*, *op. cit.*, p. 126.

tia e em vários outros acontecimentos. Ao mesmo tempo, Dostoiévski descreve como a desagregação social é fatalmente acompanhada também pela degeneração biológica, que aparece com maior clareza na figura de Smierdiakóv, filho de um lascivo com uma mentecapta epiléptica. No fim das contas, Smierdiakóv deve a causas sociais sua vinda ao mundo através de uma *smierdiáschaia*.[506] Para isso era imprescindível o extremado grau de "desordem" moral da época pós-reformas, o que levou Fiódor Pávlovitch a unir-se fisicamente a Lizavieta Smierdiáschaia. Sendo fisicamente um rebento do clã dos Karamázov, Smierdiakóv é largado numa camada social de todo diferente, inferior, na camada dos criados domésticos. Ele já não sente que possui quaisquer laços morais com o pai da família, à diferença de Mítia, que ainda sente um estremecimento interior perante a palavra "pai". Smierdiakóv se rebela contra a própria "natureza", contra sua "fonte da vida", executa com total destemor e uma fria ponderação o pensamento de Ivan sobre assassinar o pai. No romance revela-se com notável profundidade que, no processo de desagregação social provocado pela transformação capitalista da Rússia e pela degradação da nobreza, a família e o clã haviam chegado a uma fatal degeneração biológica e à autonegação (o filho que mata o pai e depois se mata).

O processo de degradação da nobreza é exposto não apenas na "História de uma família". É introduzida uma outra família nobre: a mãe e a filha dos Khokhlakov. Na madame Khokhlakova são expressivamente representadas a futilidade e a vaidade, a extrema inépcia da nobreza provinciana, da "sociedade" das damas da Rússia pós-reformas. Com a irresponsabilidade típica da alta sociedade leviana, a madame Khokhlakova está sempre às voltas entre o *stárietz* Zossima e Rakítin, e vice-versa. A afetada preocupação materna com a filha doente combina-se nela com o coquetismo, dirigido a Rakítin e Pierkhótin.

A desagregação social se manifesta de modo ainda mais franco e nítido no caráter da filha de Khokhlakova. A imagem de Lise, considerando-se a extrema complexidade do conteúdo psicológico,

---

[506] "Fedorenta", sobrenome da Lizavieta, mãe de Smierdiakóv em *Os irmãos Karamázov*.

Prós e contras: *Os irmãos Karamázov*

carrega sem dúvida as marcas da decadência social. É particularmente significativo em termos sociais o extremo desequilíbrio de Lise, sua "afetação" e histeria. O social-patológico, exibido na "família" dos Karamázov, revela-se de modo não menos expressivo na figura de Lise Khokhlakova. Ainda quase uma criança e ademais considerando-se noiva de Alióscha, de repente ela passa a arder de paixão por Ivan. Este, em conversa com Alióscha, fala com franqueza maldosa e cinismo sobre Lise: "Ainda não tem dezesseis anos, parece, e já se oferecendo!".[507] As palavras de Ivan são injustas no sentido de que não levam em conta a angustiante luta que Lise trava consigo, todas as suas contradições, mas contêm grande dose de verdade. O sociopatológico em Lise irrompe nitidamente em suas confissões: "Queria te comunicar um desejo meu. Quero que alguém me torture, case comigo, depois me torture, me traia, me deixe e parta".[508] Tal como na representação da família Karamázov, Dostoiévski ressalta, em simultaneidade com aquilo que é individual, acentuadamente expresso em cada um dos seus representantes, também o geral, aquilo que pertence ao clã, aquilo que é "karamazoviano", e de igual maneira destaca em Lise uma semelhança hereditária com a mãe. É peculiar, por exemplo, o seguinte detalhe. Madame Khokhlakova sempre escuta atrás da porta as conversas de Lise com alguém em seu quarto. Lise censura esse traço na mãe. Não obstante, em conversa com Alióscha ela mesma confessa que também escuta as conversas da mãe.

Como *O adolescente*, o romance *Os irmãos Karamázov* apresenta uma grande diversidade de formas de desagregação social, expressas em diversas formas concretas de caos e "desordem" moral. O elemento da decadência social também é inerente a Catierina Ivánovna e suas "mortificações". Nesse mesmo sentido é muito pitoresca, por exemplo, a figura de um tal de Maksímov, um velhote senhor de terras. Fiódor Pávlovitch batizou essa personagem com o apelido de "Von Zohn", o que lança uma luz sinistra sobre essa figura cômica. Encontramos esse Maksímov — um fazendei-

---

[507] *Os irmãos Karamázov*, *op. cit.*, p. 778.

[508] *Idem*, p. 755.

ro sem fazenda e, no fundo, mais uma vez, um típico parasita — grudado à cúpula do mosteiro, fazendo boa presença junto a um igúmeno antes de um jantar de gala. Contudo, depois do escândalo provocado por Fiódor Pávlovitch, vimos o mesmo Maksímov pronto para ir à casa do velho Karamázov comer leitão com mingau. Ainda o encontramos na pândega de Dmitri Karamázov em Mókroie, tocado, contando histórias da carochinha e cantando cançonetas indecentes. Na imagem de Maksímov são notáveis a simplicidade e a ingenuidade bonachona da sem-vergonhice, a ausência de distinção entre o bem e o mal.

O romance *Os irmãos Karamázov* não descreve apenas a degradação da nobreza russa; mostra também a burguesia russa no período pós-reformas. Destaca representantes característicos dessa burguesia, como o comerciante Górstkin Liágavi, o comerciante Kuzmá Samsónov e o dono de uma estalagem em Mókroie, Trifon Boríssovitch. E também nesse romance é peculiar à representação da burguesia a imagem repelente quer dos representantes concretos do capitalismo, quer de todo o fenômeno em conjunto. O capitalismo em *Os irmãos Karamázov* é mostrado em seu elemento puramente destrutivo. É característico, por exemplo, que até Fiódor Pávlovitch, que mantém negócios com Liágavi, faça a seguinte observação sobre a sua aparência: "Tem uma barbinha ruiva, fininha, nojentinha".[509] Mujique rico e grosseiro, que enchera a cara durante vários dias e fora desembriagado depois de esforços desesperados de Mítia, vomitava algo ininteligível — eis a imagem de Liágavi. O simples apelido de Liágavi[510] já produz uma caracterização bastante expressiva. Não é menos repugnante a imagem de outro representante da burguesia: o comerciante Kuzmá Samsónov, protetor de Grúchenka. "Seu lábio inferior, que já era grosso, agora parecia uma panqueca flácida."[511] À lamentável e ingênua proposta de Mítia de vender seus direitos sobre os bens do pai, Kuzmá Samsónov responde com a sugestão maldosa e pérfida de

---

[509] *Idem*, p. 383.

[510] Variante de *legavi*, isto é, perdigueiro, espia, bufo.

[511] *Os irmãos Karamázov*, *op. cit.*, p. 495.

procurar Liágavi. Ao despedir-se de Samsónov, "Mítia fez menção de segurar a mão do velho para sacudi-la, mas algo de raivoso passou de relance pelos olhos do outro".[512] Depois que Mítia saiu, "o velho ainda tremia todo de raiva e, ao anoitecer, adoeceu e mandou chamar o 'médico'".[513] Nessa figura arruinada de um comerciante que quase não controla mais as pernas mas tem ciúme de sua amante Grúchenka e Mítia e é tomado de um ódio infinito a ele, há algo horrendo, funesto e repugnante.

Contudo, chega a ser mais repugnante a imagem do estalajadeiro de Mókroie, Trifon Boríssovitch. O nítido rastejamento e servilismo perante Mítia e a vontade nada camuflada de tirar vantagem dele, a franca exploração da falta de praticidade e do espírito dissipador do capitão, que chega ao roubo patente das suas notas de rublo, o desprezo aos camponeses, de cujo meio ele mesmo descende ("são todas piolhentas", diz Trifon Boríssovitch sobre as moças camponesas), a brusca mudança em sua relação com Mítia depois da prisão, a quem se nega a estender a mão — tudo isso revela a essência desse rapinante camponês rico que fez fortuna com a especulação. Em todas essas personagens Dostoiévski representa o capitalismo em suas primitivas formas de rapinagem.

Em *Os irmãos Karamázov*, expõe-se a influência desagregadora do capitalismo também no meio camponês como um todo. O campo inteiro é contaminado pela febre capitalista. O ídolo das moças de Mókroie passa a ser o comerciante, sobre quem elas cantam de forma bastante inequívoca em suas modinhas: "O comerciante vai comerciar,/ E sou eu que vou reinar".[514] A influência do capitalismo se manifesta no desprezo ao que é russo e na reverência ao Ocidente. Nesse sentido, é muito significativa a personagem Smierdiakóv. Como em Trifon Boríssovitch, há em Smierdiakóv o mesmo desprezo pelo povo trabalhador russo, só que em um grau incomensuravelmente mais forte. "Pode um mujique rus-

---

[512] *Idem*, p. 498.

[513] *Idem*, p. 499.

[514] *Idem*, p. 579.

so ter sentimentos se comparado a um homem instruído?"[515] — diz ele à criada de quarto Mária Kondrátievna. "Por sua falta de instrução ele não pode ter nenhum sentimento." E adiante Smierdiakóv acrescenta em tom sentencioso e imponente: "O povo russo precisa ser açoitado, como disse ontem com razão Fiódor Pávlovitch". Smierdiakóv é a favor da "cultura". "São todos uns tratantes, mas com a diferença que lá eles andam de botas envernizadas enquanto o nosso canalha aqui fede em sua miséria e não vê nada de mau nisso."[516] E Smierdiakóv mantém o estilo do "europeísmo" e da "cultura": usa sobrecasaca, botinas envernizadas, camisa limpa e passada, "o topete armado, as têmporas besuntadas de brilhantina".[517] Com todo o seu ser ele se sente atraído pela cidade grande e pelo estrangeiro. Seu sonho é ter um certo capital e abrir um café-restaurante na rua Pietróvka[518] em Moscou. "Porque eu cozinho de um jeito especial, e ninguém em Moscou, a não ser os estrangeiros, sabe servir de um jeito especial."[519] O supremo elogio que Smierdiakóv recebe de sua dama Mária Kondrátievna é que, segundo a opinião dela, ele é "o mais nobre estrangeiro".[520] Smierdiakóv caminha firmemente para o seu objetivo — a conquista de riquezas e de um lugar na vida. Tem pressa de concretizar a qualquer custo a carreira que imaginou. Mata e rouba Fiódor Pávlovitch sem vacilar. Fiel a si mesmo, até quando está hospitalizado ele queima incansavelmente as pestanas para "aumentar sua qualificação", decorando vocábulos franceses transcritos em caracteres russos. A influência desagregadora e deformadora do capitalismo e de sua "civilização" manifesta-se com bastante grandiloquência em Smierdiakóv.

---

[515] *Idem*, p. 310.

[516] *Ibidem*.

[517] *Idem*, p. 792.

[518] Uma das ruas mais antigas de Moscou, situada na área central da cidade, local de restaurantes caros e outras atrações.

[519] *Os irmãos Karamázov*, *op. cit.*, p. 312.

[520] *Idem*, p. 510.

Dostoiévski nos mostra diferentes formas da consciência burguesa. Ao lado de sua expressão mais vulgar e servil, vemos no romance suas formas mais complexas. Nesse sentido, o seminarista *raznotchínietz*[521] Rakítin não é menos grandiloquente que Smierdiakóv. A imagem de Rakítin tem seu papel na polêmica de Dostoiévski com os intelectuais dos anos 1860, na mesma medida em que o tiveram as imagens da turma de Hippolit em *O idiota*. Contudo, na imagem de Rakítin o golpe principal não é dirigido contra o pensamento político dessa personagem, mas contra o seu carreirismo burguês. Pregador de concepções racionalistas e materialistas, ele é, em realidade, um homem totalmente desprovido de princípios. Rakítin mantém relações com o mosteiro e compõe brochuras para a salvação da alma com a única finalidade de promover-se, de "ganhar um capital". No capítulo "Um seminarista-carreirista", ainda no início do romance, o próprio Rakítin cita uma opinião de Ivan Karamázov sobre ele: "Começarei a trabalhar numa grossa revista, forçosamente no departamento de crítica, passarei uns dez anos escrevendo e no fim das contas transferirei a revista para o meu nome. Depois voltarei a editá-la com uma tendência necessariamente liberal e ateia, até com certo verniz socialista, mas me mantendo de orelha em pé, isto é, com os nossos e os vossos, e distraindo a atenção dos imbecis. O final de minha carreira, segundo interpretação de teu irmão, consistirá em que o matiz de socialismo não me impedirá de transferir para a minha conta-corrente o dinheirinho dos assinantes e colocá-lo, quando houver oportunidade, em circulação sob a orientação de algum *jidezinho*[522] até poder construir um edifício em Petersburgo, transferir para lá a redação da revista e alugar o restante dos andares para inquilinos".[523]

Na imagem de Rakítin são típicas essa especulação inseparável do capitalismo em desenvolvimento e o espírito comercialesco, transferidos também, inevitavelmente, para o campo ideológico.

---

[521] Categoria específica de intelectual não pertencente à nobreza.

[522] Termo depreciativo de judeu.

[523] *Os irmãos Karamázov, op. cit.*, pp. 128-9.

Ao mesmo tempo, as mais diversas ideologias, da ortodoxia ao socialismo, que simplesmente se excluem mutuamente, também são objeto de especulação e compra e venda. São igualmente típicas de Rakítin as mais diferentes tentativas de fazer uma carreira, ou seja, de no fim das contas adquirir um sólido capital. Ele bajula a cúpula eclesiástica, escreve correspondências liberais sobre o caso dos Karamázov e uns versinhos jocosos em homenagem ao pezinho doente de Khokhlakova, de cujo sólido capital vai se achegando sorrateiramente. Rakítin, como tudo o que em Dostoiévski é marcado pelo espírito do empreendimento capitalista, se apresenta em seu aspecto mais indecente do ponto de vista moral. A explícita busca da vantagem pessoal, o cinismo desembaraçado, a presunção sem limites e a falta de escrúpulos morais — eis o que salta à vista dos traços de Rakítin.

O carreirismo burguês em *Os irmãos Karamázov* também conhece formas mais atenuadas e externamente decorosas. Nesse sentido, é curiosa a figura do funcionário Pierkhotin, jovem de aparência modesta e serena, que, não obstante, aceita objetos em troca de empréstimos em dinheiro, ou seja, pratica uma pequena usura. Ele aproveita com habilidade o alvoroço motivado pelo assassinato de Fiódor Pávlovitch Karamázov e passa o próprio Rakítin para trás na realização do plano de apossar-se do capital da viúva Khokhlakova.

A ação destrutiva e desagregadora do capitalismo apresenta-se em *Os irmãos Karamázov* também no tema da miséria urbana, dos "miseráveis nobres", que são exibidos com tanta força, ira e dor nas imagens da família de Snieguirióv.

O problema da desagregação social se correlaciona no romance com um amplo panorama dos destinos da Rússia e da Europa. Em *Os irmãos Karamázov*, ganha um desenvolvimento mais amplo o plano histórico-universal, que constitui o ingrediente temático essencial dos romances de Dostoiévski, começando por *Memórias do subsolo*. O tema da desagregação social é concebido nesse plano como tema da crise histórico-social. Nesse caso, deu-se um significado especial ao quadro do processo judicial contra Mítia, em particular no capítulo "O discurso do promotor". Nesse discurso, o sentido do conceito de *karamázovschina* como um fenômeno social projeta-se como símbolo da profunda crise moral vivida pela Rússia. Nos romances anteriores, Dostoiévski já se referira às estatísticas dos fatos criminais no país como índices de tal crise. Assim, em *Os demônios*, Lise Túchina procura convencer Chátov a publicar um livro inteiro sobre o tema. Em *O adolescente*, Akhmákova conversa a esse respeito com Arkadi Dolgorúki. Entretanto, é no discurso do promotor em *Os irmãos Karamázov* que o crescimento das estatísticas dos crimes como sintoma da crise que assola a Rússia é enfocado com toda firmeza e nitidez.

Ao arrolar vários exemplos de crimes comuns, de uma audácia e um cinismo singulares, o promotor assim resume a sua reflexão: "O mais grave, porém, é que uma infinidade de nossos processos criminais russos, nacionais, são precisamente uma prova de algo universal, de alguma desgraça geral, que pegou em nosso país e já nos cria dificuldades para combatê-la como um mal universal. [...] Outro não degolará, mas pensará e sentirá exatamente como ele, em sua alma é tão desprovido de honra quanto ele. Às caladas, a sós com sua consciência, talvez se pergunte: 'Mas o que é a honra, e o horror ao sangue não será um preconceito?'".[524] No romance está posto o seguinte dilema, vinculado, por sua descendência, à luta entre a eslavofilia e o ocidentalismo: Rússia ou Europa? O promotor, por todas as suas simpatia e antipatias, é um ocidentalista. Ele ressalta as relações dos russos com a vida e a morte, que lhe parecem loucura e cinismo: "Reparem, senhores, reparem como os jovens se matam em nosso país: oh, sem nenhuma daquelas perguntas hamletianas do tipo: 'O que haverá *além*?', sem qualquer indício de tais perguntas, como se tudo o que diz respeito ao nosso espírito e ao que nos espera no além-túmulo estivesse sepultado há muito tempo na natureza desses jovens, sepultado e coberto de areia".[525] Essa contraposição entre duas psicologias nacionais torna a se repetir. Tentando penetrar no estado da alma de Mítia, o promotor pergunta: "Não sei se nesse instante Karamázov pensava '*o que haverá além*', se Karamázov po-

---

[524] *Idem*, pp. 897-8.

[525] *Idem*, p. 898.

deria, como Hamlet, pensar no que haverá além. Não, senhores jurados, eles têm os seus Hamlets, já nós temos por enquanto os Karamázov!".[526]

Em face do arraigado "ocidentalismo" do promotor, seu discurso é atravessado por um corrosivo ceticismo em relação às perspectivas do futuro histórico da Rússia. É como se esse discurso fosse emoldurado sempre pela mesmíssima ideia. No início ele levanta a questão dos destinos históricos da Rússia. Para ele, estes se materializam no símbolo da troica de Gógol.[527] O procurador manifesta suas dúvidas sobre essa troica-Rússia. "Porque se à sua troica se atrelassem apenas os seus heróis, os Sobakiévitch, Nozdriov e Tchítchikov,[528] com semelhantes cavalos não se chegaria a lugar algum, independentemente de quem se pusesse ali como cocheiro! Mas eles ainda são apenas cavalos daqueles tempos, que não chegam perto dos de hoje; os nossos são bem mais puros..."[529] No final do seu discurso, o promotor retoma o mesmo tema do futuro da Rússia e a mesma imagem da troica desenfreada. Aqui, o tema da profunda crise social que assola a Rússia e as dúvidas sobre o seu futuro manifestam-se com toda a agudeza: "Não sejais, pois, um obstáculo à Rússia e à sua expectativa, nossa fatídica troica voa precipitadamente e, talvez, para a morte. E já faz muito tempo que em toda a Rússia estendem-se os braços e conclama-se a que se detenha a corrida louca e desregrada. E se por ora outros povos dão passagem à troica em desabalada carreira, talvez não o façam por nenhum respeito a ela, como queria o poeta, mas simplesmente por horror — observai isto. Por horror, e talvez até por repugnância a ela, e ainda é até bom que lhe deem passagem, mas é possível que peguem e deixem de lhe dar passa-

---

[526] *Idem*, p. 925.

[527] Em *Almas mortas*, há uma passagem em que Gógol compara a Rús (nome original da Rússia) a uma troica veloz e irrefreável que se precipitando adiante.

[528] Malandros e vigaristas de *Almas mortas*.

[529] *Os irmãos Karamázov*, *op. cit.*, p. 899.

gem, e que se postem como uma muralha sólida diante da visão impetuosa e detenham, eles mesmos, a arremetida louca de nossa libertinagem como uma forma de salvar a si mesmos, a ilustração e a civilização!".[530] Já a defesa, em oposição ao promotor, manifesta no final do seu discurso uma fé profunda no futuro da Rússia: "Não nos assusteis, oh, não nos assusteis com vossas troicas loucas, das quais todos os povos se afastam com asco! Não será a troica louca, mas a majestosa carruagem russa que chegará solene e tranquilamente ao objetivo".[531]

O tema social atravessa em toda a sua amplitude a "Lenda do Grande Inquisidor" e o livro "Um monge russo". Nesses capítulos, em plena concordância com as manifestações de Dostoiévski no *Diário de um escritor*, soa o motivo da profunda crise social que abrange a Europa, das contradições inconciliáveis, da encarniçada luta de classes, das catástrofes sociais. Dostoiévski vincula a crise social da Rússia ao capitalismo e levanta questões radicais da vida de então. "O isolamento chega também ao povo: surgem indivíduos cobiçosos e exploradores; o comerciante já deseja cada vez mais e mais honrarias, procura mostrar-se instruído sem ter a mínima instrução, e com esse fim desdenha torpemente dos costumes antigos e até se envergonha da fé dos pais. Visita príncipes, mas não passa de um mujique pervertido. O povo apodreceu na bebedeira e já não consegue se afastar dela. E quanta crueldade com a família, com a esposa e até com os filhos; tudo vem da bebedeira. Vi em fábricas até crianças de dez anos: fracas, estioladas, encurvadas e já depravadas. Ambiente abafado, máquinas batendo, todo o dia trabalhando, palavras obscenas e vinho, vinho; é disso que precisa a alma de uma criança ainda tão pequena? Ela precisa de sol, de brincadeiras de criança, de exemplos luminosos em toda a parte e ao menos uma gotinha de amor."[532]

Dostoiévski não se limita a constatar a profunda crise social provocada pela marcha do capitalismo, mas procura encontrar

---

[530] *Idem*, pp. 932-3.

[531] *Idem*, p. 962.

[532] *Idem*, pp. 427-8.

um caminho possível para sua solução. Duas concepções histórico-filosóficas se contrapõem nesse romance. Uma delas é a do Grande Inquisidor. Este fala da necessidade radical e insuperável que os homens têm de isolamento. "Houve muitos grandes povos com uma grande história; no entanto, quanto mais elevados eram esses povos, mais infelizes, pois compreendiam mais intensamente que os outros a necessidade de união universal dos homens. Os grandes conquistadores, os Tamerlães e os Gengis Khan, passaram como um furacão pela Terra, procurando conquistar o universo, mas até eles traduziram, ainda que de forma inconsciente, a mesma grande necessidade de união geral e universal experimentada pela humanidade."[533]

Contudo, na atividade desses grandes conquistadores manifestou-se com toda a evidência também os elementos destrutivo e autodestrutivo na humanidade. Em face disso, Dostoiévski revela as inexoráveis contradições, a antinomia do social e do antissocial no homem, radical para a sua visão de mundo. O *stárietz* Zossima afirma: "Compreendendo a liberdade como a multiplicação e o rápido saciamento das necessidades, deformam sua natureza porque geram dentro de si muitos desejos absurdos e tolos, os hábitos e as invenções mais disparatadas. Vivem apenas para invejar uns aos outros, para a luxúria, a soberba".[534] Na representação do Grande Inquisidor, os "grandes conquistadores" são os intérpretes das necessidades de unidade universal da humanidade. Mas a unidade da humanidade, que se manifesta no fortalecimento dos meios e nas possibilidades de vínculos externos, é inseparável do processo de isolamento e separação no homem. Já o *stárietz* Zossima diz: "E não é de admirar que em vez da liberdade tenham afundado na escravidão, e em vez de servir ao amor fraterno e à união dos homens afundaram, ao contrário, na *desunião* e no isolamento".[535] Segundo pensa o *stárietz* Zossima, esse processo de isolamento é inseparável dos hábitos e da acumulação de objetos

---

[533] *Idem*, pp. 356-7.

[534] *Idem*, p. 426.

[535] *Ibidem*.

ligada a esses hábitos, do abismo entre ricos e pobres. "É por isso que no mundo vem-se extinguindo cada vez mais a ideia de servir à humanidade, a ideia da fraternidade e da integridade dos homens, pois, em verdade, essa ideia já está sendo recebida até com zombaria; porque, como esse escravo se afastaria de seus hábitos, para onde iria se está tão acostumado a saciar as infinitas necessidades que ele mesmo inventou? Ele está isolado e pouco se importa com o todo. Eles chegaram a um ponto em que acumularam objetos demais, porém ficaram com alegria de menos."[536]

Na representação do Grande Inquisidor, as formas destrutivas e autodestrutivas da humanidade devem atingir seu apogeu. A humanidade chegará à antropofagia. "Oh, ainda se passarão séculos de desmandos da livre inteligência, da ciência e da antropofagia deles, porque, tendo começado a erigir sem nós sua torre de Babel, eles terminarão na antropofagia."[537] Entretanto, na concepção do Grande Inquisidor, a união da humanidade em escala mundial é como que o objetivo supremo e a lei do seu desenvolvimento histórico. A união da humanidade em escala mundial é uma necessidade histórica. O império romano e a espada de César são uma espécie de protótipo da futura unificação da humanidade em escala mundial, do objetivo final do processo histórico mundial. O Grande Inquisidor sugere a Cristo: "Se aceitasses o mundo e a púrpura de César, terias fundado o reino universal e dado a paz universal".[538] A solução do problema social, das eternas contradições históricas da humanidade, projeta-se para o futuro, para o Estado universal do Grande Inquisidor, que se apresenta como uma espécie de aperfeiçoamento do antigo Estado romano. A estrutura desse Estado é hierárquica. Ele se funda num princípio rigorosamente aristocrático. Toda a massa de cidadãos desse Estado é dirigida por uma minoria de eleitos, por uma verdadeira elite de pontífices — continuadores dos imperadores da Roma Antiga. Es-

---

[536] *Idem*, pp. 426-7.

[537] *Idem*, p. 357.

[538] *Ibidem*.

sa minoria eleita é constituída de "cem mil sofredores, que tomaram a si a maldição do conhecimento do bem e do mal".[539]

Através de todo o relato do Grande Inquisidor aparecem reiteradamente os seguintes epítetos, aplicados aos homens: "fracos" e "rebeldes". A massa é reiteradamente definida como "rebanho". Na caracterização do Grande Inquisidor, a humanidade é um "rebanho violento de milhares de milhões".[540] A organização da unificação da humanidade em escala mundial, projetada para o futuro, é chamada de "formigueiro". Por outro lado, porém, a política da minoria governante em relação à massa é de cuidado peculiar em relação a ela. O fundamento dessa política, como a de Piotr Vierkhoviénski em Os demônios, é a demagogia social. O Grande Inquisidor aspira a uma solução radical da questão social. O primeiro lugar em seu programa social cabe à questão do pão para toda a humanidade. "'Alimenta-os e então cobra virtudes deles!' — eis o que escreverão na bandeira que levantarão contra ti e com a qual teu templo será destruído."[541] E a minoria governante no Estado do Grande Inquisidor resolverá, acima de tudo, essa questão para a humanidade. O Grande Inquisidor fala com ironia: "Ao receberem os pães de nossas mãos, eles, evidentemente, verão com clareza que os pães, que são seus, que eles conseguiram com as próprias mãos, nós os tomamos para distribuí-los entre eles sem qualquer milagre, verão que não transformamos pedras em pães e, em verdade, estarão mais alegres com o fato de receberem o pão de nossas mãos".[542] A semelhança do sistema do Grande Inquisidor com as ideias de Piotr Vierkhoviénski manifesta-se no fato de que, nesse sistema, a minoria governante impõe sua tutela a todas as manifestações da vida cultural das massas e de cada indivíduo em particular, a todas as manifestações da vida íntima e privada do indivíduo. Ademais, o Grande Inquisidor fala com Cristo sobre a indiscutível necessidade do domínio da consciência dos homens

---

[539] *Idem*, p. 360.

[540] *Idem*, p. 358.

[541] *Idem*, p. 351.

[542] *Idem*, pp. 357-8.

Prós e contras: *Os irmãos Karamázov*

pelo poder supremo. "E não haverá para eles nenhum segredo de nossa parte. Permitiremos ou proibiremos que vivam com suas mulheres e suas amantes, que tenham ou não tenham filhos — tudo a julgar por sua obediência —, e eles nos obedecerão felizes e contentes."[543] Com uma certeza inabalável, o Grande Inquisidor afirma que em seu Estado será enfim garantida a felicidade das massas, a felicidade de toda a humanidade. "Haverá milhares de milhões de crianças felizes e cem mil sofredores, que tomaram a si a maldição do conhecimento do bem e do mal."[544] O Estado do Grande Inquisidor se baseia na escravidão, na forma mais refinada e elevada de escravidão. O fundador desse Estado afirma que a liberdade é incompatível com a natureza humana.

Como no sistema de Piotr Vierkhoviénski, no sistema social do Grande Inquisidor mais uma vez salta fortemente à vista a semelhança com o sistema sociopolítico do fascismo. É surpreendente que o Grande Inquisidor, ao contrapor seu sistema à doutrina de Cristo, conceba-o como um substituto do socialismo.

Aqui novamente se faz necessária uma ressalva, assim como na análise do sistema político de Vierkhoviénski. Não pretendemos modernizar Dostoiévski e qualificar diretamente o sistema de pensamentos do Grande Inquisidor como fascista. Isso seria anti-histórico. Mas para o leitor é impossível afastar a impressão deixada pela surpreendente semelhança entre os traços substanciais desses sistemas. É claro que para uma análise profunda da "Lenda do Grande Inquisidor" é necessário enfocá-la no contexto geral do pensamento de Dostoiévski, seja nesse romance, seja em suas obras anteriores. A questão social e a ideia do socialismo, que dela decorre inevitavelmente, suscitavam no escritor, como se sabe, uma preocupação extraordinária. Nesse sentido, é significativa uma passagem do romance *O adolescente*. A propósito das falas de Makar Ivánovitch, Arkadi menciona o comunismo. "— Makar Ivánovitch! — interrompi-o de súbito, exaltando-me sem qualquer medida (lembro-me daquela noite) —, desse jeito o senhor está

---

[543] *Idem*, p. 358.

[544] *Idem*, pp. 358-60.

propagando o comunismo, o verdadeiro comunismo! — Uma vez que ele não sabia decididamente nada sobre a doutrina comunista, e ademais ouvia a própria palavra pela primeira vez, passei no mesmo instante a lhe expor tudo o que sabia sobre esse tema. Confesso que conhecia pouco e de forma dispersa, e aliás ainda hoje não sou muito competente nesse tema; mas o que sabia, expus com imenso ardor, apesar de tudo. Até hoje me lembro com prazer da extraordinária impressão que produzi no velho. Inclusive, não foi uma impressão, mas quase um abalo."[545]

Em *Os irmãos Karamázov*, a questão social e sua solução são colocados de modo ainda mais agudo e amplo que em *O adolescente*. Dostoiévski percebe com precisão excepcional as contradições sociais de sua época e levanta as mais importantes questões sobre algumas tendências do curso histórico, embora o futuro e a via para ele sejam revestidos, em sua obra, de um manto fantástico, numa forma de utopia social peculiar.

Uma dessas utopias é a "Lenda do Grande Inquisidor". Nela encontramos a encarnação da ideia do socialismo como desenvolvimento da ideia de Roma, que tanto inquietava Dostoiévski.

O *stárietz* Zossima e seus seguidores propõem outra utopia social, oposta à utopia do Grande Inquisidor. O ideal sociopolítico do *stárietz* está distante também da igreja ortodoxa histórica e real. Através de suas "palestras e sermões" desenvolve-se como *leitmotiv* a ideia do coletivismo, da união dos homens, da integridade do homem.

Essa ideia é expressa com mais precisão no capítulo "O visitante misterioso". "Hoje, em toda parte, a inteligência humana zomba ao negar-se a compreender que a verdadeira garantia da pessoa não está em seu esforço pessoal isolado, mas na unidade geral dos homens. Contudo, é inevitável que também chegue o momento desse isolamento terrível, e todos compreenderão de uma vez como se separaram uns dos outros de forma antinatural."[546]

---

[545] Fiódor Dostoiévski, *O adolescente*, tradução de Paulo Bezerra, São Paulo, Editora 34, 2015, pp. 406-7.

[546] *Os irmãos Karamázov, op. cit.*, p. 415.

No sistema do *stárietz* Zossima se reconhece como fundamento dessa união, como fundamento da igualdade e da fraternidade, não uma imposição externa, mas a dignidade pessoal, o ato livre de amar o outro e todo ser vivo. "Só na dignidade espiritual do homem reside a igualdade, e só em nosso país isto será compreendido. Havendo irmãos também haverá fraternidade, mas antes que haja fraternidade nunca haverá divisão de bens."[547] O profundo respeito ao homem e à sua personalidade e o reconhecimento do seu valor incondicional constituem o *páthos* da concepção do *stárietz* Zossima.

Segundo o ponto de vista de Dostoiévski, uma vez que este se faz presente no conjunto artístico de *Os irmãos Karamázov*, o que importa é a correlação das concepções de "O visitante misterioso" e da "Lenda do Grande Inquisidor". Ambas as concepções têm em vista um mesmo objetivo: a solução da questão social, a decifração dos enigmas e contradições seculares da humanidade. Entre elas há nítidos pontos de semelhança. Ambas falam da felicidade do homem. O *stárietz* Zossima prega sobre uma vida-alegria, uma vida-paraíso. "Sim, nós os faremos trabalhar, mas nas horas livres do trabalho organizaremos sua vida como um jogo de crianças, com canções infantis, coro e danças inocentes."[548] A respeito da profecia do apocalipse de que "será infamada a meretriz", o Grande Inquisidor declara: "Eu me levantarei na ocasião e te apontarei os milhares de milhões de crianças felizes que não conheceram o pecado".[549] Contudo, a despeito da semelhança dessas concepções, elas são ao mesmo tempo diametralmente opostas. Um mesmo mundo é refletido como que por dois espelhos diferentes: no espelho limpo, segundo Dostoiévski, está a concepção do *stárietz* Zossima; no espelho deformante, a concepção do Grande Inquisidor. A lenda de "O Grande Inquisidor" parodia claramente "Um monge russo". Ao reconhecimento da liberdade do homem, no *stárietz* Zossima, corresponde o reconhecimento do homem como escravo

---

[547] *Idem*, p. 429.

[548] *Idem*, p. 358.

[549] *Idem*, p. 360.

pelo Grande Inquisidor. Ao respeito à dignidade do homem, no *stárietz* Zossima, corresponde o desprezo ao homem como um ser fraco, como uma nulidade, pelo Grande Inquisidor.

Os irmãos Karamázov, como já dissemos, não é apenas um romance social, mas, tal como os romances filosóficos que o antecederam, é também um romance tipicamente psicológico, um romance de conhecimento e autoconhecimento do homem, na ampla acepção do termo. Esse último é enfatizado em várias confissões — na "Confissão de um coração ardente" de Mítia, nas confissões de Ivan Karamázov (capítulos "Os irmãos se conhecem", "A revolta" e "O Grande Inquisidor"), na confissão de Smierdiakóv (em seus três encontros com Ivan). Todos os diálogos mais ou menos significativos desse romance são, a seu modo, confissões. Assim são, por exemplo, os diálogos de Alíocha e Lise Khokhlakova (em "Os esponsais" e "Um demoniozinho"), repletos das mais íntimas confissões. Mais que em outros romances de Dostoiévski, em *Os irmãos Karamázov* é evidente o empenho do autor em revelar o que há de latente, oculto e subconsciente na psique humana, suas contradições radicais. E nesse plano do romance, o psicológico, o tema magistral é uma nova variante do tema do crime e do castigo.

A intriga do romance, esse romance policial acentuadamente expresso, que tem como eixo o assassinato de Fiódor Pávlovitch Karamázov, apenas põe em relevo e aguça o tratamento psicológico aprofundado do tema do crime e do julgamento. Como em *Crime e castigo* e *O idiota*, em *Os irmãos Karamázov* mais uma vez o sentido do conceito de "crime" é extraordinariamente amplo e abrangente. Os limites tátil-materiais do crime no assassinato do velho Karamázov permitem a Dostoiévski mais uma vez desenvolver toda uma gama de estímulos morais, que, localizados a uma enorme distância de fatos como o assassinato, situam-se, contudo, na mesma série moral que eles e levam diretamente aos mesmos resultados. Aqui não se trata apenas de Mítia ser responsabilizado pelo assassinato cometido por Smierdiakóv. Mítia desejava matar o pai e reconhece claramente sua responsabilidade por isso. Porém, Ivan desejava a morte do pai com intensidade ainda maior que Mítia, e a despeito de toda a sua repulsa ao "monstro", como ele

Prós e contras: *Os irmãos Karamázov*

qualificava Mítia, a despeito de toda a sua repulsa ao próprio assassinato, deveria reconhecer a sua culpa nesse caso, a responsabilidade por suas relações com Smierdiakóv, pelas conversas com ele sobre o tema "tudo é permitido", pela curiosidade pelo que poderia acontecer à noite em casa de Fiódor Pávlovitch, quando pai e filho acertariam as contas por causa de uma mulher e de três mil rublos. Sem ser em nenhuma medida juridicamente cúmplice de Smierdiakóv, em realidade, porém, Ivan acaba se reconhecendo como tal, ainda que de forma vaga.

O tema do crime e do castigo, do crime e da responsabilidade, começa a transparecer no romance antes que se concretize o próprio fato do assassinato de Fiódor Pávlovitch. No livro "Um monge russo", autobiografia do *stárietz* Zossima, já transparece o tema do assassinato. Em seguida esse tema recorre no subcapítulo "O visitante misterioso". O tal visitante, que muitos anos antes matara a mulher amada, resolvera, depois de uma dura luta espiritual e de um julgamento interior de si mesmo, confessar publicamente o seu crime. Contudo, arrependendo-se depois de sua decisão, ele tenciona matar a pessoa a quem foi confiado o seu segredo, e só depois de triunfar sobre si mesmo ele demonstra arrependimento. Esse capítulo é uma espécie de protótipo do que se revelará na história do assassinato do velho Karamázov e no destino dos seus filhos, particularmente o de Mítia.

Em outro aspecto, o tema do crime e da responsabilidade é tratado no livro "Uma reunião inoportuna", reunião na qual se discute acerca do tribunal socioeclesiástico. O sentido deste tribunal, como o entendem o *stárietz* Zossima e seus partidários, consiste em retirar o crime da alçada do castigo puramente mecânico, aplicado pela lei, e em suscitar no criminoso a consciência de sua responsabilidade, em criar premissas para que ele faça um julgamento interior de si. O *stárietz* Zossima contrapõe o criminoso russo ao criminoso do Ocidente. Segundo ele pensa, o criminoso russo tem fé e é consciente da "lei de Cristo", que ele descobre na lei de sua própria consciência. "Dizem que o criminoso estrangeiro raramente se arrepende, porque até mesmo as doutrinas modernas respaldam suas ideias de que seu crime não é um crime, mas tão somente um ato de rebeldia contra a força que oprime com a injustiça."[550] Entretanto, o romance demonstra que não é só o "criminoso estrangeiro" que tende a negar o próprio conceito de crime e, consequentemente, a negar integralmente sua responsabilidade por ele. Essa negação da responsabilidade ocorre também na Rússia. O curso lógico dos pensamentos conduz inevitavelmente a tal conclusão. Não é por acaso que em *Crime e castigo* Dostoiévski torna vítima do assassinato uma velha usurária e, em *Os irmãos Karamázov*, o velho Fiódor Pávlovitch, criaturas que suscitam repugnância e "aversão moral". Essa questão já se faz presente num dos primeiros capítulos do romance, "Para que vive um homem como esse?!". Mas nesse sentido é de especial importância um dos trechos do discurso da defesa na última parte do romance (no capítulo "O adúltero do pensamento"). Segundo a lógica da defesa, pai não é só quem gera, mas também quem cria. É visível que Fiódor Pávlovitch não dispõe de quaisquer dados e de nenhum direito moral para ser chamado de pai. Pode-se declarar Dmitri Karamázov um parricida? As conclusões da defesa parecem logicamente incontestáveis. A essa negação da responsabilidade pelo crime, Dostoiévski contrapõe a responsabilidade de todos e cada um pelo assassinato do velho Karamázov, a agudeza da consciência moral e da autoconsciência do *stárietz* Zossima e de Alióchá. No contexto do romance, o crime e o castigo estão inseparavelmente vinculados ao seu polo oposto — a retidão.

O romance *Os irmãos Karamázov* é dividido em duas partes, delimitadas por dois acontecimentos que são como divisores de águas: um desses acontecimentos é o assassinato de Fiódor Pávlovitch; o outro, a morte do *stárietz* Zossima. São justamente esses dois acontecimentos, quase coincidentes no tempo, que originam a crise decisiva no destino dos três irmãos Karamázov. O capítulo "Cheiro deletério", que descreve a profunda crise espiritual de Alióchá, forma uma nítida correspondência temática entre o drama de Mítia e o de Ivan, de um modo ou de outro partícipes da morte do pai. Ao narrar em sua autobiografia como o "visitante misterioso" confessou publicamente o assassinato que cometera,

---

[550] *Idem*, p. 103.

Prós e contras: *Os irmãos Karamázov*

o *stárietz* Zossima informa: "Toda a cidade se levantou contra mim quando o sepultaram, e deixaram até de me receber. É verdade que alguns, no início poucos, depois um número cada vez maior, passaram a acreditar na verdade dos testemunhos dele e começaram a me fazer muitas visitas e a me interrogar com grande curiosidade e alegria: porque o homem gosta da queda e da desonra do justo".[551]

A ideia de que "o homem gosta da queda e da desonra do justo" é um dos *leitmotive* do romance. No capítulo "Cheiro deletério", ao representar a alegria maldosa dos monges com a rápida decomposição do corpo do *stárietz* morto e transmitir suas palavras maldosas, segundo as quais ele "se antecipou à natureza", Dostoiévski volta a lembrar ao leitor as palavras da autobiografia de Zossima: "Os ímpios se encheram de alegria e, quanto aos religiosos, apareceram alguns ainda mais alegres que os próprios ímpios, pois 'os homens gostam de ver a queda do justo e sua desonra', como dissera o próprio *stárietz* em um de seus ensinamentos".[552] Adiante, o autor e narrador esclarece com mais plenitude o que exatamente preocupava os monges naquela circunstância das mais comuns: "Por exemplo, ele nunca fizera mal a ninguém, mas eis o que se ouvia: 'Por que o consideram tão santo?'. E só essa pergunta, que foi pouco a pouco se repetindo, acabou redundando num turbilhão de maldades das mais insaciáveis".[553] Esse motivo do comprazimento com a "queda dos justos" continua vivo. Valendo-se da confusão de Alióchia, Rakítin o leva à casa de Grúchenka, para "tirar a sotaina dele". O narrador indica que um dos motivos de Rakítin era que este queria ver "a desonra do justo" e, provavelmente, a "queda" de Alióchia "de santo para pecador", algo com que Rakítin já se deleitava de antemão. O motivo do comprazimento com a "queda do justo" continua a existir em nova forma no intenso interesse no "crime" e no comprazimento

---

[551] *Idem*, p. 425.

[552] *Idem*, p. 446.

[553] *Idem*, p. 448.

com ele. No capítulo "Um demoniozinho", Lise Khokhlakova tem o seguinte diálogo com Aliócha:

"— Escuta, agora teu irmão vai ser julgado porque matou o pai, e todo mundo está gostando porque ele matou o pai.

— Gostando de ele ter matado o pai?

— Gostando, todo mundo está gostando! Todo mundo diz que é uma coisa horrível, mas lá no íntimo gosta enormemente. Eu sou a primeira a gostar."[554]

Nesse mesmo diálogo ouvimos os seguintes juízos do próprio Aliócha: "— Há momentos em que as pessoas gostam do crime — disse Aliócha em tom meditativo". E Lise Khokhlakova o repete: "— Sim, sim! Disseste o que eu penso; gostam, todos gostam e gostam sempre, não por 'momentos'. Sabes, nisso é como se um dia todo mundo tivesse combinado mentir e desde então todos mentissem. Todos dizem que odeiam as coisas más, mas lá no íntimo gostam".[555]

Em Dostoiévski, esse interesse pelo crime e pela destruição está ligado ao motivo da autodestruição. No livro "Os meninos", no capítulo "Kólia Krassótkin", narra-se como esse menino, por curiosidade, ficou deitado entre os trilhos sob um trem em movimento e saiu ileso. No capítulo "Um demoniozinho", Lise Khokhlakova declara: "Quero me destruir. Um menino daqui ficou deitado entre os trilhos enquanto o trem passava por cima dele. É um felizardo!".[556] Esses motivos — do crime, da culpa, do julgamento e da responsabilidade se comprazer com a "queda do justo", da curiosidade e do comprazimento com o crime, da paixão pela destruição e pela autodestruição — desempenham um papel especial. O padre Fierapont, o mais inveterado e mais perigoso inimigo do *stárietz* Zossima, em seu desvairado empenho por atingir a santidade obtém resultados inéditos na vitória sobre a carne, na abdicação dos desejos, em suas "façanhas" monacais, em seus je-

---

[554] *Idem*, p. 757.

[555] *Idem*, p. 756.

[556] *Idem*, p. 757.

juns extraordinários. "Eis quem é santo! eis quem é justo!"[557] — ouviram-se exclamações da multidão de monges e religiosos depois dos seus ataques na cela do *stárietz* Zossima e no pátio da ermida. Mas é exatamente ao padre Fierapont que se aplicam as palavras do narrador: "turbilhão de maldades das mais insaciáveis".[558] Ele inveja desenfreadamente a fama do *stárietz* Zossima e deseja a "queda do justo" mais que qualquer outra coisa. O caminho do padre Fierapont é o caminho consistente do isolamento, o caminho da extrema afronta à individualidade e da desvairada autoafirmação. Sob a rubrica geral de "Mortificações", a vida do padre Fierapont é unificada com a vida de Catierina Ivánovna e com a do capitão Snieguirióv. Esse título tematicamente unificador indica antes de tudo uma profunda semelhança interna entre alguns aspectos do caráter dessas personagens, a despeito da grande dessemelhança de seus destinos individuais.

Catierina Ivánovna, apesar de sua desvairada generosidade, de sua nobreza e "justeza" peculiares, da frenética aspiração a fazer apenas o bem ao seu ofensor Mítia, é tomada de repulsa e de um ódio insaciável pelo "monstro". E esse ódio, que se manifesta como mortificação da alma, assim como o amor, resulta da extrema ofensa à sua personalidade no momento do encontro fatídico com Dmitri Karamázov, quando a jovenzinha estudante de um instituto vai à casa do pândego oficial com o fim de salvar seu pai. A generosidade e a nobreza de Catierina Ivánovna, bem como a santidade do padre Fierapont, fundamenta-se numa desvairada autoafirmação. A elevação moral de Caterina Ivánovna é inseparável do seu rancor inexaurível.

O livro "Mortificações" reúne não só a vida do padre Fierapont e a de Catierina Ivánovna, como também as vidas do capitão de infantaria Snieguirióv e a de seu filho Iliúcha. Que lugar ocupa o destino de Snieguirióv e seu filhinho no desenvolvimento do tema do crime? Essas criaturas são vítimas do "desregramento dos Karamázov", do desenfreio das paixões de Mítia. Isso ilustra a

---

[557] *Idem*, p. 456.

[558] *Idem*, p. 448.

O estilo de Dostoiévski

profundidade da degradação moral deste. Surge inevitavelmente a pergunta: em que consiste o "crime" de Mítia? No desejo da morte do pai ou no ultraje a um pobre coitado, um capitão de infantaria da reserva, ultraje que deu origem à verdadeira tragédia do filhinho do capitão? Mas o capitão de infantaria está ligado a Catierina Ivánovna não só como vítima do desvario karamazoviano, mas também pelo fato de que a ofensa à personalidade é a sua principal aflição, assim como é a aflição de Iliúcha, que chega a sentir dor com a humilhação do pai e de sua família. É o agudo sentimento de humilhação, da extremada humilhação de sua personalidade, que leva o capitão de infantaria a uma luta encarniçada por seu "eu", a adotar a imagem de bufão, de mentecapto, a fingir-se de louco, como o padre Fierapont, a experimentar uma peculiar mortificação, como Catierina Ivánovna.

Em *Os irmãos Karamázov*, o desenvolvimento do tema do "crime" e da responsabilidade, do "crime" e do julgamento, não permite estabelecer fronteiras morais precisas para o "crime", mesmo onde se fazem nítidos os seus indícios jurídicos, como no caso do assassinato de um homem. A impossibilidade de estabelecer limites morais para o "crime" advém da diversidade de formas que existem para aquelas vivências e estímulos espirituais que, quando realizados, chegam, em seu limite, inevitavelmente, ao "crime". O assassinato de Fiódor Pávlovitch tem como causa não só as intenções de Mítia e o plano de latrocínio arquitetado por Smierdiakóv, mas ainda várias outras premissas morais mais profundas; ele está vinculado, por uma diversidade de raízes morais, às vivências e aos atos de várias outras personagens, às vivências de pessoas que não têm qualquer relação direta com o assassinato do velho Karamázov. As premissas morais para o assassinato de Fiódor Pávlovitch residem no potencial de rancor insaciável contido na alma de muitos; essas premissas morais se fazem presentes naquele "comprazer-se com o crime" de que fala Lise Khokhlakova. O "crime" não possui limites precisos, tampouco o "bem" e o "mal". Tendo chegado a uma profunda degradação moral, o "monstro" Dmitri Karamázov e a "criatura ruim" e "hetaira" Grúchenka talvez estejam mais próximas do verdadeiro "bem" que a pura e nobre Catierina Ivánovna, e certamente mais próximos que o devoto padre Fierapont. Segundo o pensamento de Dostoiévski, a ausência de limites claros para o "crime" e o "pecado", o "bem" e o "mal", o "moral" e o "amoral" torna impossível que o tribunal oficial vigente analise o processo com o mínimo de profundidade e justeza. É o que mostram os livros "Investigação preliminar" e "Um erro judiciário". Daí decorre a ligação lógica mais estreita entre as reflexões acerca do tribunal socioeclesiástico, no início do romance, com o quadro do julgamento de Mítia, em seu final. Por sua significação, a cena do julgamento de Mítia implora por ser comparada à cena correspondente do julgamento de Katiucha Máslova.

Entretanto, o pensamento de Dostoiévski sobre a ausência de fronteiras claras entre o crime, a culpa e a responsabilidade de forma alguma contém um relativismo moral. Pelo contrário, a localização das raízes profundas do crime desse ou daquele indivíduo na vida geral dos homens e da humanidade leva o escritor a afirmar a responsabilidade moral de todos. Nesse sentido, é de extraordinária importância a seção do capítulo "Trechos das palestras e sermões do *stárietz* Zossima": "Podemos ser juízes dos nossos semelhantes?". Essas palavras admiráveis se encontram no início do capítulo: "Lembra-te particularmente de que não podes ser juiz de ninguém. Porque na Terra não pode haver juiz de um criminoso sem que antes esse mesmo juiz saiba que também é tão criminoso como aquele que está à sua frente e, mais do que ninguém, talvez seja o culpado pelo crime que tem diante de si".[559] Segundo o pensamento do *stárietz* Zossima, todo homem é culpado perante todos, "por todos e por tudo". "Fugi, crianças, a esse desânimo! Tendes aqui uma única salvação: pegai e fazei de vós mesmos responsáveis por todo o pecado dos homens. Amigo, em verdade isso é assim, porque tão logo te fizeres sinceramente responsável por tudo e por todos, verás no ato que isso é realmente assim e que és culpado por todos e por tudo."[560]

No romance *Os irmãos Karamázov* desenvolve-se como central e basilar não só o tema do crime e do julgamento, como tam-

---

[559] *Idem*, p. 435.

[560] *Idem*, p. 434.

bém o da desagregação moral. O último está vinculado ao plano do autoconhecimento, que se verifica nas inúmeras confissões das personagens. Trata-se daquele mesmo tema do isolamento, que, como vimos, atravessa toda a obra de Dostoiévski, começando por *Memórias do subsolo* e, ainda antes, pela novela *A senhoria*. Ao longo de todo o romance, ao tema do isolamento e da desagregação da alma contrapõe-se o tema do amor ao homem e à humanidade. A propósito das palavras de madame Khokhlakova, segundo as quais a ingratidão dos homens é capaz de esfriar imediatamente o amor ativo que ela nutre pela humanidade, o *stárietz* Zossima cita a confissão de um médico: "Falava com a mesma franqueza que a senhora, embora em tom de brincadeira, mas de uma brincadeira dorida; eu, dizia ele, amo a humanidade, mas me admiro de mim mesmo; quanto mais amo a humanidade em geral, menos amo os homens em particular, ou seja, em separado, como pessoas isoladas. Em meus sonhos, dizia ele, não raro chegava a intentos apaixonados de servir à humanidade e é até possível que me deixasse crucificar em benefício dos homens se de repente isso se fizesse de algum modo necessário, mas, não obstante, não consigo passar dois dias com ninguém num quarto, o que sei por experiência. Mal a pessoa se aproxima de mim, e eis que sua personalidade já esmaga meu amor-próprio e tolhe minha liberdade. Em vinte e quatro horas posso odiar até o melhor dos homens: este por demorar muito a almoçar, aquele por estar resfriado e não parar de assoar o nariz. Eu, dizia, viro inimigo das pessoas mal elas roçam em mim. Em compensação, sempre acontecia que quanto mais eu odiava os homens em particular, mais ardente se tornava meu amor pela humanidade em geral".[561] Neste trecho, Dostoiévski torna a acentuar aquelas contradições radicais das vivências humanas que já haviam sido objeto de sua atenção na imagem de Viersílov. Nessas contradições reaparece a mesma antinomia do social e do antissocial no homem, que se tornara uma questão fundamental para o escritor já em *Escritos da casa morta*. A essas contradições das vivências e relações entre os homens estão vinculados também os temas da "mentira" e da "mortificação". "E o principal: fuja

---

[561] *Idem*, p. 92.

da mentira, de toda e qualquer mentira, particularmente de mentir para si mesma. Vigie sua mentira, examine-a a toda hora, a cada minuto."[562] Ao observar diferentes formas de isolamento, recolhimento e acumulação de ódio no homem, de acumulação do sentimento do antissocial nele, Dostoiévski se detém particularmente na estreita relação entre todos esses fenômenos e a mentira externa e, em essência, a interna. Essa relação se observa com maior precisão na figura de Fiódor Pávlovitch. Nesta surpreende a deformação espiritual, uma forma especial de desagregação interior. Ao narrar no capítulo "O terceiro filho, Aliócha" como Fiódor Pávlovitch, sob o efeito do conhaque, comovera-se em uma conversa com o filho caçula, o escritor conclui: "E até choramingou longamente. Era sentimental. Mau e sentimental".[563] No capítulo "O velho palhaço", o *stárietz* Zossima responde à pergunta do velho Karamázov sobre o que deveria fazer: "E o principal, o essencial — não minta. [...] O principal é não mentir para si mesmo".[564] Por outro lado, Zossima sugere a Fiódor Pávlovitch: "E o principal: não se envergonhe tanto de si mesmo, porque é só disso que tudo decorre".[565] Tanto para Fiódor Pávlovitch como para muitas outras personagens de Dostoiévski, uma de suas vivências permanentes é o sentimento de extrema ofensa do próprio "eu". Numa passagem, o narrador observa que o velho Karamázov, como ex-parasita, era um homem sensível a todo tipo de ofensa. Mas essa permanente sensação de ofensa à própria personalidade, sua busca por compensação e por uma desvairada autoafirmação assumem formas deturpadas em Fiódor Karamázov. "A realidade, porém, é que em toda sua vida Fiódor Pávlovitch sempre gostou de faz de conta, de representar subitamente diante de nós algum papel inesperado e, o principal, às vezes sem qualquer necessidade e até em detrimento de si mesmo."[566] Depois de ser abandonado por

---

[562] *Idem*, p. 93.

[563] *Idem*, p. 43.

[564] *Idem*, p. 72.

[565] *Idem*, p. 70.

[566] *Idem*, p. 22.

Adelaída Ivánovna, sua primeira mulher, Fiódor Pávlovitch percorreu "quase toda a província e entre lágrimas queixava-se a todos e a cada um de Adelaída Ivánovna, que o abandonara, e além do mais entrava em detalhes tais de sua vida conjugal que para um esposo seria o cúmulo da vergonha comunicá-los".[567] Quando a generala, parenta de sua segunda mulher, veio à casa de Fiódor Pávlovitch buscar as crianças menores e lhe deu três sonoras bofetadas, "ele mesmo saiu espalhando o fato por toda a cidade".[568]

O que surpreende em Fiódor Pávlovitch é o fato de que ele, por assim dizer, envereda por princípio pelo caminho do vício e, movido não só por sua desmedida lascívia, mas como que por força de uma peculiar polêmica com o "bem", por força de um afastamento de qualquer norma superior, da "justeza" e da "santidade". Nas vivências de Fiódor Pávlovitch há muito de semelhante às vivências do príncipe Valkóvski, de *Humilhados e ofendidos*. Seu amoralismo não é de modo algum a indiferença e o desinteresse pela moral, mas uma luta encarniçada contra a moral, contra tudo o que se reconhece como "sagrado". Trata-se de um antimoralismo, e não de amoralismo. A própria consciência de que possa existir algo "sagrado" faz surgir nele uma vileza, atrás da qual se esconde uma vaga sensação de sua própria inconsistência, uma autonegação, aquilo que o *stárietz* Zossima chama de "vergonha de si mesmo". A sem-vergonhice e o cinismo de Fiódor Pávlovitch não são apenas um culto ao vício, mas a afetação de cultuar o vício. No fundo, trata-se de um reconhecimento dissimulado e dissimulador da força do oposto. Desse ponto de vista, é peculiar a representação dos motivos de Fiódor Pávlovitch quando ele, passado o escândalo na cela do *stárietz* Zossima e tendo ele declarado terminantemente a Miússov que não iria ao almoço do igúmeno, muda subitamente de decisão e se encaminha para lá com o fim de provocar um novo escândalo. "Deu-lhe vontade de se vingar de todos por suas próprias torpezas. Agora lhe vinha de repente à memória e a propósito a pergunta que antes já lhe haviam feito: 'Por

---

[567] *Idem*, p. 19.

[568] *Idem*, p. 28.

Prós e contras: *Os irmãos Karamázov*

265

que o senhor odeia tanto fulano?'. E ele respondera na ocasião, num acesso de sua sem-vergonhice de palhaço: 'Eis por quê: ele, palavra, não fez nada contra mim, mas em compensação eu lhe aprontei a mais desavergonhada molecagem, e mal o fiz, senti ódio imediato dele'. Ao lembrar-se disto agora, deu um risinho baixo e raivoso num instante de reflexão. Seus olhos brilharam e os lábios chegaram a tremer. 'Já que comecei, devo terminar' — resolveu de supetão. Sua sensação ultrarrecôndita desse instante poderia ser expressa pelas seguintes palavras: 'Bem, agora já não consigo me reabilitar, então vamos lá, vou tratá-los com um descaso que beire a sem-vergonhice: não me envergonho perante os senhores, e basta!'."[569] A desagregação moral em Fiódor Pávlovitch manifesta-se no fato de que sua autoafirmação deformada, sua desavergonhada palhaçada é, no fundo, uma autonegação que ele mesmo não reconhece.

Contudo, Dostoiévski mostra a desintegração moral do indivíduo não apenas na submissão afetada ao vício, mas também na submissão à virtude. O mais terrível no destino do padre Fierapont consiste não no espezinhamento do sagrado, como é o caso de Fiódor Pávlovitch, mas, pelo contrário, no fato de que a apoteose do sagrado provoca nele uma raiva desmedida e um afastamento dos outros, sendo também uma autoafirmação que assume formas deturpadas. A alienante autodestruição do padre Fierapont ("sou um impuro, e não um santo"[570]), autodestruição que é ainda maior que o orgulho, é um fenômeno mais terrível que o afetado culto ao vício de Fiódor Pávlovitch, visto que por trás dele se percebe apenas o autoembevecimento desmedido e desvelado, um embevecimento com o seu "eu ascético". Essa forma de desagregação moral da autoafirmação desvairada e deformada está próxima da desagregação moral de Catierina Ivánovna, em quem a fidelidade ao bem surge igualmente no terreno do constrangimento da personalidade, o que gera raiva e ódio, o que atormenta os outros e a si. A "virtude" de Catierina Ivánovna é uma forma refinada e ao

---

[569] *Idem*, p. 133.

[570] *Idem*, p. 454.

266   O estilo de Dostoiévski

mesmo tempo deturpada de autoafirmação e, consequentemente, de afastamento dos outros. "Ela ama sua própria virtude, e não a mim"[571] — diz a seu respeito Ivan Karamázov. É verdade que Catierina Ivánovna tem consciência, secretamente, de seu erro, ela é insatisfeita consigo, dona de uma autonegação inflamada.

Ao retratar as mais diversas formas de autoafirmação deturpada, de formas de desagregação moral do indivíduo, também nesse romance Dostoiévski apresenta o elemento da inexorabilidade do isolamento do homem como uma dos estágios da união entre os homens.

No capítulo "O visitante misterioso" é mostrada a conversa do *stárietz* Zossima com o tal visitante. "'A fraternidade não chegará antes que o senhor se torne irmão de fato de toda e qualquer pessoa. Nunca os homens, levados por nenhuma ciência e nenhuma vantagem, serão capazes de dividir pacificamente suas propriedades e seus direitos com os outros. Tudo será pouco para cada um deles e todos irão queixar-se, invejar e exterminar uns aos outros. O senhor pergunta quando isso vai acontecer. Acontecerá, mas antes deve concluir-se o período do isolamento humano.' — 'Que isolamento é esse?' — pergunto. 'É aquele que hoje reina em toda parte e sobretudo em nosso século, mas ainda não se concluiu inteiramente, nem chegou a sua hora. Porquanto hoje em dia qualquer um procura dar mais destaque à sua própria personalidade, deseja experimentar em si mesmo a plenitude da vida, e, no entanto, em vez da plenitude da vida, todos os seus esforços resultam apenas no pleno suicídio, pois ele acaba caindo no pleno isolamento em vez de alcançar a plena determinação de sua essência.'"[572]

As formas mais profundas e complexas da desagregação moral do indivíduo, do isolamento humano, são representadas na linha Ivan-Smierdiakóv do enredo. Essas duas personagens estão interiormente interligadas. "O senhor o matou — diz Smierdiakóv a Ivan Karamázov —, o senhor é o principal assassino, enquanto eu fui apenas o seu cúmplice, o fiel criado Lichard que, seguindo

---

[571] *Idem*, p. 175.

[572] *Idem*, pp. 414-5.

Prós e contras: *Os irmãos Karamázov*

suas palavras, executou isso."[573] A imagem de Ivan Karamázov é uma continuação e um desenvolvimento da linha temática que parte de Raskólnikov e passa por Hippolit e Kiríllov, a linha do ateísmo e da revolta espiritual. Temos diante de nós uma variante inteiramente nova do mesmo tema, elaborada de forma original e rica. Em Ivan, tal como em Raskólnikov e Kiríllov, é patente a elevação da consciência moral. Ela se manifesta particularmente na sua sensibilidade com o sofrimento das "criancinhas", em sua recusa a construir a harmonia do mundo às custas das lágrimas de uma única criança supliciada. Mas é justamente em consequência dessa elevada consciência moral que tanto Ivan como Raskólnikov chegam à profunda negação, à "não aceitação do mundo", à justificação do crime. No entanto, em paralelo a essa elevada consciência, o autor ressalta em seu herói o retraimento inusitado e a falta de clareza de sua imagem interna. "Ivan é uma esfinge", "Ivan é um túmulo" — diz sobre ele Dmitri Karamázov. Em Ivan, a extraordinária capacidade de se adaptar combina-se a uma estranha indulgência em relação às ignomínias do pai. "E eis que o jovem se instala na casa daquele pai, mora com ele um mês, outro, e ambos vivem no melhor dos entendimentos."[574] Ivan chega até a ganhar influência sobre o pai. O autor ressalta a semelhança interna do filho com o pai, de Ivan com Fiódor Pávlovitch. "O senhor é como Fiódor Pávlovitch, de todos os filhos é quem mais saiu a ele, com a mesma alma dele" — diz Smierdiakóv a Ivan na terceira e última conversa entre ambos.[575]

E mesmo com essa visível semelhança pela linha sanguínea, mesmo com essa capacidade de se adaptar, sobressaem de modo ainda mais acentuado o ódio e a repulsa de Ivan pelo pai. Esse mesmo ódio domina Ivan também em relação a seu irmão Dmitri. "Um réptil devorando outro réptil"[576] — eis a primeira reação de Ivan à cena em que Dmitri espanca Fiódor Pávlovitch. Dostoiévski

---

[573] *Idem*, p. 806.

[574] *Idem*, p. 31.

[575] *Idem*, p. 817.

[576] *Idem*, p. 205.

lança a implacável controvérsia de um filho que odeia furiosamente o pai e o irmão consanguíneos. A profunda desagregação interior de Ivan se manifesta de forma mais aguda no fato de que, quanto mais forte é seu desejo de que o pai morra, tanto mais desvairado é seu ódio ao irmão Dmitri como o suposto assassino de Fiódor Pávlovitch, como um "monstro". Dostoiévski mostra inclusive o desenvolvimento desse ódio. Na história da "família" Karamázov, o escritor descreve como a própria natureza se rebela contra si mesma, como passa ao "contranatural". A elevação de sua consciência moral leva Ivan Karamázov às conclusões teóricas mais radicais, a uma negação implacável. Com a mesma paixão com que afirma a necessidade indiscutível de uma "concepção moral do mundo", Ivan afirma a evidência indiscutível de sua ausência. Dessa insolúvel aporia decorre uma desvairada justificação do crime em todas as suas formas por Ivan, a justificação de todas as ações agressivas do homem, uma justificação por princípio do "derramamento de sangue por uma questão de consciência", assim como em Raskólnikov.

No livro "Uma reunião inoportuna", Miússov formula da seguinte maneira as conclusões teóricas de Ivan: "Essa lei da natureza, que reza que o homem ame a humanidade, não existe em absoluto e que, se até hoje existiu o amor na Terra, este não se deveu à lei natural mas tão só ao fato de que os homens acreditavam na própria imortalidade".[577] Ivan confessa a Aliócha numa conversa: "Nunca consegui entender como se pode amar o próximo. A meu ver, é justamente o próximo que não se pode amar, só os distantes". E Ivan acrescenta adiante: "Para amar uma pessoa é preciso que esta esteja escondida, porque mal ela mostra o rosto o amor acaba".[578]

O capítulo "A revolta" é uma clara ilustração do rigoroso sentimento social do herói, que cobra prestação de contas por todas as vítimas do processo histórico mundial, a reparação de todos os sofrimentos, particularmente dos sofrimentos das "crianci-

---

[577] *Idem*, pp. 109-10.

[578] *Idem*, p. 326.

nhas". Nesse capítulo, Ivan é um continuador da revolta de Prometeu e do Caim de Byron, que são símbolos poéticos da humanidade que sofre e luta. Mas, ao mesmo tempo, Ivan chega a conclusões extremamente antissociais. Ele considera a fé na imortalidade pessoal, ou seja, o egoísmo projetado à eternidade e à infinitude, como sendo o único estímulo a toda e qualquer atividade moral do homem e, ademais, o único estímulo a toda e qualquer atividade vital do homem. Miússov assim formula essas conclusões de Ivan: "Destruindo-se nos homens a fé em sua imortalidade, neles se exaure de imediato não só o amor como também toda e qualquer força para que continue a vida no mundo. E mais: então não haverá mais nada amoral, tudo será permitido, até a antropofagia".[579]

As insolúveis contradições do pensamento de Ivan, combinadas ao incontido processo de desagregação de sua personalidade e ao crescimento do antissocial nele, impelem-no espontaneamente para a companhia de Smierdiakóv. São surpreendentes as relações de reciprocidade entre essas duas personagens. Smierdiakóv é filho bastardo de Fiódor Pávlovitch e, consequentemente, meio-irmão de Ivan. Os dois estão unidos por laços biológicos. Ivan é dominado por uma repulsa irresistível e opressiva a Smierdiakóv. Isto é tratado com força especial no capítulo "É até curioso conversar com um homem inteligente". Depois da confissão a Aliócha, Ivan retorna à casa do pai. "Mas, coisa estranha, assaltou-o subitamente uma melancolia insuportável, e o pior é que ela aumentava cada vez mais e mais a cada passo que ele dava ao aproximar-se da casa. O estranho não estava na melancolia, mas em que não havia meio de Ivan Fiódorovitch definir em que ela consistia."[580] Ao fim e ao cabo Ivan toma consciência de que a causa dessa "melancolia insuportável" é Smierdiakóv. Em seguida, o escritor acrescenta que Ivan "chegara até a notar esse quase ódio crescente por essa criatura".[581] Depois do assassinato de Fiódor Pávlovitch, Ivan

---

[579] *Idem*, p. 110.

[580] *Idem*, pp. 366-7.

[581] *Idem*, p. 368.

chega a ter nojo de Smierdiakóv, enquanto conversa com ele; em sua segunda visita a Smierdiakóv, Ivan chama-o de "tratante fedorento". Apesar desse asco, dessa repulsa, há em Ivan uma invencível curiosidade e predisposição em relação a Smierdiakóv. Isso começa com a chegada de Ivan à casa de Fiódor Pávlovitch, com as "conversas filosóficas" sobre o tema "tudo é permitido". Mas essa propensão continua mesmo quando Ivan sente seu ódio crescente pelo outro. O que Ivan odeia em Smierdiakóv é uma espécie de paródia das conclusões às quais o seu próprio pensamento chegou; ele vê no meio-irmão seu próprio rebento espiritual, um espelho deformante de si mesmo. O *páthos* trágico dos pensamentos de Ivan suscita as conclusões servis de Smierdiakóv e a ação deste — o latrocínio. Toda a fatalidade avassaladora das relação entre Ivan e Smierdiakóv consiste em que este, sendo fruto físico de Fiódor Pávlovitch, é fruto espiritual de Ivan, e Ivan, por sua vez, apesar de todo o asco que sente pelo pai e pela *karamázovschina*, não consegue escapar de seu círculo. A profunda solidão e a loucura de Ivan resultam do seu processo de isolamento, da desagregação de sua personalidade.

Outra forma não menos aguda de degradação é representada na figura de Smierdiakóv. O tema da degradação social, agravado pelo tema da degradação do espírito, combina-se em Dostoiévski com o tema da degradação biológica, que se manifesta com maior nitidez no destino de Smierdiakóv. Nesse ser, fruto de um lascivo e de uma mentecapta, é ressaltada a feiura externa, que corresponde à extrema feiura moral interna. São inseparáveis de sua imagem a história de sua origem e a história de sua mãe, Lizavieta Smierdiáschaia, "Uma moça de estatura muito baixa, de 'pouco mais de dois *archins*' [...] o olhar fixo e desagradável [...] Durante toda a vida, fosse verão ou inverno, andara descalça e vestida apenas com um camisolão de fio de cânhamo. Seus cabelos quase negros, extremamente bastos, eram encrespados como pelos de carneiro, formando na cabeça uma espécie de barrete enorme. [...] ela sempre dormia no chão e na sujeira".[582] Também é inseparável da imagem

---

[582] *Idem*, pp. 147-8. Dois *archins* equivalem a um pouco mais de 1,40 metro.

Prós e contras: *Os irmãos Karamázov*

de Smierdiakóv o evento de sua concepção, decorrente do encontro fortuito de um grão-senhor bêbado e viciosamente luxurioso com uma mentecapta horrenda numa horta deserta em uma noite de outono. Por último, o próprio nome Smierdiakóv, que fatalmente lembra o da mãe, Lizavieta Smierdiáschaia, arremata a expressiva caracterização da sua imagem espiritual como uma espécie de "monstro", de "peça pregada pela natureza", de rebento e aborto da natureza. A desagregação biológica, em conjunto com a desagregação social, manifesta-se em Smierdiakóv em sua hostilidade aos irmãos consanguíneos e ao pai, na repulsa a quaisquer pessoas que lembrem sua mãe, as quais não consegue suportar sem um estremecimento. O antissocial atinge sua expressão extremada em Smierdiakóv. Este não sente nenhuma simpatia nem por gente, nem por nada que seja vivo. "Na infância, gostava muito de enforcar gatos e depois enterrá-los com cerimônia."[583] A desagregação moral de Smierdiakóv atinge seu ponto máximo não apenas no total afastamento das pessoas, de tudo o que é vivo, mas também em seu afastamento consciente da pátria e em sua hostilidade a ela. "Odeio a Rússia inteira, Mária Kondrátievna", confessa ele à filha de uma vizinha do velho Karamázov, uma ex-governanta. Smierdiakóv lamenta que os franceses não tenham conquistado a Rússia em 1812. "Uma nação inteligente conquistaria uma muito tola e a incorporaria. O regime seria totalmente outro."[584]

Há um traço de Smierdiakóv que ganha sentido amplo, quase simbólico, no contexto do romance. Trata-se do seu extraordinário espírito observador e da sua inteligência peculiar, que se traduzem numa capacidade de desviar as conclusões da razão lógica nesse ou naquele sentido, a depender da vantagem dessa ou daquela interpretação; trata-se da excepcional flexibilidade sofística do seu pensamento, decorrente de um total primitivismo da psique — que é o primitivismo das vontades e das aspirações, o patente "jesuitismo" de Smierdiakóv. O referido traço já se manifestara no capítulo "A controvérsia", quando a "jumenta de Balaão deu de

---

[583] *Os irmãos Karamázov, op. cit.*, p. 183.

[584] *Idem*, p. 310.

falar"[585] nas reflexões de Smierdiakóv a respeito do soldado russo que se recusara a abdicar de sua religião mesmo sob ameaça de tortura e morte. Esse traço se manifesta em plena medida nas reflexões de Smierdiakóv no segundo e no terceiro encontros com Ivan Karamázov. Na "mente" de Smierdiakóv há muita coisa do pensamento do "Grande Inquisidor", da herança espiritual dos "padres jesuítas". No capítulo "Smierdiakóv", Dostoiévski destaca que essa personagem está ligada ao elemento popular por um aspecto do seu ser. Por causa de Smierdiakóv o escritor menciona o quadro de Krámskoi,[586] "O contemplador", que representa, num bosque, "um mujiquezinho embrenhado [...] na mais profunda solidão, postado e como que mergulhado em meditação, só que não está pensando e sim 'contemplando' algo".[587] Smierdiakóv acumula impressões. "Essas impressões lhe são caras e é provável que ele as venha acumulando, sem se dar conta e até sem tomar consciência — e também sem saber, é claro, por que e para quê. Súbito, depois de haver acumulado impressões durante muitos anos, pode largar tudo e ir para Jerusalém em peregrinação e tentando salvar a alma, como também pode, num átimo, atear fogo à aldeia natal e pode igualmente fazer as duas coisas ao mesmo tempo. Há bastante contempladores no meio do povo. Pois Smierdiakóv era com certeza um desses contempladores, e provavelmente também acumulara suas impressões com avidez, quase sem saber para quê."[588] Em Smierdiakóv revela-se uma força destruidora, uma capacidade de ir até o fim em sua negação — capacidade à qual já se referira o príncipe Míchkin e também o próprio escritor, no texto "Vlás".[589]

---

[585] *Idem*, p. 182.

[586] Ivan Krámskoi (1837-1887) é considerado pela crítica russa especializada o maior pintor realista da Rússia.

[587] *Os irmãos Karamázov*, *op. cit.*, p. 187.

[588] *Ibidem*.

[589] Texto publicado por Dostoiévski no *Diário de um escritor*, n° 4, 1873, no qual fala do caráter russo e da aspiração do homem russo a ir até

Em *Os irmãos Karamázov* é impossível passar à margem do tema da religião. Este tema também se faz presente nos romances anteriores, embora entrelaçado a outros motivos. Já aqui, ele se faz presente não só naquele entrelaçamento como também separadamente, sobressaindo num plano artístico-composicional particular. Nesse último romance de Dostoiévski, ao lado da antropologia é desenvolvida toda uma ontologia e uma cosmologia. O cosmo surge em dois aspectos: no aspecto da harmonia do mundo e no aspecto da desagregação e de uma desarmonia pungente. Nos "Trechos das palestras e sermões do *stárietz* Zossima", o universo se revela no aspecto de uma "harmonia universal". Zossima fala acima de tudo de uma viva relação entre todas as partes do universo. Repete-se em seus sermões a imagem do oceano como símbolo do universo, a imagem de uma totalidade grandiosa na qual existe um movimento eterno, uma troca eterna, um contato eterno entre as mais distantes partes e partículas. "Tudo é como o oceano, tudo corre e se toca, tu tocas em um ponto e teu toque repercute no outro extremo do mundo."[590] A concepção do *stárietz* Zossima e de Aliócha é uma teodiceia — uma plena justificação da existência. As "Palestras e sermões" constituem num hino, um ditirambo ao universo. Para Zossima, o Livro de Jó é um modelo para a compreensão do processo universal. Esse livro fala do mistério do mundo e de Deus e, no entender do *stárietz* Zossima, nos ajuda a tomar consciência do significado do sofrimento no mundo e da necessidade de sua superação. "Mas o grandioso é que o mistério está aí — a face passageira da Terra e a verdade eterna aí se tocaram. Diante da verdade terrena realiza-se a ação da verdade eterna. Aí, como nos primeiros dias da criação, o Criador diz, concluindo cada dia com um elogio: 'O que eu criei é bom' — olha para Jó e torna a gabar-se de sua criação. Mas Jó, elogiando o Senhor, serve não só a Ele, serve a toda a criação d'Ele de geração

---

o fim em tudo o que faz (reproduzido em Fiódor Dostoiévski, *Contos reunidos*, São Paulo, Editora 34, 2017, pp. 245-58).

[590] *Os irmãos Karamázov, op. cit.*, p. 434.

em geração e para todo o sempre, pois para tal foi predestinado. Meu Deus, que livro e que lições!"[591]

Em seu otimismo ilimitado, o *stárietz* Zossima bendiz a vida em todas as suas manifestações, e bendiz igualmente a morte. "Por força do grande mistério da vida humana, uma velha tristeza se converte paulatinamente numa serena e enternecida alegria; em vez do sangue efervescente da mocidade vem a velhice dócil e serena: bendigo o nascer do sol de cada dia, e meu coração canta para ele como antes, no entanto já gosto mais de seu ocaso, de seus longos raios oblíquos e, com eles, das lembranças dóceis e ternas, das imagens encantadoras de toda uma vida longa e abençoada — e sobre tudo isto está a verdade de Deus que comove, reconcilia e tudo perdoa!"[592] Na concepção do *stárietz* Zossima, o homem vive da sensação do seu vínculo com o infinito, da "sensação de seu contato com outros mundos". "Deus pegou as sementes de outros mundos e as semeou aqui na Terra e cultivou seu jardim, e tudo o que podia germinar germinou, mas o cultivado vive, e é animado apenas pela sensação de seu contato com os outros mundos misteriosos; se esta sensação enfraquece ou se destrói em ti, morre também o que foi cultivado em ti. Então te tornarás indiferente à vida e até a odiarás. É assim que eu penso."[593] Daí decorre o significado da vida humana, a missão do homem — que reside na constante manutenção desse contato vivo entre as partes do universo, no contato vivo com o universo, num amor ativo. Sem esse amor o mundo inevitavelmente se desintegraria. Mas Zossima concebe o ato do amor do homem como um ato absolutamente livre. A liberdade primordial do homem é a premissa basilar da antropologia do *stárietz* Zossima. Até o inferno ele concebe como um estado interior do homem, como o "sofrimento de não mais se poder amar".[594] O sentido da vida do homem está na possibilidade de um "amor ativo, *vivo*". Em outras condições, nas condições

---

[591] *Idem*, pp. 399-400.

[592] *Idem*, p. 400.

[593] *Idem*, p. 435.

[594] *Idem*, p. 437.

de uma harmonia extratemporal, "já não haverá proeza no meu amor, e também não haverá sacrifício",[595] assim como não haverá liberdade de desejo nem de ação para a humanidade. A concepção de mundo do *stárietz* é exposta em tom extático e jubiloso, eleva--se acima do nível da narração por seu aspecto especial, "hagiográfico". Aliócha, depois da crise mais cruel de sua vida, vivencia também um estado de êxtase, uma elevada alegria de viver que se sobrepõe a tudo. Nesse estado, ele fica repleto do sentimento do contato vivo com o infinito. "Oh, estava chorando em seu êxtase até por aquelas estrelas que lhe brilhavam lá do abismo, e 'não se envergonhava desse desvario'. Era como se os fios de todos os inúmeros mundos de Deus confluíssem de uma só vez em sua alma, e ela tremesse toda, 'ao contato com esses mundos'."[596]

No entanto, a teodiceia de Zossima e Aliócha também são refletidas num espelho deformante. No romance há uma ontologia e uma cosmologia diferentes, a imagem de um mundo despedaçado, em desagregação. Ao mesmo tempo, surge uma imagem totalmente distinta do homem, que parodia a antropologia do *stárietz* Zossima. O espelho deformante da concepção do *stárietz* Zossima é a "Lenda do Grande Inquisidor". "Um monge russo" e "Lenda do Grande Inquisidor" são duas forças cósmicas que lutam entre si naquele plano de *Os irmãos Karamázov* que remete à "peça de mistério" medieval, são a tese e a antítese.

A "Lenda do Grande Inquisidor", como contrapeso a "Trechos das palestras e sermões", produz um rebaixamento irônico da imagem do homem. Na interpretação do Inquisidor, o homem não suporta a liberdade. "Ou esqueceste que para o homem a tranquilidade e até a morte são mais caras que o livre-arbítrio no conhecimento do bem e do mal?"[597] "Eu te digo que o homem não tem uma preocupação mais angustiante do que encontrar a quem entregar depressa aquela dádiva da liberdade com que esse ser in-

---

[595] *Ibidem.*

[596] *Idem*, p. 488.

[597] *Idem*, p. 353.

feliz nasce."[598] Os homens "são uma tribo rebelde"; são "fracos e rebeldes". Do ponto de vista do Inquisidor, há três forças com as quais é possível apoderar-se da consciência dos homens. Essas forças são "o milagre, o mistério e a autoridade". Essas três forças, por sua vez, parodiam as teses basilares da concepção do *stárietz* Zossima.

O motivo do milagre tem enorme importância temática em *Os irmãos Karamázov*. Em "História de uma família", primeiro livro do romance, o autor insere essa tese pela primeira vez. Dostoiévski fala da relação do realista com o milagre. "No realista a fé não nasce do milagre, mas é o milagre que nasce da fé."[599] Por isso, na concepção de mundo do *stárietz* Zossima o "milagre" — como um acontecimento extraordinário que viola as leis do mundo — não desempenha nenhum papel. O mundo é belo e perfeito sempre e em toda parte, desde que se encontre o ângulo de visão correto. A vida sempre e a cada minuto pode ser um paraíso para o homem, desde que ele o deseje numa atitude interior e íntegra de amor. O Grande Inquisidor, pelo contrário, sugere que o homem tem necessidade do "milagre" externo, de um acontecimento que surpreenda sua imaginação. "Não sabias, porém, que mal rejeitasse o milagre, o homem imediatamente também renegaria Deus, porquanto o homem procura não tanto Deus quanto os milagres. E como o homem não tem condições de dispensar os milagres, criará para si novos milagres, já seus, e então se curvará ao milagre do curandeirismo, ao feitiço das bruxas, mesmo que cem vezes tenha sido rebelde, herege e ateu."[600] O motivo do milagre torna a vir à tona no capítulo "Cheiro deletério", no qual uma multidão de religiosos exige milagres imediatos logo após a morte do *stárietz* Zossima e manifesta um triunfo malévolo pelo fato de o *stárietz* Zossima ter "se antecipado à natureza". Esse capítulo deveria servir para confirmar a opinião do Inquisidor sobre o homem.

---

[598] *Idem*, pp. 352-3.

[599] *Idem*, p. 44.

[600] *Idem*, p. 354.

Segundo a opinião do *stárietz* Zossima, o universo se embasa no mistério. Mas, paralelamente ao "milagre", o Grande Inquisidor lança também o "mistério" como princípio de construção de seu novo reino na Terra. Entretanto, o "mistério" do Grande Inquisidor consiste no mero engano da massa de milhões de humanidade. "Morrerão serenamente, serenamente se extinguirão em teu nome, e no além-túmulo só encontrarão a morte. Mas conservaremos o segredo e para felicidade deles os atrairemos com a recompensa celestial e eterna."[601] Dessa forma, o "mistério" do Grande Inquisidor também parodia ostensivamente o mistério do *stárietz* Zossima. Por último, a terceira "força" do Grande Inquisidor é a autoridade, isto é, a força externa, a coação externa, que parodia o pensamento do *stárietz* Zossima sobre o amor livre como fundamento da vida humana.

Não é apenas a "Lenda do Grande Inquisidor" que parodia a teodiceia. Um enfoque deturpado, cômico-rebaixado e até mesmo debochado das teses do *stárietz* Zossima e de Aliócha atravessa toda a tessitura do romance em diferentes formas e variações. Encontramos as questões da teodiceia, por exemplo, nas reflexões de Fiódor Pávlovitch e em seus diálogos com Smierdiakóv, Grigori e os filhos Ivan e Aliócha. É peculiar que essas discussões teológicas transcorram em torno do "conhaque", ou seja, num clima em que se destaca ainda mais o rebaixamento das ideias. Eis uma reflexão do embriagado Fiódor Pávlovitch sobre o inferno, em conversa com Aliócha: "Ora, lá no mosteiro os monges certamente supõem que no inferno, por exemplo, existe teto. Já eu só aceito acreditar no inferno que não tenha teto; assim ele ficaria com uma aparência mais delicada, mais culta, ou seja, do jeito dos luteranos. Mas será que, no fundo, não daria no mesmo: com teto ou sem teto? Porque é nisso que consiste a maldita questão! Bem, se não há teto, quer dizer que também não há ganchos. E se não há ganchos, então adeus tudo, quer dizer, de novo fica inverossímil: quem vai me arrastar com ganchos, porque, se não me arrastarem, como é que ficarão as coisas, onde é que estará a verdade no

---

[601] *Idem*, p. 360.

mundo?".[602] Basta apenas comparar essas reflexões com o famoso sermão de Zossima, "Do inferno e do fogo do inferno", para que notemos a parodização das teses do *stárietz* Zossima e de Aliócha em concepções acentuadamente materializadas sobre um inferno com teto e ganchos.

O romance conhece ainda outras formas de parodização do *páthos* da teodiceia de Zossima-Aliócha. Mítia Karamázov, que simpatiza com a fé de Aliócha, sonha com um novo "encontro com Deus" nos trabalhos forçados nas minas, mas ao mesmo tempo está sob a influência das ideias do materialismo e do naturalismo científico de Claude Bernard, que Rakítin lhe havia ensinado. Na prisão, Mítia expõe, numa forma empolada e ingênua que beira o cômico, uma nova teoria materialista. "Imagina: isso é lá nos nervos, dentro da cabeça, ou seja, lá dentro do cérebro há esses nervos (o diabo que os carregue!)... há uns rabinhos, esses nervos têm uns rabinhos, pois bem, é só eles começarem a tremer... ou seja, fito alguma coisa com os olhos, assim, e eles, os rabinhos, começam a tremer... e assim que começam a tremer aparece uma imagem, não aparece logo, mas ao cabo de um instante, um segundo, e então vem uma coisa assim como um momento, isto é, não um momento — o diabo que carregue esse momento —, mas uma imagem, ou seja, um objeto ou um acontecimento, ah, com os diabos — eis porque eu contemplo e depois penso... porque há os rabinhos, e nunca porque eu tenha uma alma e seja uma imagem qualquer e semelhança sei lá do quê, tudo isso são tolices. Meu irmão, isso Mikhail me explicou ainda ontem, e foi como se me tivesse abrasado. Essa ciência é magnífica, Aliócha! Um novo homem há de surgir, isto eu compreendo... E mesmo assim me dá pena de Deus!"[603] O mais peculiar aqui é como Mítia, com toda a espontaneidade e linearidade do sentimento, vincula a teoria dos processos nervosos a conclusões primordiais sobre o universo, Deus e a alma humana. É igualmente peculiar o total desamparo intelectual de Mítia perante as questões eternas sobre o universo,

---

[602] *Idem*, pp. 42-3.

[603] *Idem*, p. 765.

quando expõe a pena que sente de Deus. O *páthos* do romance — a questão da existência de Deus — manifesta-se aqui de forma ingênua e comicamente rebaixada, reflete-se no espelho deformante das reflexões empoladas de um oficial reformado do exército.

O tema da teodiceia vem mais uma vez à tona no capítulo "O diabo. O pesadelo de Ivan Fiódorovitch". Também desta vez as concepções do *stárietz* Zossima aparecem num enfoque paródico. Neste capítulo encontramos reminiscências literárias que destacam a genealogia literária do gênero e das imagens de *Os irmãos Karamázov*, como indicamos no início deste capítulo. O próprio "diabo" alude ao *Fausto* de Goethe e se compara a Mefistófeles. Contudo, nas perorações do "diabo" percebemos variações também dos temas do *Caim* de Byron. "Ora, estás sempre pensando na nossa Terra de hoje! Só que a própria Terra de hoje talvez já se tenha repetido um bilhão de vezes; renasceu, congelou, rachou, fez-se em pedaços, desintegrou-se em seus componentes iniciais, voltou a água, que ficou sobre a terra, depois voltaram os cometas, voltou o sol, outra vez a Terra se formou do sol — ora, esse desenvolvimento possivelmente vem se repetindo infinitamente, e tudo sob o mesmo aspecto até os mínimos detalhes. O mais indecente dos tédios."[604] A concepção do universo nessa tirada do diabo é a mesma apresentada por Lúcifer a Caim na cena em que os dois voam pelo espaço celeste. Considere-se apenas que, à diferença do patético de Byron, essa concepção ganha um tom rebaixadamente irônico nas palavras do diabo.

Nas reflexões do diabo há uma variante também do tema do *Cândido* de Voltaire e da *Teodiceia* de Leibniz, pois o famoso romance filosófico de Voltaire foi uma resposta ao referido tratado filosófico do pensador alemão. Sabe-se que uma das ideias radicais desse tratado, tenazmente ridicularizada pelo *Cândido* de Voltaire, é a ideia de que o "mal" é desprovido de conteúdo positivo, de que o conceito de mal é apenas um conceito de limitação, da ausência de algo, e de que, no fundo, o "mal" é irreal no plano ontológico. Nisso se baseia a famosa conclusão da *Teodiceia* de Leibniz, segundo a qual o "nosso mundo é o melhor de todos os mundos

---

[604] *Idem*, p. 833.

possíveis". A reflexão do diabo de Dostoiévski acerca de sua irrealidade e de sua vontade de encarnação terrena é uma variação irônica da tese de Leibniz, e nessa ironia aguda Dostoiévski converge com o pensamento de Voltaire.

Nesse diabo dostoievskiano encontramos igualmente variações irônicas de motivos filosóficos de Berkeley e Fichte. *"Je pense donc je suis*, isto eu sei ao certo, tudo mais à minha volta, todos esses mundos, Deus e até o próprio Satanás — nada disso está provado para mim, se existirá por si só ou é apenas uma emanação de mim, um desenvolvimento coerente de meu eu, que existe antes dos tempos e individualmente..."[605] De uma forma ou de outra, todas essas variações sobre um tema da literatura e da filosofia europeia referem-se à questão fundamental do mal e ao problema da teodiceia, que lhe é inseparável. É peculiar que nos juízos do diabo apareça em reflexo irônico não só o *páthos* do pensamento filosófico idealista europeu, como também o *páthos* da concepção de mundo do próprio Dostoiévski (que está mais bem representada no livro "Um monge russo"). O mal universal, antítese de Deus, personificado em imagens universais de tons majestosos, com alguma aura de demonismo (o Lúcifer de Dante, o Satã de Milton, o Mefistófeles de Goethe, o Lúcifer de Byron, entre outros), é representado em Dostoiévski numa imagem maximamente rebaixada. O próprio diabo contrapõe essa sua imagem à imagem romântica do antigo satã. "Em verdade, estás furioso comigo porque não te apareci assim numa auréola rubra, 'entre ribombos e brilhos', de asas chamuscadas, mas nestes trajes tão modestos."[606] O diabo em Dostoiévski, como se sabe, aparece diante de Ivan e o leitor em trajes surrados, na imagem de um homem de "boa aparência e minguados recursos nos bolsos",[607] na imagem de um parasita social.

O mais substancial, porém, é o fato de que nesse enfoque ironicamente rebaixado do diabo surge diante do leitor o Livro de Jó,

---

[605] *Idem*, p. 832.

[606] *Idem*, p. 838.

[607] *Idem*, p. 822.

Prós e contras: *Os irmãos Karamázov*

que, como vimos, é o protótipo da teodiceia do *stárietz* Zossima e o protótipo da teodiceia de Dostoiévski. Neste, o diabo se sente incomodado com seu papel de negação universal. Ele se contrapõe ao Mefistófeles de Goethe. "Mefistófeles, ao aparecer a Fausto, disse de si mesmo que desejava o mal, mas fazia apenas o bem. Ora, faça ele lá como quiser, mas eu sou o oposto total. Eu talvez seja a única pessoa em toda a natureza que ama a verdade e deseja sinceramente o bem."[608] Incomoda ao diabo de Dostoiévski a necessidade de ser um *minus* no universo. "Mas ainda assim pegaram alguém para bode expiatório, obrigaram-no a escrever no departamento de crítica, e a vida começou. Nós compreendemos essa comédia: eu, por exemplo, exijo simples e francamente a minha destruição. Não, vive, dizem, porque sem ti não haverá nada."[609] O diabo menciona ironicamente o destino de Jó, que tanto comoveu o *stárietz* Zossima. "Por exemplo, quantas almas precisei arruinar e quantas reputações honestas desonrar para conseguir apenas um justo, Jó, por cuja causa fui outrora tão furiosamente espicaçado!"[610]

As teses basilares da concepção do *stárietz* Zossima se refletem nos juízos irônicos do diabo. Como vimos, o "mistério", nessa concepção, é o fundamento do universo, o fundamento da relação do homem com Deus. "Ora, sei que aí existe um segredo, mas por nada desse mundo querem me revelar esse segredo, porque, se eu adivinhasse em que consistia a coisa, talvez urrasse 'hosana!' e então desapareceria aquele *minus* necessário e em todo o mundo começaria o bom senso e, com ele, claro, também o fim de tudo, até dos jornais e revistas, pois, quem haveria então de assiná-los?"[611] Nas falas do diabo também se apresentam ironicamente rebaixadas todas as justificativas do *stárietz* Zossima, todo o seu ilimitado otimismo, sua afirmação de que "tudo é bom porque tudo é verdade". O diabo afirma que "talvez seja a única

---

[608] *Idem*, p. 838.

[609] *Idem*, p. 831.

[610] *Idem*, p. 839.

[611] *Ibidem*.

pessoa em toda a natureza que ama a verdade e deseja sinceramente o bem".[612]

Desse modo, o diabo aceita todas as teses da concepção do *stárietz* Zossima, porém essa "aceitação" é pior do que uma negação direta, posto que aqui o trágico-sublime e o *páthos* cósmico são maximamente rebaixados e banalizados. Na interpretação do diabo, a teodiceia acaba sendo objeto de extrema negação, pois ele insere as reflexões mais íntimas de Dostoiévski na órbita de uma dialética puramente jesuítica, em essência, de uma casuística. Nessa dialética jesuítica reside o sentido da anedota do diabo sobre um cavalheiro que havia sido privado do nariz, mas que, segundo as palavras do padre, era "como se tivesse" um nariz. O diabo aplica esse mesmo método de raciocínio aos problemas da teodiceia.

O capítulo "O diabo. O pesadelo de Ivan Fiódorovitch" e o seguinte, "Foi ele quem disse!", são importantes pelo fato de que, em Dostoiévski, o tema da desagregação social e moral associa-se ao tema da desagregação cósmica e ontológica. O diabo surge com todos os seus sofismas no momento da "grande decisão" de Ivan, de fazer em juízo todas as revelações necessárias. Os sofismas do diabo intensificam-se pelo fato de que, imediatamente após o pesadelo, Ivan toma conhecimento, através de Aliócha, da morte de Smierdiakóv e de que este não deixara nenhuma confissão em sua nota de suicídio. Neste caso, valeria a pena fazer denúncias no dia seguinte se, em virtude da morte de Smierdiakóv, ninguém acreditaria nelas? A concepção do diabo-Ivan (uma vez que o diabo é apenas um duplo de Ivan) é de um niilismo absoluto, a total negação de quaisquer princípios éticos, a total negação do próprio significado dos conceitos de crime e de responsabilidade moral. É peculiar o cinismo da morte de Smierdiakóv — essa cria ideológica de Ivan. Ora, Smierdiakóv poderia ter escrito duas palavras sobre a inocência de Mítia. A negação do diabo vai até o fim. Ele não só cria uma caricatura da concepção do *stárietz* Zossima como retira a aura moralmente elevada da revolta metafísica de Ivan, de sua

---

[612] *Idem*, p. 838.

"não aceitação do mundo", de sua ideia de homem-Deus, de sua "reviravolta geológica".

"Tudo isso é muito encantador; mas se alguém quiser usar de vigarice, então, parece, para que ainda servirá a sanção da verdade?",[613] declara o diabo a propósito da tese de Ivan-Smierdiakóv de que "tudo é permitido".

Como já dissemos, o elemento da necessidade de desagregação é apresentado no romance tanto no sentido individual como no sentido cósmico. Isso porque Alióscha, personagem central da obra, seguidor do *stárietz* Zossima e ardoroso partidário de sua concepção de mundo, também passa por uma profunda crise ideológico-moral. No entanto, no instante esboçado no capítulo "O momento propício", Alióscha está prestes a cair no abismo dos mais ardentes desejos. No plano temático-composicional do romance importa, ademais, o fato de esse momento coincidir no tempo com o acontecimento fatídico central do romance — o assassinato de Fiódor Pávlovitch.

Aqui nos aproximamos do nó temático central do romance — o tema da vida. A *karamázovschina* não é apenas uma categoria social; é um símbolo da vida em toda a sua plenitude e em todas as suas radicais contradições originais. Não é a primeira vez que esse tema vem à tona com essa importância em Dostoiévski. Vimos que ele é o tema crucial do escritor em todos os seus romances mais importantes. Em *Os irmãos Karamázov*, o tema é acentuado nas reflexões das personagens, particularmente de Ivan e Mítia Karamázov, em suas declarações sobre a essência da *karamázovschina*. No decorrer da ação esse tema se revela acima de tudo nos motivos da voluptuosa paixão amorosa, da lascívia frenética, que é um traço distintivo da *karamázovschina*. A voluptuosa paixão amorosa como expressão da vida em seu desvario é o destino de Fiódor Pávlovitch e Mítia, em suas relações com Grúchenka. Contudo, o elemento voluptuoso e lascivo vive — mesmo que em formas mais dissimuladas — em Ivan Karamázov e até potencialmente em Alióscha.

---

[613] *Idem*, p. 841.

Como nos romances anteriores, *Os irmãos Karamázov* descreve a vida em sua possibilidade de desagregação em polos opostos, em dois "abismos". Esse processo de desagregação é descrito com toda a agudeza nesse último romance de Dostoiévski. A lascívia, expressão evidente da forma afirmadora e autoafirmadora da vida em Fiódor Pávlovitch, já um velho, ultrapassa visivelmente toda e qualquer medida. O objeto dessa lascívia pode ser qualquer mulher, sem quaisquer critérios estéticos ou de outra natureza. "Em toda a minha vida nunca houve mulher feia",[614] confessa Fiódor Pávlovitch aos filhos Ivan e Aliócha, "enquanto tomava conhaque". Para o velho Karamázov, "em toda mulher pode-se encontrar algo extremamente interessante, arre, diabo, algo que não se encontra em nenhuma outra — só é preciso saber descobri-lo, eis onde está a coisa!".[615]

É essa expansão da vida para a lascívia que leva Fiódor Pávlovitch a unir-se com Lizavieta Smierdiáschaia, assim dando origem a Smierdiakóv. Em sua confissão a Aliócha, Ivan Karamázov diz que seu amor à vida chega a ponto de fazê-lo compreender o seu sentido, de uma sede frenética e talvez indecente de viver, capaz de vencer "todos os horrores da frustração humana"[616] e a qual "uns moralistas tísicos e ranhosos, principalmente os poetas, chamam de torpe".[617] Essa sede de viver é um traço karamazoviano. Mas por que é torpe? Ao término da confissão de Ivan, Aliócha, que ouvira os argumentos da coerente negação do seu irmão, pergunta-lhe de forma incisiva:

"— E as folhinhas pegajosas, e os cemitérios queridos, e o céu azul, e a mulher amada? Como hás de viver, de que irás viver? — exclamou Aliócha com amargura. [...]

— Existe uma força que suporta tudo! — proferiu Ivan com o sorriso já frio.

— Que força é essa?

---

[614] *Idem*, p. 199.

[615] *Ibidem*.

[616] *Idem*, p. 317.

[617] *Idem*, p. 318.

— A dos Karamázov... a força karamazoviana da baixeza."[618]
A essa mesma "força karamazoviana da baixeza" Dmitri se referira, ainda antes, em sua confissão a Aliócha. No capítulo "Bebendo conhaque", do livro "Os lascivos", essa "força karamazoviana da baixeza" se apresenta numa imagem francamente indecorosa. E não é à toa que Fiódor Pávlovitch se dirige aos filhos com as seguintes palavras: "Meus filhinhos, meus pequenos leitõezinhos". Essa "força karamazoviana da baixeza", seguindo firmemente pelo caminho da desagregação, chega a Smierdiakóv. Em sua expansão, a vida gera sua própria autonegação, pois Smierdiakóv, usando de uma cautela fria e metódica, mata seu pai, a fonte de sua vida. Essa vida conduz a uma animosidade fatídica entre seus rebentos, destrói os laços familiares e sanguíneos no interior da família dos Karamázov. A força da paixão amorosa — que é aquela mesma força da vida — gera dentro de si mesma a sua contradição, a sua negação, o amor-ódio, o amor-animosidade. Esse aspecto da vida é representado com maior relevo nas relações entre Mítia e Catierina Ivánovna e entre Catierina Ivánovna e Ivan. Em sua expansão, a vida contém uma colossal força destrutiva e autodestrutiva — um motivo que permeia toda a ação de *Os irmãos Karamázov*. Mas a vida é exibida por Dostoiévski não apenas em virtude de sua desagregação, como também em sua força criadora, do que falaremos a seguir.

Por ora, para nós importa estabelecer que a desagregação em Dostoiévski é uma condição de liberação da energia da vida. Aqui é necessário que nos detenhamos no significado temático da epígrafe do Evangelho de João para o conjunto artístico do romance: "Em verdade, em verdade vos digo, se o grão de trigo, caído sobre a terra, não morrer, fica só, se morrer, produz muito fruto".[619] Nessa epígrafe consiste, a nosso ver, a ideia basilar do romance. Importa constatar que essas palavras também estão presentes no próprio texto do romance, justamente no livro "Um monge rus-

---

[618] *Idem*, pp. 364-5.

[619] João, 12, 24 (*Bíblia sagrada*, tradução do Centro Bíblico Católico, Edição Claretiana, 1989, 64ª edição, p. 1402, sem local da publicação).

so", de grande importância temática, parte "O visitante misterioso". O destino dessa personagem, revelado no meio do romance, é um protótipo dos destinos das personagens principais.

A epígrafe do romance se refere acima de tudo ao destino de Mítia, pois sua degradação e todos os tormentos decorrentes de um ato que não cometeu, mas que desejara cometer, são uma condição necessária para todos os seus sofrimentos e alegrias inesperadas, imprevistas, para o seu tempestuoso amor à vida e para o seu renascimento final. O sentido da epígrafe vincula-se diretamente também ao destino de Iliúcha Snieguirióv. Seu destino trágico e sua morte ainda na infância serviram de condição para que os meninos se aproximassem, para que fizessem juramentos solenes ao pé do túmulo de Iliúcha. Os meninos são a personificação da vida em seu futuro, em suas perspectivas. As palavras sobre o grão de trigo que cai no chão e morre também se referem à loucura de Ivan Karamázov. E é claro que, segundo o plano de Dostoiévski, o sentido dessa epígrafe deve abranger igualmente o acontecimento central do romance — o assassinato de Fiódor Pávlovitch e todas as consequências desse acontecimento. Sendo a expressão mais real e concreta da vida como desagregação, esse assassinato é exibido como condição de revelação de todas as potencialidades da vida.

O tema da vida em seus rudimentos criadores se revela na imagem do herói positivo. Nessa imagem, inevitavelmente ressurge diante de nós o "homem-universo". O autor ressalta reiteradamente o que há de "karamazoviano" em Aliócha e, além disso, a "força karamazoviana da baixeza", isto é, a desvairada sede de viver nas potencialidades de sua desagregação. Esse traço é acentuado em Aliócha a despeito de suas vestes monacais e malgrado sua sincera lealdade ao *stárietz* Zossima e às convicções deste. Esse traço de Aliócha é mencionado pela primeira vez por Rakítin, quando Aliócha expressa simpatia pelo sentimento de Mítia por Grúchenka. "De fato, quer dizer que compreendes mesmo, já que foste logo disparando que compreendes — proferiu Rakítin com maldade. — Disparaste isso involuntariamente, te escapou. Por isso é mais preciosa a confissão: quer dizer que o tema, a lascívia, já é de teu conhecimento, já pensaste nisso. Sim senhor, seu donzelo! Tu, Aliócha, és um sonso, um santo, concordo, mas um santo do

Prós e contras: *Os irmãos Karamázov*

pau oco, e o diabo sabe o que já terás pensado, o diabo sabe o que já conheces! Virgem, mas já chegou a uma profundidade como essa — faz tempo que estou de olho em ti. Tu mesmo és um Karamázov, um Karamázov completo — logo, espécie e seleção significam alguma coisa."[620]

Esse traço não é encontrado em Aliócha apenas pelo incerimonioso, cínico e invejoso Rakítin, mas também por Mítia, que o ama profundamente. "E todos nós, Karamázov, somos assim; até em ti, anjo, esse inseto vive e em teu sangue gera tempestades. São tempestades, porque a lascívia é uma tempestade, é mais que uma tempestade!"[621] Esse mesmo traço de Aliócha é mencionado também por Ivan no capítulo "Os irmãos se conhecem". Ele diz a Aliócha: "Em parte, essa vontade de viver a despeito de qualquer coisa é um traço dos Karamázov, é verdade, e ela também existe infalivelmente em ti".[622] É ainda mais importante o autorreconhecimento de Aliócha. O próprio herói reconhece em si mesmo a possibilidade de tais "abismos", de tais reveses, sobre os quais lhe contara Dmitri Karamázov. A esse respeito, dá-se entre os irmãos a seguinte troca de opiniões.

"— Dizes isto porque corei — observou súbito Aliócha. — Não corei por causa de tuas histórias nem de tuas coisas, mas porque sou o mesmo que tu.

— Tu? Ora, foste um pouco longe.

— Não, não fui longe — pronunciou Aliócha com ardor. (Pelo visto já estava com essa ideia fazia tempo.) — Trata-se dos mesmos degraus da escada. Estou no mais baixo e tu em cima, aí pelo décimo terceiro. Tenho cá minha visão desse assunto, mas tudo isso é a mesma coisa, absolutamente similar. Aquele que pisar o primeiro degrau chegará forçosamente ao último."[623]

Mas em Aliócha não se encerra apenas o grão da lascívia que "gera tempestades". Ele reconhece em si mesmo a potencialidade

---

[620] *Os irmãos Karamázov, op. cit.*, pp. 125-6.

[621] *Idem*, p. 162.

[622] *Idem*, p. 318.

[623] *Idem*, p. 165.

também de outros "abismos", a potencialidade daquela imensa força da negação que se realiza no destino da Ivan Karamázov. Nesse sentido, são notáveis as confissões de Aliócha em seu diálogo com Lise Khokhlakova, no capítulo "Os esponsais".

"— Meus irmãos estão se destruindo — continuou ele —, meu pai também. E destruindo os outros junto. Aí reside a 'força terrena dos Karamázov' — como se exprimiu por esses dias o padre Paissi —, terrena e desvairada, tosca... Não sei nem se o espírito de Deus paira lá no alto sobre essa força. Sei apenas que também sou um Karamázov... Eu sou um monge, um monge? Serei um monge, Lise? Você não teria dito agorinha mesmo que sou um monge?

— Sim, afirmei.

— Mas veja, talvez eu nem creia em Deus.

— Você não crê? O que está havendo com você? — pronunciou Lise em voz baixa e com cautela. Mas Aliócha não respondeu. Havia aí, nessas palavras por demais inesperadas, algo excessivamente misterioso e excessivamente subjetivo, que talvez não estivesse claro nem para ele mesmo mas que sem dúvida já o torturava."[624]

Em Aliócha torna a personificar-se aquela "multifacetação das sensações", que fora objeto da atenção de Dostoiévski em *Memórias do subsolo*. Ele contém uma imensa capacidade de tudo compreender, a capacidade de empatia total. Nesse sentido, ele é uma continuação de Míchkin e Viersílov. Ele adivinha as reflexões e os sentimentos secretos de Ivan. No momento dos mais cruéis tormentos secretos de Ivan sobre sua responsabilidade pelo assassinato do pai, Aliócha lhe diz: "Não foste tu quem matou nosso pai, não foste tu!".[625] Aliócha lê integralmente a alma de Ivan. "Tu o disseste a ti mesmo muitas vezes quando ficaste só nesses dois terríveis meses — continuou Aliócha com voz baixa e nítida. Mas já falava como tomado de extrema excitação, como movido não por sua vontade, obedecendo a alguma ordem indefinida. — Tu te

---

[624] *Idem*, p. 304.

[625] *Idem*, p. 779.

Prós e contras: *Os irmãos Karamázov*

acusaste e confessaste a ti mesmo que o assassino não era outro senão tu. Mas quem matou não foste tu, estás enganado, não és tu o assassino, ouve-me, não és tu! Foi Deus quem me enviou para te dizer isto."[626] Essa capacidade de Alióscha para ler e compreender as aflições alheias lhe é mencionada por Lise Khokhlakova quando ele narra o estado de espírito do capitão Snieguirióv no instante em que este pisoteava o dinheiro. "Ah, Alióscha, como você sabe de tudo isso? Tão jovem e já sabe o que está na alma... Eu nunca conseguiria imaginar uma coisa assim..."[627] A essa capacidade de tudo compreender, fundada na consciência de haver em si mesmo a possibilidade de toda espécie de vivenciamentos, de impulsos e estímulos de comportamento, de potencialidades quer para a extrema degradação, quer para a mais elevada ascensão, está vinculado o papel de Alióscha no desenvolvimento do tema central do romance — o tema do crime e do julgamento.

Já apontamos que o tema do julgamento e da responsabilidade em *Os irmãos Karamázov* vai além do âmbito do juízo jurídico, do juízo do Estado, e Alióscha ocupa uma posição especial na questão cardinal do crime e do julgamento. Entre todos os filhos de Fiódor Pávlovitch, Alióscha é o único por quem ele nutre um sentimento sincero de simpatia e apego. E o autor indica a causa do afeto especial que o velho tem pelo filho caçula. "Chegando com dezenove anos à casa do pai, um antro de sórdida depravação na plena acepção da palavra, ele, casto e pudico, apenas se afastava em silêncio quando era insuportável contemplar, mas sem o mínimo sinal de desprezo ou condenação de quem quer que fosse."[628] Alióscha não condena nem Fiódor Pávlovitch. Seu traço moral fundamental consistia em não condenar absolutamente ninguém. "Nele havia qualquer coisa que dizia e infundia (aliás, foi assim pelo resto da vida) que ele não queria ser juiz dos homens, que não queria assumir sua condenação e por nada os condenaria. Parecia até que admitia tudo, sem qualquer condenação, embora tomado

---

[626] *Idem*, p. 780.

[627] *Idem*, p. 299.

[628] *Idem*, p. 33.

amiúde de uma tristeza muito amarga."[629] Aliócha compartilha esse seu último traço com o príncipe Míchkin; porém, em *Os irmãos Karamázov* esse traço ganha um destaque incomensuravelmente mais forte. Em Aliócha esse destaque está vinculado à capacidade de tudo compreender e tudo vivenciar com sua natureza de "homem-universo".

A imagem do "homem-universo", que assombrou incansavelmente Dostoiévski desde o tempo dos trabalhos forçados, como na experiência artística com o príncipe Míchkin, também desta feita se torna uma premissa fundamental do homem positivo. Nas personagens dostoievskianas, essa imagem ou as coloca diante do perigo de fracassos e de uma degradação inaudita, diante da total indiferença a tudo, como é o caso do "homem do subsolo", de Stavróguin e, em parte, de Viersílov, ou esse "homem-universo" se combina com um amor ativo ao ser humano, como é o caso de Míchkin e particularmente de Aliócha. Sobre este, o autor-narrador diz: "Aviso, antes de tudo, que esse rapaz, Aliócha, não era absolutamente um fanático e, a meu ver, nem chegava a ter nada de místico. Antecipo minha opinião completa: era simplesmente imbuído de um precoce amor ao ser humano, e se se lançou no caminho do mosteiro, foi apenas porque, na ocasião, só ele lhe calou fundo e lhe ofereceu, por assim dizer, o ideal para a saída de sua alma, que tentava arrancar-se das trevas da maldade mundana para a luz do amor".[630] Em Aliócha, o amor ativo ao ser humano é inseparável de sua capacidade de tudo compreender e tudo vivenciar, da capacidade de sentir em si mesmo todos os estados de alma do homem, até os mais sórdidos e antissociais, descartando-se as ações por estes geradas. Até o sentimento antissocial no homem, por exemplo, o sentimento de Dmitri e Ivan Karamázov pelo próprio pai, que Aliócha compreende inteiramente, nele se transforma em sentimento social, evolui e ganha uma nova qualidade. De todos os heróis de Dostoiévski, vimos que Aliócha é o que mais se aproxima de Míchkin. E em Aliócha há alguns traços de Dom Qui-

---

[629] *Ibidem.*

[630] *Idem*, p. 32.

Prós e contras: *Os irmãos Karamázov*

xote. Ele parece ridículo em seu traje de monge. Lise Khokhlakova ri francamente dele na pequena galeria do mosteiro, em presença do *stárietz* Zossima. A imagem de Aliócha é apenas um esboço. Ela ocupa apenas o início da trajetória vital da personagem e está toda na perspectiva do futuro. Nós não conhecemos essa personagem em seu pleno acabamento literário em virtude do inacabamento do romance *Os irmãos Karamázov*. De acordo com o projeto do autor, e como este afirma diretamente no preâmbulo, Aliócha é a figura central do romance. E eis que no projeto dessa imagem há um traço que distingue nitidamente Aliócha de seu parente mais próximo, o príncipe Míchkin; esse traço é a saúde, a alegria de viver, a clareza e a harmonia de Aliócha. Dostoiévski destaca essa qualidade até na imagem externa do herói. "Talvez algum leitor pense que meu jovem fosse de natureza doentia, dada a arroubos, precariamente desenvolvida, um pálido sonhador, uma pessoa estiolada e macilenta. Ao contrário, naquele tempo Aliócha era um esbelto jovem de dezenove anos, corado, de olhar claro, que vendia saúde."[631] Os traços pueris da candidez e da ingenuidade, traços de pureza infantil, de uma modéstia enlevada sob uma capacidade de compreender e vivenciar tudo — em suma, os traços da imagem infantil num homem adulto — são mais salientes em Aliócha que em qualquer outro herói de Dostoiévski. Não é por acaso que Aliócha é o melhor amigo das crianças e dos adolescentes, amigo de Iliúcha Snieguiirióv e Kólia Krassótkin. E é profundamente simbólico seu discurso junto ao túmulo de Iliúcha no final do romance, como protótipo da vida no futuro, da vida em perspectiva, personificada nas imagens das crianças reunidas em torno de Aliócha na homenagem ao falecido.

Por último, vinculado ao tema do homem positivo, o romance *Os irmãos Karamázov* apresenta ainda o tema do renascimento moral e, num sentido geral, do renascimento da vida no indivíduo, na mais ampla acepção do termo, o tema da cura espiritual do indivíduo. Esse tema se desenvolve antes de tudo no destino de Dmitri Karamázov, o irmão preferido de Aliócha. Homem de paixões

---

[631] *Idem*, p. 43.

impetuosas, precipitado por elas para as sarjetas da vida, que homem chegou aos extremos da degradação moral, ele é mais capacitado que os outros para o renascimento moral. Grúchenka é a outra pessoa que traz em si essa possibilidade e a perspectiva de plena renovação moral. Nesse sentido, tem imenso significado temático o capítulo "A cebolinha". Num momento crítico, Grúchenka dá uma cebolinha a Aliócha. A "mulher animal", a "mulher réptil", a "mulher infernal" revela-se num átimo profundamente humana. Aliócha, que nesse momento de profunda dúvida acerca dos fundamentos de sua fé estava ele mesmo próximo do abismo, Aliócha, a quem Rakítin levara à casa de Grúchenka com o deliberado objetivo de "tirar-lhe a sotaina", deixa o local comovido com o profundo humanismo de Grúchenka, com seu irresistível impulso para o renascimento moral. Tudo o que havia de melhor em Grúchenka, o seu "eu" recôndito, estava vinculado ao "primeiro, ao indiscutível". Abandonada por seus antigos amantes, "ligada pelo diabo" ao comerciante Samsónov, ela continuou a viver de velhas lembranças, do sonho com um amor de verdade. E tendo recebido a "notícia" da chegada do "primeiro e indiscutível", ela foi voando a Mókroie. De repente ela desperta, fica esperançosa; depois das mais cruéis desilusões com o antigo amante, ela se convencerá de que sua autêntica vocação na vida é amar Mítia, e de que é justamente com ele que se realizará seu antigo sonho íntimo com o amor verdadeiro. E de fato, depois de atingir um claro discernimento sobre o seu destino naquela noite fatal em Mókroie, ela empenha toda a força de sua alma apaixonadamente indomável no sentimento por Mítia. Ela está pronta para o pleno autossacrifício de acompanhar Mítia à Sibéria, aos trabalhos forçados.

Enormes potencialidades espirituais de renascimento moral são igualmente delineadas em Catierina Ivánovna, em Lise Khokhlakova e, por último, em Ivan Karamázov. Em Catierina Ivánovna essas potencialidades de renascimento e renovação estão em sua luta desvairada consigo, em sua aspiração freneticamente sincera à justeza a qualquer custo, apesar de toda a sua mortificação. E é justamente Catierina Ivánovna quem mais deseja o bem com imensa sinceridade, apesar de todo o fraturamento de si mesma,

Prós e contras: *Os irmãos Karamázov*

do seu próprio destino e do destino dos outros. Lise Khokhlakova também luta consigo mesma em nome do melhor; mas nela há uma outra coisa, que a coloca bem mais próxima da primitiva integridade vital e moral do homem, mais próxima da verdade, a despeito de todo o seu fraturamento — trata-se do elemento autenticamente infantil e travesso que reside no tratamento que ela dispensa a Aliócha, no seu amor infantil, freneticamente sincero e pudico por ele. A luta consigo mesmo em nome do melhor, em nome de supremas exigências éticas, a luta contra o orgulho desvairado, alcança uma força maior em Ivan. Isso aparece em especial nos livros "O irmão Ivan Fiódorovitch" e "Um erro judiciário". A "grande decisão" de comparecer à sessão do tribunal para o triunfo da verdade, tomada por Ivan na véspera do julgamento de Mítia, tem um significado grandioso.

Em Dostoiévski, o tema do renascimento moral está estreitamente vinculado ao tema da vida. Na imagem e no destino de Mítia, esse estreito contato entre ambos os temas se desenvolve com clareza especial. No capítulo "O hino e o segredo", Mítia anuncia a Aliócha, que fora visitá-lo na prisão: "Irmão, nesses dois últimos meses senti em mim um novo homem, renasceu em mim um novo homem!".[632] E nessa mesma passagem Mítia proclama o hino da vida, um hino ao Deus da alegria: "Ah sim, estaremos acorrentados e privados de vontade, e então, em nossa grande aflição, tornaremos a ressuscitar na alegria sem a qual já não é possível o homem viver nem Deus existir, porque Deus traz a alegria, este é o seu privilégio, grande... [...] E então nós, homens do subterrâneo, cantaremos das entranhas da terra um hino trágico a Deus, em quem está a alegria! Viva Deus e sua alegria! Eu O amo!".[633] Essa sede de vida e o amor desvairado por ela, a imensa capacidade para uma alegria infinita, puramente infantil, apesar dos sofrimentos experimentados, distinguem Mítia das outras personagens e o aproximam de Aliócha. E é justamente o infantil no adulto que vive em Mítia, a despeito de todos os "fétidos becos sem saída", de

---

[632] *Idem*, p. 767.

[633] *Idem*, p. 768.

toda a sua "voluptuosidade de inseto", de toda a profundidade de sua degradação. Essa infantilidade vive em suas rápidas passagens de um estado sombrio a um riso incontido, em sua ingenuidade, em sua sinceridade e credulidade. O motivo do princípio infantil no homem, tanto em *Os irmãos Karamázov* como nos romances anteriores, tem um papel importantíssimo. Em *Os irmãos Karamázov* há um grupo inteiro de crianças ligadas ao destino de Iliúcha Snieguirióv. Pode-se dizer que no interior desse romance existe um outro romance especialmente sobre crianças, cujos heróis são Iliúcha Snieguirióv e Kólia Krassótkin. No final do romance Aliócha une essas crianças.

No destino de Mítia, no claro discernimento que ele alcança sobre o sentido de sua trajetória de vida, tem enorme significado o sonho em Mókroie, depois do interrogatório, sonho em que ele vê um bebê chorando. "Não, não — é como se Mítia continuasse a não entender —, dize-me: por que estão aí em pé essas mães vítimas de incêndio, por que as pessoas são pobres, por que o bebê é pobre, por que a estepe é nua, por que eles não se abraçam, não se beijam, por que não cantam canções alegres, por que a desgraça negra as deixou tão escuras, por que não alimentam o bebê?"[634] O caminho para o renascimento de Mítia, para a ressurreição de um novo homem nele, passa por seu amor profundo à vida, à sua alegria e à viva personificação dessa alegria — as crianças.

O tema da vida atravessa todo o livro "Um monge russo". O amor à vida e às suas alegrias é o *leitmotiv* de "Trechos das palestras e sermões do *stárietz* Zossima". Nessas pregações transcorre o motivo da vida-paraíso. Já na primeira seção da biografia do *stárietz*, "O jovem irmão do *stárietz* Zossima", a ideia de uma vida-paraíso é proclamada como tese central. Essa ideia é um legado do *stárietz* ao seu irmão Márkel, que morrera na mocidade. Ouvimos as palavras desse irmão: "Mamãe — respondia ele —, não chores, a vida é um paraíso, e todos nós estamos no paraíso, mas não queremos reconhecer, se quiséssemos reconhecer amanhã mes-

---

[634] *Idem*, p. 663.

Prós e contras: *Os irmãos Karamázov*

mo o paraíso se instauraria em todo o mundo".[635] No *stárietz* Zossima, a pregação sobre o amor à vida é inseparável da pregação sobre o amor às crianças. "Amai sobretudo as crianças, porque elas também não têm pecado, como os anjos, e vivem para nosso enternecimento, para purificar nossos corações e como uma espécie de sinal para nós. Ai daquele que ofender uma criança!"[636] O estado de criança, como o entende o *stárietz* Zossima, é o que mais se aproxima do estado paradisíaco, do vivenciamento da vida como um paraíso. Mas qual é o caminho para o vivenciamento do paraíso, segundo o ponto de vista do *stárietz*? O único caminho para isto é a tomada de consciência, pelo indivíduo, de sua culpa perante todos, de sua responsabilidade moral por todos. O mesmo jovem Márkel diz: "E ainda te digo mais, mãezinha, que cada um de nós é culpado por tudo perante todos, e eu mais que todos".[637] Nos relatos do *stárietz* Zossima desenvolve-se a ideia de que o paraíso é um estado de espírito possível para todo homem. O "visitante misterioso" afirma: "O paraíso está oculto em cada um de nós, agora mesmo está oculto aqui dentro de mim, e se amanhã eu quiser ele começará efetivamente para mim e já pelo resto de minha vida".[638] O jovem Márkel, irmão do *stárietz* Zossima, considera francamente que a consciência da sua culpa perante todos é uma condição indispensável para a conquista da vida como um paraíso. O motivo da consciência da culpa e da responsabilidade pessoal de cada um perante todos como condição indispensável da restauração da vida em sua imagem integral primária, da vida-alegria, está presente nos momentos tematicamente decisivos do romance. Encontramo-lo como *leitmotiv* de "Um monge russo" e tornamos a encontrá-lo no capítulo "O hino e o segredo" ligado à imagem de Dmitri Karamázov. E é peculiar que nas palavras de Mítia a Aliócha, durante a visita deste à prisão, o motivo da consciência de cada um perante todos e por todos esteja inseparavel-

---

[635] *Idem*, p. 396.

[636] *Idem*, p. 433.

[637] *Idem*, p. 396.

[638] *Idem*, p. 414.

mente ligado ao motivo da imagem infantil da vida em toda a sua plenitude. "Por que sonhei com o 'bebê' justo nessa circunstância? 'Por que o bebê é pobre?' Essa profecia me aconteceu naquele instante! Pelo 'bebê' eu vou. Porque todos são culpados por todos. Por todos os 'bebês', porque há crianças pequenas e crianças grandes. Todos são 'bebês'. É por todos eles que eu vou, porque alguém tem de ir por todos. Não matei meu pai, mas preciso ir. Aceito!"[639]

Chegamos ao próprio núcleo da visão e da concepção de mundo de Dostoiévski, de sua "mundividência". Vemos esse núcleo com mais clareza em *Os irmãos Karamázov* do que em outros romances. No tocante à análise dos romances anteriores, afirmamos que o pensamento íntimo de Dostoiévski sobre o mundo, seu pensamento-intuição, é um pensamento sobre a unidade da vida em todas as suas contradições. Aplicado a *Os irmãos Karamázov*, esse pensamento pode ser formulado da seguinte maneira: a unidade da vida como desagregação e da vida como restauração. Um polo é a *karamázovschina*, a desagregação moral de Smierdiakóv; outro é a vida-paraíso, na concepção do *stárietz* Zossima. Mas, segundo o pensamento de Dostoiévski, esses dois polos estão fundidos numa unidade superior, numa síntese do processo universal da vida. O liame entre esses dois polos, a via para a restauração da plenitude e da harmonia da vida, é a consciência da responsabilidade pessoal de cada um pelos crimes dos outros, pelos crimes de todos, é a consciência de cada um pela própria culpa "por todos e por tudo", essa forma suprema do sentimento social no homem.

Na concepção de Dostoiévski, essa via de restauração do processo integral da vida é inseparável do restabelecimento da ligação viva com a terra natal e seu povo. Em *Os irmãos Karamázov*, assim como nos romances anteriores, o tema da Rússia soa como uma voz poderosa. Esse tema se revela antes de tudo como tema do povo russo, das massas trabalhadoras russas. Nos "Trechos das palestras e sermões do *stárietz* Zossima" reencontramos uma ideia do Dostoiévski de *Escritos da casa morta*, a ideia das elevadas qualidades morais do povo russo: "Durante toda a minha vida im-

---

[639] *Idem*, p. 768.

Prós e contras: *Os irmãos Karamázov*

pressionou-me em nosso grande povo sua magnífica e verdadeira dignidade, eu mesmo a presenciei, eu mesmo posso testemunhar, vi e fiquei admirado, vi isso, até a despeito da fetidez dos pecados e do aspecto miserável de nosso povo. Ele não é servil, e isto depois de dois séculos de escravidão".[640] Atravessa o texto do romance *Os irmãos Karamázov* aquela simpatia profunda do escritor pelo povo trabalhador russo, que soa de forma tão penetrante na narrativa sobre o mujique Marei, no *Diário de um escritor*. O tema do povo trabalhador russo, vítima da miséria, tema no qual Dostoiévski dialoga nitidamente com a poesia de Nekrássov, aparece no sonho de Mítia em Mókroie depois do interrogatório, no capítulo "Depoimento das testemunhas. Um bebê".

Em *Os irmãos Karamázov*, assim como nos romances anteriores, desenvolve-se o tema do divórcio entre o indivíduo — sobretudo o intelectual russo — e a totalidade da vida, a coletividade, o povo, a Rússia. E esse tema está em estreita correlação com o tema da restauração da ligação viva com a totalidade. Esse divórcio se concretiza em maior grau em Fiódor Pávlovitch, Ivan Karamázov e Smierdiakóv. No velho Karamázov e em Smierdiakóv o divórcio chega ao ódio patente à Rússia. Ivan, moralmente responsável por Smierdiakóv, pelo sistema dos seus pensamentos e por seus atos, é perigoso em seu isolamento pelo fato de cerrar fileira com os processos centrípetos destrutivos que existem no seio do próprio povo. O processo de restauração da ligação viva com o povo, com a Rússia, é mostrado nas imagens de Mítia e Aliócha. Nesse sentido, em *Os irmãos Karamázov* tem um significado especial o motivo da terra, que soa também nos romances anteriores, porém se destaca ao máximo na história da família Karamázov. Em "Confissões de um coração ardente", Mítia cita versos de um poema de Schiller, traduzido para o russo por Vassili Jukóvski:

Para erguer-se da baixeza
Pela alma o homem deve

---

[640] *Idem*, p. 428.

298   O estilo de Dostoiévski

Fazer com a antiga mãe terra
Uma aliança eterna.[641]

Essas palavras sobre a necessidade de uma aliança com a terra são, por sua vez, um dos motivos essenciais do romance, uma de suas chaves ideológicas. Nesse mesmo capítulo, Mítia diz a Alióacha, a propósito dos versos declamados: "Mas vê só como é a coisa: de que jeito vou fazer com a terra uma aliança eterna? Não beijo a terra, não lhe abro o seio; terei de me tornar um mujique ou um pastor?".[642] Em "Por um minuto a mentira se fez verdade", seção II do "Epílogo", em relação ao projeto de fugir da prisão na companhia de Grúchenka para a América, Mítia torna a falar da aliança eterna com a terra. Aqui ele fala francamente do trabalho do mujique, que abre o seio da terra: "Pois bem, vê o que decidi, Aliesksiêi, ouve! — recomeçou ele contendo a agitação. — Eu e Grucha chegaremos lá e imediatamente começaremos a lavrar a terra, a trabalhar, com os ursos selvagens, na solidão, em algum lugar distante".[643]

É significativo que o motivo do amor à terra, amor esse que em Dostoiévski é idêntico ao amor à vida, ecoe nele como um motivo de amor à terra natal. E esse motivo é inseparável do tema da Rússia.

---

[641] *Idem*, p. 161.

[642] *Ibidem*.

[643] *Idem*, p. 983.

Posfácio

Paulo Bezerra

A obra de Nikolai Maksímovitch Tchirkóv (1891-1950) teve um destino similar ao das obras de muitos outros intelectuais soviéticos das ciências humanas. Professor do MOPI (Instituto Estatal Pedagógico Regional de Moscou N. K. Krúpskaia), de 1936 até sua morte, em 1950, Tchirkóv foi um docente e pesquisador com interesses científicos nas mais diversas áreas do conhecimento da literatura. Comparatista apaixonado, dedicou grande parte de sua atividade de pesquisa à análise das obras de Shakespeare, Ibsen e Strindberg, sendo os dois últimos tema de sua dissertação de mestrado "Henrik Ibsen e August Strindberg" defendida no MOPI em 1943. "Shakespeare e Ibsen", "O tema russo na literatura sueca", "Strindberg e Tolstói", "Strindberg e Tchernichévski", "Strindberg e a literatura russa" foram algumas das muitas conferências proferidas por Tchirkóv no MOPI, mas, sintomaticamente, nenhuma delas foi publicada. Entre os autores russos, Dostoiévski e Tolstói foram os principais temas de suas pesquisas e análises. Depois de estudar Dostoiévski durante vinte anos consecutivos, na segunda metade dos anos 1940 Tchirkóv apresentou um volumoso estudo intitulado "O estilo de Dostoiévski" como tese de doutorado a uma banca composta, entre outros membros, por dois dos maiores estudiosos do escritor na URSS: Leonid Grossman, autor de nove livros sobre o romancista (entre eles o célebre *Dostoiévski artista*, publicado no Brasil pela Civilização Brasileira em tradução de Boris Schnaiderman) e Valeri Kirpotin, autor de seis livros sobre Dostoiévski (tive o privilégio de assistir a duas memoráveis conferências dele sobre Dostoiévski no Instituto Górki em Moscou). Apesar da aprovação da banca, Tchirkóv teve negado o título de doutor em ciências filológicas, fato bem parecido ao que ocorreu com Mikhail Bakhtin em 1946 após a defesa de sua tese de doutorado sobre François Rabelais. Dostoiévski, o objeto da tese de Tchirkóv, era muito malvisto pelos círculos oficiais stalinistas desde os anos 1930, quando foi proibida uma reedição de *Os demônios* com o endosso do comissário da educação, o crítico literário e dramaturgo Anatoli Lunatcharski, considerado um dos maiores eruditos do primeiro governo soviético. Só em 1956, seis anos depois de sua morte, Tchirkóv teve seu primeiro trabalho publicado — "Strindberg e a literatura russa" — nos *Anais de Ciência da Cadeira de Literatura Estrangeira* do MOPI.

O estilo de Dostoiévski (*O stile Dostoevskogo*) é produto da tese de doutorado escrita nos anos 1940 e dividida em duas partes, que foram publicadas separadamente mais de uma década após a morte do autor, em 1964 e 1967, respectivamente, graças a esforços do pesquisador Grigóri Abramóvitch, que foi colega de Tchirkóv no MOPI. A primeira parte, centrada nos procedimentos de representação — expressão, impressão, repetição e variações, paisagem e outros componentes da narrativa etc. —, trata exclusivamente das formas de linguagem e suas variações no estilo de Dostoiévski; a segunda, objeto de nossa tradução, é uma análise percuciente de boa parte dos romances desse autor. Como escreve Tchirkóv no prefácio à primeira parte, "Para compreender e apreciar o método criador de um escritor, importa destacar não só o *como* representar, mas primordialmente *o que* representar". E, para não ser confundido com um "formalista", coisa perigosa para aquela época, o autor destaca sua preocupação com o "encadeamento das ideias" em Dostoiévski: "O encadeamento das ideias, noutros termos, o sistema de ideias do artista, não pode ser revelado em seu movimento vivo sem uma penetração na forma artística de suas obras, em seu estilo".[1] Ainda nesse prefácio, e demonstrando um conhecimento seguro da teoria literária como meio de iluminar o texto objeto de análise, Tchirkóv expõe seu método analítico: "É necessário considerar que o trabalho do pesquisador de obras literárias deve ser um 'desvelamento' especial, parcimonioso

---

[1] Nikolai M. Tchirkóv, *O estilo de Dostoiévski*, Moscou, Naúka, 1964, 160 p., parte I, p. 3.

e diligente, atento e paciente. É indispensável que o pesquisador considere que a interpretação de uma obra literária [...] deve ser fundamentada, de modo minucioso e multifacetado, pelo próprio material literário estudado".[2] Trocando em miúdos, o texto literário é o objeto específico da análise. A ampliação do universo do texto e eventuais associações de cunho histórico-sociológico, filosófico, psicológico etc. são peculiaridades da formação do exegeta da obra. É exatamente esse método que Tchirkóv emprega na análise dos romances na segunda parte da tese, que foi objeto da nossa tradução.

A segunda parte foi publicada em 1967 pela mesma Naúka, editora da Academia de Ciências da URSS,[3] livro que consideramos muito original por incluir na categoria de estilo a multiplicidade de temas da obra dostoievskiana. Ele aborda temas como o desdobramento da personalidade, o conflito com a vida de um homem solitário, recolhido à sua "carapaça", a separação entre o intelectual isolado e o "solo" e o povo russos, o tema psicológico das imagens femininas, o tema do indivíduo e o extremo aguçamento do social, o tema da mulher, "vítima tremente" de uma crueldade implacável e absurda e de preconceitos bárbaros, o tema do parasita, que se estende de Fomá Fomitch de *A aldeia de Stepántchikovo e seus habitantes* até o velho Fiódor Pávlovitch Karamázov e o diabo-parasita de *Os irmãos Karamázov*, o tema de Petersburgo, da cidade grande, da pobreza urbana, das "favelas" e dos antros secretos, o tema do amor, das controvérsias do sentimento amoroso e dos paradoxos da paixão, o tema dos destinos sócio-históricos e universais da Rússia e da Europa à luz de concepções histórico-filosóficas, o tema da revolta contra a natureza, o tema do amor-ódio na composição do enredo no conjunto da obra de Dostoiévski, o tema da prostituição visto sob uma luz trágica, o tema do Evangelho no conjunto da obra dostoievskiana, o tema do sofredor em suas variantes sociopsicológicas, o tema da ruína e da miséria na história das famílias de "miseráveis nobres",

---

[2] *Idem*, p. 4.

[3] Nikolai M. Tchirkóv, *O estilo de Dostoiévski: problemas, ideias, imagens*, Moscou, Naúka, 1967, 304 p., parte II.

o tema da avidez capitalista e da ruína em simbiose com o tema da desagregação moral, do caos moral, da desordem do espírito, o tema da vida em suas contradições primordiais e em sua antinomia primária, o tema da "lei da autopreservação" e da "autodestruição", o tema do niilismo, central em *Os demônios*, o tema da profunda crise social e ideológica gerada pelo capitalismo como uma constante obsessiva na consciência de Dostoiévski, o tema do autoconhecimento que passa por uma árdua experiência de vida, pela degradação e pela luta, o tema do "errante russo" em seu movimento pendular entre a identidade nacional russa e a europeia, o tema da vida, organicamente vinculado à imagem da infância, o tema de Dom Quixote como uma constante em Dostoiévski e, por último, a descoberta fundamental de Tchirkóv: o tema do "homem-universo".

Todos esses temas, focalizados como integrantes do estilo de Dostoiévski, são uma importante contribuição de Tchirkóv para o enriquecimento da fortuna crítica do romancista no tocante ao processo composicional de suas obras. A categoria do "homem-universo", aquele que sintetiza em sua imagem aspectos totalmente contraditórios e antinomias aparentemente inconciliáveis no comportamento humano, é uma chave essencial para a análise das principais personagens dos romances de Dostoiévski, sobretudo para a compreensão do movimento pendular dessas personagens entre polos completamente opostos. Tchirkóv mostra com grande acuidade que esses opostos ora se excluem mutuamente, ora se conciliam no comportamento dessas personagens. Daí a inexistência de dicotomias na representação da imagem do homem em Dostoiévski, cuja síntese é o diálogo e a interação de opostos. Isto explica a ausência de maniqueísmo em sua obra, pois o homem dostoievskiano é um amálgama de bondade e maldade, decência e indecência, amor e ódio, honra e desonra, dignidade e canalhice, crença e descrença, violência e brandura etc. etc.

O início da leitura de *O estilo de Dostoiévski* pode dar uma impressão de excessiva minúcia do autor na análise dos romances. Mas esse é o ritmo da análise, e o próprio Tchirkóv já preveniu, como vimos, que "o trabalho do pesquisador de obras literárias deve ser um 'desvelamento' especial, parcimonioso e diligente, atento e paciente". Assim, ao longo do trabalho ele vai esquadrinhando cada romance, num ritmo proporcional à dimensão de cada obra, construindo uma percuciente análise literária de cunho estilístico, histórico-sociológico, filosófico e antropológico, seguindo a melhor tradição da filologia russa desde Aleksandr Vesselóvski (1838-1906) e sua poética histórica. Tudo isso, repito, representa uma importantíssima contribuição para o enriquecimento da fortuna crítica de Dostoiévski.

Toda obra de análise literária é marcada pelo contexto de sua produção. A de Nikolai Tchirkóv não é diferente. Em *O estilo de Dostoiévski* sentem-se algumas concessões ao clima político da época, sobretudo uma ênfase às vezes meio exagerada no aspecto sociopolítico da interpretação, mas isto felizmente não prejudica o conjunto de suas análises dos romances de Dostoiévski. Obras dessa natureza sempre deixam algumas lacunas a serem preenchidas pelo leitor. No caso específico, registro uma desnecessária concessão à tradição religiosa russa na interpretação de Dostoiévski, sobretudo da personagem de Ivan Karamázov. De todas as personagens dostoievskianas, Ivan é de longe a mais complexa e profunda. Movido por um imperativo ético, Ivan renega o mundo no qual crianças são vítimas de crimes impunes, o que o revolta e o leva a devolver a Deus seu bilhete de entrada neste mundo criado por ele. Logo, renegar este mundo significa renegar também seu "criador", pois só sabemos de sua existência através do mundo criado. Apesar da excelente interpretação de *Os irmãos Karamázov* por Tchirkóv, sentimos falta de uma análise mais abrangente da personagem Ivan e de seu papel no conjunto do romance. Esperamos que os leitores possam preencher essa pequena lacuna.

Com esta tradução de *O estilo de Dostoiévski*, o público brasileiro tem agora em mãos um notável guia de leitura e interpretação da obra desse gênio.

Posfácio

Sobre o autor

Nikolai Maksímovitch Tchirkóv nasceu em 1891 e ingressou como professor de literatura no Instituto Estatal Pedagógico Regional de Moscou N. K. Krúpskaia (MOPI) em 1936, instituição onde defendeu seu mestrado, "Henrik Ibsen e August Strindberg" (1943), e seu doutorado, "O estilo de Dostoiévski" (1946). Faleceu em 1950. *O estilo de Dostoiévski* foi publicado postumamente, em dois volumes, em 1964 e 1967, respectivamente, pela editora Naúka de Moscou.

Sobre o tradutor

Paulo Bezerra estudou língua e literatura russa na Universidade Lomonóssov, em Moscou, especializando-se em tradução de obras técnico-científicas e literárias. Após retornar ao Brasil em 1971, fez graduação em Letras na Universidade Gama Filho, no Rio de Janeiro; mestrado (com a dissertação "Carnavalização e história em *Incidente em Antares*") e doutorado (com a tese "A gênese do romance na teoria de Mikhail Bakhtin", sob orientação de Afonso Romano de Sant'Anna) na PUC-RJ; e defendeu tese de livre-docência na FFLCH-USP, "*Bobók*: polêmica e dialogismo", para a qual traduziu e analisou esse conto e sua interação temática com várias obras do universo dostoievskiano. Foi professor de teoria da literatura na Universidade do Estado do Rio de Janeiro, de língua e literatura russa na USP e, posteriormente, de literatura brasileira na Universidade Federal Fluminense, pela qual se aposentou. Recontratado pela UFF, é hoje professor de teoria literária nessa instituição. Exerce também atividade de crítica, tendo publicado diversos artigos em coletâneas, jornais e revistas, sobre literatura e cultura russas, literatura brasileira e ciências sociais.

Na atividade de tradutor, já verteu do russo mais de quarenta obras nos campos da filosofia, da psicologia, da teoria literária e da ficção, destacando-se: *Fundamentos lógicos da ciência* e *A dialética como lógica e teoria do conhecimento*, de P. V. Kopnin; *A filosofia americana no século XX*, de A. S. Bogomólov; *Curso de psicologia geral* (4 volumes), de R. Luria; *Problemas da poética de Dostoiévski*, *O freudismo*, *Estética da criação verbal*, *Teoria do romance I: A estilística*, *Teoria do romance II: As formas do tempo e do cronotopo*, *Teoria do romance III: O romance como gênero literário*, *Os gêneros do discurso* e *Notas sobre literatura, cultura e ciências humanas*, de M. Bakhtin; *A poética do mito*, de E. Melietinski; *As raízes históricas do conto maravilhoso*, de V. Propp; *Psicologia da arte*, *A tragédia de Hamlet, príncipe da Dinamarca* e *A construção do pensamento e da linguagem*, de L. S. Vigotski; *Memórias*, de A. Sákharov; enquanto que no campo da ficção traduziu *Agosto de 1914*, de A. Soljenítsin; cinco contos de N. Gógol reunidos no livro *O capote e outras histórias*; *O herói do nosso tempo*, de M. Liérmontov; *O navio branco*, de T. Aitmátov; *Os filhos da rua Arbat*, de A. Ribakov; *A casa de Púchkin*, de A. Bítov; *O rumor do tempo*, de Ó. Mandelstam; *Em ritmo de concerto*, de N. Dejniov; *Lady Macbeth do distrito de Mtzensk*, de N. Leskov; além de *O duplo, O sonho do titio* e *Sonhos de Petersburgo em verso e prosa* (reunidos no volume *Dois sonhos*), *Escritos da casa morta, Bobók, Crime e castigo, O idiota, Os demônios, O adolescente* e *Os irmãos Karamázov*, de F. Dostoiévski.

Em 2012 recebeu do governo da Rússia a Medalha Púchkin, por sua contribuição à divulgação da cultura russa no exterior.

ESTE LIVRO FOI COMPOSTO EM SABON,
PELA FRANCIOSI & MALTA, COM CTP DA
NEW PRINT E IMPRESSÃO DA GRAPHIUM
EM PAPEL PÓLEN SOFT 80 G/M² DA CIA.
SUZANO DE PAPEL E CELULOSE PARA A
EDITORA 34, EM JANEIRO DE 2022.